RAINER HOFMANN / ANDREAS ZIMMERMANN (Hrsg.)

Eine Verfassung für Europa

Veröffentlichungen des Walther-Schücking-Instituts für Internationales Recht an der Universität Kiel

Herausgegeben von

Jost Delbrück, Rainer Hofmann
und Andreas Zimmermann
Walther-Schücking-Institut für Internationales Recht

154

Eine Verfassung für Europa

Die Rechtsordnung der Europäischen Union unter dem Verfassungsvertrag

Vortragsreihe
am Walther-Schücking-Institut für Internationales Recht
an der Universität Kiel
im Wintersemester 2003/04 und Sommersemester 2004

Herausgegeben von

Rainer Hofmann und
Andreas Zimmermann

unter Mitwirkung von
Ursula E. Heinz

Duncker & Humblot · Berlin

Bibliografische Information Der Deutschen Bibliothek

Die Deutsche Bibliothek verzeichnet diese Publikation in
der Deutschen Nationalbibliografie; detaillierte bibliografische
Daten sind im Internet über <http://dnb.ddb.de> abrufbar.

Fotoprint: Berliner Buchdruckerei Union GmbH, Berlin
Printed in Germany

ISSN 1435-0491
ISBN 3-428-11952-5

Gedruckt auf alterungsbeständigem (säurefreiem) Papier
entsprechend ISO 9706 ♾

Internet: http://www.duncker-humblot.de

Inhaltsverzeichnis

Einführung

Von Rainer Hofmann

Der Zusammenbruch der sozialistischen Regime in Europa Ende der 80er Jahre des 20. Jahrhunderts brachte dem Prozess der europäischen Integration einen Schub, dessen Ausmaß und Umfang zum damaligen Zeitpunkt wohl keiner vorhergesagt hätte: In weniger als zehn Jahren verdoppelte sich die Zahl der Mitgliedstaaten des Europarats und er wurde zur ersten wahrhaft gesamteuropäischen Staatenorganisation. Noch viel weniger vorhersehbar war aber die große Dynamik, welche die damalige Europäische Gemeinschaft erfasste: Sie gewann nicht nur aufgrund des Maastrichter Vertrages eine neue integrationsrechtliche Qualität und wandelte sich zur Europäischen Union, sondern überwand – wie der Europarat – in ihrer Mitgliedschaft auch die seit 1945 bestehende Trennung Europas. Zunächst waren es die neutralen Staaten Finnland, Österreich und Schweden, die ihre teils politisch, teils auch rechtlich begründeten Vorbehalte gegen eine volle Mitwirkung an diesem Integrationsprozess überwanden und zum 1. Januar 1995 der Europäischen Union beitraten. Mittel- wie langfristig viel bedeutender, aber auch politisch und wirtschaftlich ungleich problematischer war der gleichfalls seit Anfang der 90er Jahre des 20. Jahrhunderts deutlich bekundete Wille der ehemals sozialistischen Staaten Europas, nach Abschluss des notwendigen Transformationsprozesses gleichberechtigte Mitglieder der europäischen Integration zu werden und der Europäischen Union beizutreten.

Bekanntlich wurde dieses, noch vor zehn Jahren von vielen Beobachtern als eher utopisch eingestufte Ziel am 1. Mai 2004 von acht Staaten – zuzüglich Malta und Zypern – erreicht. Der Beitritt Bulgariens und Rumäniens ist für das Jahr 2007 vorgesehen, mit Kroatien dürften die Beitrittsverhandlungen in allernächster Zukunft eröffnet werden und die Frage einer künftigen Mitgliedschaft der Türkei stellt seit einigen Monaten in vielen Mitgliedstaaten der Europäischen Union ein zentrales Thema der politischen Diskussion dar. Daneben ist offenkundig, dass auch die Staaten des so genannten westlichen Balkans in den nächsten Jahren an die Tür der Europäischen Union klopfen werden, und auch die Ukraine sieht nach den Worten ihres neu gewählten Präsidenten ihre Zukunft in einer Mitgliedschaft in der Europäischen Union. Ob und wann diese Dynamik auch die noch verbliebenen „Außenseiter" Island, Liechtenstein, Norwegen und Schweiz erfasst, bleibt abzuwarten; immerhin sind diese Staaten bereits jetzt mit der Europäischen Union aufgrund ihrer Mitgliedschaft im Europäischen Wirtschaftsraum bzw. aufgrund bilateraler Verträge auf das Engste verbunden.

Es liegt auf der Hand, dass diese in qualitativer wie quantitativer Hinsicht neue Dimension des europäischen Integrationsprozesses eine Anpassung seiner rechtlichen Grundlagen erforderte. Dies war auch den Verfassern des Maastrichter Vertrages bewusst, enthielt dieser doch schon einen vertraglich verankerten Auftrag zur Einberufung einer Regierungskonferenz mit dem Ziel, diese Anpassung voranzutreiben. Die weiteren – und aus der Sicht der meisten Beobachter letztlich unbefriedigenden – Schritte sind bekannt: Mit den Verträgen von Amsterdam und Nizza wurde versucht, den sich aus der sich bereits abzeichnenden bzw. bevorstehenden Ost-Erweiterung der Europäischen Union ergebenden Anforderungen gerecht zu werden. Jedenfalls in dieser Hinsicht konnten die Ergebnisse des Gipfels von Nizza im Dezember 2000 keinesfalls als Erfolg gewertet werden; immerhin wurde damals der Beschluss gefasst, eine grundlegende Antwort auf die neue Lage in Europa und der Welt auch durch eine tiefgreifende Reform der allzu komplizierten Vertragsarchitektur und der institutionellen Ordnung zu finden.

Die endgültige Wende zur Systemreform brachte dann der Europäische Rat von Laeken im Dezember 2001 mit der Einberufung des Europäischen Konvents, der rund 60 Fragen in der Form konkreter Vorschläge für einen Vertrag über eine Verfassung für Europa beantworten sollte. In letztlich erstaunlicher kurzer Zeit, nämlich innerhalb von 16 Monaten, kamen die verschiedenen Arbeitsgruppen des Verfassungskonvents diesem Auftrag nach, so dass er seinen Entwurf für einen solchen Verfassungsvertrag im Frühjahr 2003 vorlegen konnte. Er wurde auf dem Europäischen Rat von Thessaloniki im Juni 2003 positiv aufgenommen und als gute Grundlage für die Arbeiten der letztlich entscheidenden Regierungskonferenz bezeichnet. Bekanntlich war es dann der Widerstand der Regierungen Polens und Spaniens, der die Annahme dieses Entwurfs auf dem Europäischen Rat im Dezember 2003 in Rom verhinderte. Mit dem Regierungswechsel in Spanien im Frühjahr 2004 verbesserten sich die Aussichten für einen Kompromiss erheblich, und in der Tat nahmen die Staats- und Regierungschef den nur noch in einigen Punkten geänderten Text des Verfassungsvertrages auf dem Europäischen Rat in Brüssel am 18. Juni 2004 einstimmig an. Am 29. Oktober 2004 wurde er in Rom feierlich unterzeichnet.

Diese Entwicklungen veranlassten das Walther-Schücking-Institut für Internationales Recht an der Christian-Albrechts-Universität zu Kiel, im akademischen Jahr 2003/2004 eine öffentliche Vortragsreihe unter dem Titel „Eine Verfassung für Europa – die Rechtsordnung der Europäischen Union unter dem Verfassungsvertrag" durchzuführen. Die schriftlichen Fassungen dieser Vorträge werden in diesem Band, ergänzt um einen Beitrag von *Andreas Zimmermann* zum Thema „Gemeinschaftliche Entwicklungspolitik im Vertrag über eine Verfassung für Europa“, veröffentlicht. Eröffnet wurde die Vortragsreihe von *Thomas Giegerich,* der am 11. Dezember 2003 einen Überblick über die Entwicklungen „Von der Montanunion zur Europäischen Verfassung: Grundlinien einer fünfzigjährigen europäischen Verfassungsdiskussion“ gab. Als solche Grundlinien, die in allen diesen Jahren ein Kontinuum der rechtlichen Diskussion zum europäischen Integrationsprozess darstellten, behandelte *Giegerich* die Fragen „Vertrag oder Verfassung?“, „Staatenverein oder Völkerverein?“, „Dynamik oder Statik/Konsolidierung?“, „Autonomie oder Heteronomie der Gemeinschaftsrechtsordnung?“ sowie „Nationale oder europäische Konstitutionalität?“.

Nach diesem Überblick wurde die Vortragreihe fortgesetzt mit Beiträgen zu Teilkomplexen der künftigen Europäischen Verfassung: Am 22. Januar 2004 sprach *Torsten Stein* zur „Sicherheits- und Verteidigungspolitik nach der geplanten EU-Verfassung“ und zeigte auf, dass eine auch militärische Europäische Sicherheits- und Verteidigungspolitik auch weiterhin „eher verbal als real“ bestehe, was vor allem auf dem nach wie vor ungeklärten Verhältnis zur NATO beruhe. Bislang war der europäische Integrationsprozess immer wieder von den Entscheidungen des Europäischen Gerichtshofs in Luxemburg geprägt und vorangetrieben worden. Mit dessen künftiger Rolle beschäftigte sich am 14. April 2004 *Jörn Axel Kämmerer* und kam zum Schluss, dass die vorgesehenen Änderungen moderat seien; negativ bewertete er, dass die Chance zur Einführung einer Individualverfassungsbeschwerde und damit ein Mehr an Individualrechtsschutz vertan wurde, während als positiv anzusehen sei, dass es gelang, Initiativen zu widerstehen, dem Gerichtshof Kompetenzen zugunsten der nationalen Verfassungsgerichte zu entziehen.

Zur „Gemeinsamen Außenpolitik nach dem Verfassungsentwurf“ äußerte sich am 28. April 2004 *Stefan Kadelbach,* der in der Ablehnung der Einführung des Mehrheitsprinzips auch für diesen Bereich der Politik ein Scheitern derer sah, die eine handlungsfähige Gemeinsame Außen- und Sicherheitspolitik befürworteten; immerhin könne man in der stärkeren Rolle des Hohen Vertreters, der Einführung des Amtes eines Außenministers und einer Reihe von Flexibilisierungsoptionen eine gewisse Kompensation sehen. Für jedes Mehr-Ebenen-System, also auch für die Europäische Union, ist die Abgrenzung der Kompetenzen zwischen den jeweiligen Ebenen von entscheidender Bedeutung. Daher war es geboten, dass sich *Rudolf Streinz* in seinem Vortrag vom 10. Juni 2004 des Themas der „Kompetenzabgrenzung zwischen Europäischer Union und ihren Mitgliedstaaten“ annahm. Er konnte feststellen, dass der bisherige Grundansatz, nach dem zum einen der Europäischen Union keine Kompetenz-Kompetenz zukommt und zum anderen das kompetenzgemäß erlassene Unionsrecht Vorrang vor dem mitgliedstaatlichen Recht besitzt, beibehalten wurde und es im Wesentlichen nur zu einer Klarstellung der bisherigen Lage gekommen sei.

In mancher Hinsicht Höhepunkt der Veranstaltungsreihe war am 7. Juli 2004, also nachdem der Verfassungsentwurf vom Europäischen Rat in Brüssel am 18. Juni 2004 angenommen worden war, der Vortrag der Bundesministerin der Justiz, *Brigitte Zypries,* zum Thema „Europa als Raum der Freiheit, der Sicherheit und des Rechts". Entsprechend ihrem Zuständigkeitsbereich konzentrierte sie sich auf den Bereich der Justiz, namentlich die Zusammenarbeit in den Feldern des Zivil- und des Strafrechts, und plädierte, ungeachtet einiger aufgezeigter Probleme betreffend etwa Vorhaben zur Harmonisierung des materiellen Strafrechts und des Strafprozessrechts, nachdrücklich für eine Ratifikation des Verfassungsvertrages.

Nach diesen Stimmen aus der Wissenschaft und der Politik kam am 13. Juli 2004 auch die Praxis zu Wort, als in dem die Reihe abschließenden Vortrag *Pascal Hector,* der als Mitglied der deutschen Delegation die Arbeiten des Konvents und vor allem der Regierungskonferenzen aus nächster Nähe verfolgt und an ihnen maßgeblich mitgewirkt hatte, zu den „Zukunftsperspektiven der Europäischen Union – im Lichte der europäischen Verfassung" sprach. Als entscheidende Elemente bezeichnete er die klare Definition der Europäischen Union als eine supranationale Integrationsgemeinschaft eigener Art, nämlich als Bürger- und Staatenunion mit einheitlicher Rechtspersönlichkeit und verfasst als Rechts- und Wertegemeinschaft; die Stärkung der demokratischen Rückkoppelung der Europäischen Union an den Unionsbürger; die Sicherung der Handlungsfähigkeit einer an Mitgliedern auch weiter zunehmenden Union; bessere Verständlichkeit der Unionsstruktur für den Bürger; die Vollendung des Raums der Freiheit, der Sicherheit und des Rechts durch mehr Sicherheit trotz offener Grenzen; den Ausbau von Gemeinsamer Außen- und Sicherheitspolitik bzw. Europäischer Sicherheits- und Verteidigungspolitik sowie schließlich die Offenheit für künftige Entwicklungen durch die Stärkung der Flexibilitätsinstrumente.

Mit der Veröffentlichung dieser – teils erheblich überarbeiteten und auch neuere Entwicklungen einbeziehenden – Beiträge erfüllen die Herausgeber nicht nur eine angenehme Pflicht gegenüber den Vortragenden und der akademischen Öffentlichkeit. Sie hoffen auch, der Allgemeinheit die Möglichkeit zu geben, ihre Kenntnisse vom Inhalt und den Rechtsfragen der künftigen Europäischen Verfassung zu erhöhen; dies ist ganz offenbar geboten: Ausweislich einer am 28. Januar 2005 veröffentlichten, zwischen Ende Oktober und Ende November 2004 vorgenommenen „Eurobarometer"-Umfrage unter 25.000 Bürgern in allen Mitgliedstaaten der Europäischen Union wissen nicht nur 33 % der Unionsbürger überhaupt nichts von der Europäischen Verfassung, sondern weitere 56 % gaben an, zwar von der Europäischen Verfassung gehört zu haben, ihren Inhalt aber nicht zu kennen. Vielleicht kann dieses Buch mithelfen, diesen betrüblichen Zustand etwas zu ändern.

Inzwischen haben sich die Befürchtungen der Befürworter des Verfassungsvertrages bestätigt: Der – aus ihrer Sicht: negative – Ausgang der Volksabstimmungen in Frankreich und den Niederlanden hat den Ratifikationsprozess vorerst gestoppt. Das Scheitern der Verhandlungen um eine Neugestaltung des Finanzrahmens auf dem Europäischen Gipfel in Brüssel am 16./17. Juni 2005 führte dann dazu, dass nicht nur viele Beobachter, sondern auch hochrangige Politiker den europäischen Integrationsprozess in einer tiefen Krise sahen und sehen. Das ist sicherlich richtig; andererseits darf nicht vergessen werden, dass dieser Prozess nicht eben arm an solchen Krisen war – erinnert sei nur an die französische Politik des „leeren Stuhls" in den 60er Jahren des 20. Jahrhunderts. Gleichwohl ist es natürlich von herausragender Bedeutung, dass die Bevölkerung zweier Gründerstaaten der Europäischen Gemeinschaften – aus welchen Gründen auch immer – diesem weiteren Integrationsschritt ihre Zustimmung verweigerte. Deutlich wurde in den Debatten des Juni 2005 aber auch, dass es offenbar wirklich keinen „Plan B" gab, dass also allenfalls vage Überlegungen angestellt worden waren, was im Falle eines Scheiterns des Ratifikationsverfahrens geschehen solle.

In der Tat finden sich hierzu auch im Verfassungsvertrag keine ausdrücklichen Bestimmungen: Die Vorschrift des Art. IV-443 Abs. 4 des Verfassungsvertrages (EV) bezieht sich offenkundig nur auf dessen künftige Änderungen, nicht aber auf sein In-Kraft-Treten. Andererseits darf nicht übersehen werden, dass auf der Regierungskonferenz in Rom, auf welcher der Verfassungsvertrag feierlich unterzeichnet wurde, die Staats- und Regierungschefs in einer der Schlussakte beigefügten „Erklärung zur Ratifikation des Vertrages über eine Verfassung für Europa" feststellten, „dass der Europäische Rat befasst wird, wenn nach Ablauf von zwei Jahren nach der Unterzeichnung des Vertrages über eine Verfassung für Europa vier Fünftel der Mitgliedstaaten den genannten Vertrag ratifiziert haben und in einem Mitgliedstaat oder mehreren Mitgliedstaaten Schwierigkeiten bei der Ratifikation aufgetreten sind". Damit wurde letztlich die analoge Anwendung des Inhalts der genannten Vorschrift des Art. IV-443 Abs. 4 EV für den Fall des Scheiterns der Ratifikation des Verfassungsvertrags selbst vereinbart.

Wie immer man die Rechtsnatur dieser Erklärung einordnen mag, hindert sie nach meiner Auffassung jedenfalls eindeutig einseitige Schritte, den Ratifikationsprozess in einem Mitgliedstaat einzustellen. Dies wäre im übrigen auch ein Verstoß gegen Art. 18 WVK: Aufgrund der Unterzeichnung des Verfassungsvertrages unterliegen alle Mitgliedstaaten der dort niedergelegten Verpflichtung, sich aller

Handlungen zu enthalten, die Ziel und Zweck des Vertrages vereiteln würden; zu solchen untersagten Handlungen gehört auch die einseitige Einstellung der politischen Bemühungen um die Ratifikation des Vertrages nach den Vorschriften des nationalen Verfassungsrechts.

Es ist daher aus rechtlicher Sicht nur zu begrüßen, dass sich die Staats- und Regierungschefs auf dem genannten Gipfel in Brüssel in ihrer Erklärung zur Ratifikation des Verfassungsvertrages darauf geeinigt haben, den Ratifikationsprozess nicht auszusetzen, sondern ihre Überzeugung kundgetan haben, dass – nur – „le calendrier de ratification dans différents États membres sera si nécessaire adapté à la lumière de ces développements et selon les circonstances dans ces États membres." Weiter haben sie vereinbart, im ersten Halbjahr 2006 zusammenzukommen und über den weiteren Fortgang des Ratifikationsprozesses zu befinden. Dies bedeutet nach meiner Auffassung, dass diejenigen Mitgliedstaaten, die diesen Prozess noch nicht positiv abgeschlossen haben bzw. in denen er nicht durch einen entsprechenden Ausgang einer Volksabstimmung aufgehalten ist, völkerrechtlich verpflichtet sind, den Ratifikationsprozess zunächst fortzusetzen, damit dann im Jahre 2006 im Lichte vollständiger Ergebnisse, d.h. aus allen 25 Mitgliedstaaten, über den weiteren Fortgang entschieden werden kann – es sollte nämlich auch nicht vergessen werden, dass der Ratifikationsprozess bislang in immerhin zehn Mitgliedstaaten erfolgreich abgeschlossen wurde.

Wie auch immer diese Entscheidung dann ausfallen wird und welches das politische und rechtliche Schicksal des Verfassungsvertrages auch sein mag – selbst im Falle einer Beendigung der Bemühungen um seine Ratifikation wird die künftige Entwicklung der europäischen Integration sicherlich in vieler Hinsicht den Vorgaben des Verfassungsvertrages folgen oder sie jedenfalls reflektieren. Schon aus diesem Grunde sind die nachstehenden Beiträge selbst im Falle des endgültigen Scheiterns des Verfassungsvertrages von nicht nur historischem Interesse.

Von der Montanunion zur Europäischen Verfassung: Grundlinien einer fünfzigjährigen europäischen Verfassungsdiskussion

Von Thomas Giegerich

A. Einleitung

Mir fällt es zu, die Vorlesungsreihe des Walther-Schücking-Instituts zum Thema „Eine Verfassung für Europa – die Rechtsordnung der Europäischen Union unter dem Verfassungsvertrag“ einzuleiten, ihr gewissermaßen den Boden zu bereiten. Ich sehe meine Aufgabe darin, deutlich zu machen, dass sich zwischen der Montanunion der Sechs von 1951 und der Europäischen Union der Fünfundzwanzig plus x des Jahres 2004 eine ziemlich gerade – wenn auch zeitweise abgeflachte – Aufwärtslinie ziehen lässt: Der Entwurf einer Verfassung für Europa ist das Ergebnis keiner Revolution, sondern einer über fünfzigjährigen konstitutionellen Evolution. Sie wird auch nicht den Endpunkt dieser Evolution bilden, sondern eine – allerdings ganz wesentliche – Etappe in einem fortschreitenden Evolutionsprozess. Trotz aller Sehnsucht nach Rechtssicherheit ist der evolutionäre Charakter ja gerade das Kennzeichen einer „lebendigen Verfassung“, und lebendig ist die Verfassung der EG/EU immer gewesen.

Die relative Geradlinigkeit der europäischen konstitutionellen Evolution zeigt sich nicht zuletzt daran, dass eigentlich alle Fragen, die den Konvent und die anschließende Regierungskonferenz beschäftigt haben, zumindest der Sache nach von Anfang an sehr kontrovers erörtert worden sind: Die sich teilweise überschneidenden fünf Grundlinien der europäischen Verfassungsdiskussion liegen seit mehr als fünfzig Jahren fest, ohne dass die über jede von ihnen ausgetragene Kontroverse jemals beigelegt worden wäre. Alle diese Grundkontroversen lassen sich in eine ganze Reihe von Einzelfragen weiterverfolgen.

B. Die fünf Grundkontroversen der europäischen Verfassungsdiskussion

I. Grundkontroverse: Vertrag oder Verfassung?

1. Europapolitischer Hintergrund und rechtliche Konsequenzen der Kontroverse

Die Kontroverse darüber, ob und inwieweit der EU-/EG-Vertrag einen völkerrechtlichen Vertrag oder eine Verfassung darstellt,[1] ist nicht rein akademisch, sondern hat einen realpolitischen Hintergrund: Während eine „Verfassung" der EU/EG eine von den Mitgliedstaaten unabhängige politische Existenz und Souveränität zu geben scheint, deutet ein Vertrag auf ihre dauerhafte politische und rechtliche Abhängigkeit von den vertragschließenden Mitgliedstaaten hin.[2] Die Wahl eines völkerrechtlichen oder verfassungsrechtlichen Grundansatzes im Umgang mit der EU/EG kann deshalb auch an etlichen Stellen zu unterschiedlichen Rechtsfolgen führen. Das gilt zunächst für die Auslegung: Folgt sie beim EU-/EG-Vertrag den Interpretationsregeln des Völkervertragsrechts, die in erster Linie den im Vertragstext zum Ausdruck gebrachten wirklichen gemeinsamen Willen der Vertragsparteien eruieren wollen?[3] Oder gelten verfassungsrechtliche Interpretationsmethoden, die den Verfassungstext in weit größerem Maße als objektive Gegebenheit mit Eigenleben betrachten, der „klüger" sein kann als seine Väter und Mütter und sogar als die gegenwärtige Volksanschauung?

Für die Zulässigkeit und Reichweite der Rechtsfortbildung stehen wir an einem ähnlichen Scheideweg: Verbleibt sie in den Händen der Vertragsparteien als den Herren des schwerfälligen Vertragsänderungsverfahrens (Art. 48 EUV), oder darf und muss der Europäische Gerichtshof als Verfassungsgericht die fünfzigjährige Verfassung der Gemeinschaft als „lebendiges Instrument"[4] den heutigen Gegeben-

---

[1] Dazu bereits *Anne Peters,* Elemente einer Theorie der Verfassung Europas, 2001, 220 ff.

[2] *Peter Norman,* The Accidental Constitution, 2003, 79 f.

[3] Vgl. die große Rolle, die Art. 31 Abs. 2–4 der Wiener Vertragsrechtskonvention von 1969 (BGBl. 1985 II, 927) dem (aktuellen) Konsens der Vertragsparteien zumisst. Die Vorschrift gibt insoweit Völkergewohnheitsrecht wieder (vgl. IGH, *Legal Consequences of the Construction of a Wall in the Occupied Palestinian Territory,* Gutachten vom 9. Juli 2004, § 94).

[4] Der Begriff ist der Rechtsprechung des Europäischen Gerichtshofs für Menschenrechte (EGMR) zur Europäischen Konvention zum Schutze der Menschenrechte und

heiten anpassen, um sie vor einer Versteinerung zu bewahren und ihre Effektivität zu erhalten? Reicht die völkerrechtliche Vertragsherrschaft der Mitgliedstaaten gar über den Art. 48 EUV hinaus so weit, dass sie den EU-/EG-Vertrag im Konsenswege nach Belieben formlos abändern, im Einzelfall durchbrechen, wieder aufheben oder ihn sogar je einzeln kündigen können? Oder ist die Herrschaft der Mitgliedstaaten über die Unions-/Gemeinschaftsverfassung dadurch eingeschränkt, dass diese den Unionsbürgerinnen und Unionsbürgern Rechte verleiht, die ihnen nicht durch einen Federstrich wieder entzogen werden können?[5] Schließlich stellt sich die Frage, ob im Binnenraum der EU/EG ein Rückgriff auf die einseitigen Instrumente des Völkerrechts (z.B. Repressalie, Vorbehalt) zulässig bleibt oder die Gemeinschaft ein bundesstaatsähnliches self-contained regime darstellt, dessen Rechtsordnung durch den (Verfassungs-)Vertrag abschließend festgelegt wird.

Es ist längst als Zirkelschluss entlarvt, den Vertrags- oder Verfassungscharakter des EUV/EGV zu postulieren, um daraus dann Rechtsfolgen für die Interpretationsansätze etc. zu deduzieren. Umgekehrt sollte eher induktiv untersucht werden, welche Interpretationsansätze etc. sich praktisch etabliert haben, um daraus Rückschlüsse für oder gegen die Einordnung des EUV/EGV als Vertrag und/oder Verfassung zu ziehen.[6] Darauf wird am Ende dieses Abschnitts zurückzukommen sein.

2. Verwendung des Begriffs „Verfassung"

Die europäischen Verträge haben bisher die Verwendung des Begriffs „Verfassung" vermieden. In den Schumanplan-Verhandlungen hatte die deutsche Delegation vorgeschlagen, das zu entwickelnde Vertragswerk „Traité portant Constitution de la Communauté Européenne pour le charbon et l'acier" zu nennen. Den Begriff „Constitution" ließ man jedoch wieder fallen, um die neuartige supranationale Gemeinschaft, die durch eine Verschmelzung völker- und staatsrechtlicher Elemente gekennzeichnet sein sollte, nicht vorschnell in staatsrechtliche Kategorien zu pressen.[7] Dies hinderte die Bundesregierung jedoch nicht, in ihrer Begründung

---

Grundfreiheiten (EMRK) entnommen, einem weiteren völkerrechtlichen Vertrag mit verfassungsrechtlichem Inhalt (ständige Rechtsprechung seit dem Fall *Tyrer* von 1978 (Ser. A, No. 26, § 31), zuletzt in *Vo v. France* (Urteil vom 8. Juli 2004, § 82).

[5] Hier trifft sich die 1. mit der 2. Grundkontroverse der europäischen Verfassungsdiskussion (s.u. II.).

[6] Zum „induktiven Verfassungsbegriff" *Thomas Giegerich,* Europäische Verfassung und deutsche Verfassung, 2003, 318 ff.

[7] Ob diese Begründung zwingend ist, soll hier dahinstehen. Angesichts der „Verfassung" genannten Gründungsdokumente der UNESCO und der WHO scheinen Zweifel angebracht (BGBl. 1971 II, 471; 1974 II, 43).

zum EGKS-Vertrag, die sie dem Bundestag vorlegte, ständig von „Verfassung" zu sprechen.[8]

In den EG-offiziellen Sprachgebrauch eingeführt worden ist der Begriff „Verfassung" durch den EuGH, der den EG-Vertrag seit 1986 mehrfach als „Verfassungsurkunde" bezeichnet hat.[9] Durchgesetzt hat er sich aber erst im Europäischen Konvent, der seinen Entwurf von 2003 „Vertrag über eine Verfassung für Europa" genannt hat. Das Europäische Parlament hatte den Spinelli-Entwurf von 1984 überschrieben mit „Entwurf eines Vertrags zur Gründung der Europäischen Union", ohne den Verfassungsbegriff zu verwenden.[10] Erst zehn Jahre später sprach der Herman-Entwurf seines Institutionellen Ausschusses von „Verfassung der Europäischen Union" und ließ den Begriff „Vertrag" ganz fallen, aber das Plenum hatte 1994 letztlich nicht den Mut, diesen Entwurf auch förmlich zu verabschieden.[11]

3. Völkerrechtliche Form des Annahme- und Änderungsverfahrens

a) Ausgangspunkt: Völkerrechtliches Vertragsschlussverfahren

Der Vertrag über die Gründung der Montanunion ist ebenso wie alle Folgeverträge bis zum Vertrag von Nizza von 2001 in den Formen eines völkerrechtlichen Vertrages zwischen souveränen Staaten geschlossen worden. Vom Einleitungssatz, der die Staatsoberhäupter der Vertragsstaaten in alphabetischer Reihenfolge aufzählt, und der Nennung der von ihnen jeweils bevollmächtigten Personen über die Ratifikationsklausel bis hin zur Festlegung der Geltungsdauer, der verbindlichen Vertragssprachen und des Depositars tauchen alle üblichen Bestandteile völkerrechtlicher Verträge auf.[12] Der Konventsentwurf (KonvE) setzt diese Tradition

---

[8] *Giegerich* (Anm. 6), 306.

[9] EuGH, Rs. 294/83 – *Les Verts,* Slg. 1986, 1339, Rn. 23; Gutachten 1/91 – *EWR I,* Slg. 1991, I-6079, Rn. 21; vgl. auch Gutachten 2/94 – *EMRK-Beitritt,* Slg. 1996, I-1763, Rn. 35. Ähnlich BVerfGE 22, 293 (296); 51, 222 (246).

[10] ABl. 1984 Nr. C 77/33. Kommentar zu diesem Entwurf: *Francesco Capotorti/ Meinhard Hilf/Francis Jacobs/Jean-Paul Jacqué,* Der Vertrag zur Gründung der Europäischen Union, 1986.

[11] ABl. 1994 Nr. C 61/155. Näher *Siegbert Alber,* Die Entwürfe des Europäischen Parlaments für eine europäische Verfassung (Vorträge, Reden und Berichte aus dem Europa-Institut der Universität des Saarlandes, Sektion Rechtswissenschaft, Nr. 248 (1994)), 44 ff.

[12] Auch die Verfassung des Norddeutschen Bundes vom 16. April 1867 (*Ernst Rudolf Huber,* Dokumente zur deutschen Verfassungsgeschichte, Bd. 2, 3. Aufl. 1986, 272) und die Verfassungs-Urkunde für das Deutsche Reich vom 16. April 1871 (ebd., 384) zählen in

getreulich fort[13] – mit einer Ausnahme: Ihm fehlt die einleitende Aufzählung der kontrahierenden Staatsoberhäupter. Dies symbolisiert die Abneigung des Konvents dagegen, die Staatsoberhäupter zur Quelle der neuen europäischen Verfassung zu stilisieren. Stattdessen stellt er seiner Präambel eine Aussage des *Thukydides* zum demokratischen Charakter der Verfassung voran. Zaghaft kratzt der Entwurf demnach an der völkerrechtlichen Form. Die Regierungskonferenz hat die Staatsoberhäupter jetzt wieder restituiert und dafür das Thukydides-Zitat eliminiert.[14]

b) Konventsverfahren als Zeitenwende

Das Verfahren, in dem der Entwurf zustande gekommen ist, kratzt noch heftiger – und dauerhaft – an der völkerrechtlichen Form. Denn die Festlegung des Textes eines völkerrechtlichen Vertrages erfolgt üblicherweise entweder durch eine Konferenz von Regierungsvertretern[15] oder – wenn eine internationale Organisation die Ausarbeitung des Textes übernimmt – durch ein Organ, in dem die Regierungen der Mitgliedstaaten dieser Organisation vertreten sind: auf der UNO-Ebene durch die Generalversammlung, im Europarat durch das Ministerkomitee. Es ist allenthalben die außenvertretungsberechtigte Exekutive der Staaten, die sich die Festlegung völkerrechtlicher Vertragstexte vorbehält. Entsprechend sieht Art. 48 EUV vor, dass Änderungen der europäischen Integrationsverträge durch eine Regierungskonferenz ausgearbeitet werden. Dieses Verfahren ist bei allen bisherigen Vertragsänderungen penibel eingehalten worden. Nachdem jedoch die letzte Regierungskonferenz in Nizza im Dezember 2000 in einer „Nacht der langen Messer" hinter verschlossenen Türen ein eher klägliches Ergebnis produziert hatte,[16] das dann auch noch vom irischen Volk im ersten Referendumsdurchgang abgelehnt worden war, schienen die Grenzen der Methode „Regierungskonferenz" allen offenbar geworden zu sein.

Man setzte daher für das große Reformvorhaben, das die EU/EG erweiterungs- und zukunftsreif machen sollte, auf die Konventsmethode, die sich bei der Aus-

---

der Präambel noch die kontrahierenden Souveräne auf. Zur staatstheoretischen Einordnung des Birmarck-Reichs *Dian Schefold,* Zur Verfassung des europäischen Bundesstaates, in: Ludwig Krämer (Hrsg.), Recht und Um-Welt. Essays in Honour of Gerd Winter, 2003, 65 (75 f.).

[13] Art. IV-8 bis IV-10 KonvE.

[14] Vgl. den am 29. Oktober 2004 unterzeichneten Vertrag über eine Verfassung für Europa (ABl. 2004 Nr. C 310/1 vom 16.12.04) – im Folgenden EV.

[15] Vgl. auch Art. 9, 10 der Wiener Vertragsrechtskonvention (Anm. 3).

[16] Vgl. *Thomas Wiedmann,* Der Vertrag von Nizza – Genesis einer Reform, Europarecht (EuR) 2001, 185 ff.

arbeitung der EU-Grundrechte-Charta bewährt hatte:[17] Die Texterarbeitung wurde einem Gremium übertragen, in dem die Vertreter des Europäischen Parlaments und der nationalen Parlamente der Mitgliedstaaten eine gute Zweidrittelmehrheit stellten und die Regierungsvertreter zu einer kleinen Minderheit degradierten; einem Gremium, das zudem ein weitgehend transparentes parlamentarisches Verfahren einhielt.[18] Schon der Name „Konvent",[19] den der Europäische Rat von Laeken festgelegt hatte,[20] spricht Bände, denn er knüpft bewusst an die Constitutional Convention an, die im Sommer des Jahres 1787 in Philadelphia die Verfassung der USA entwarf,[21] übernimmt aber auch die Bezeichnung des Konvents, der im revolutionären Frankreich mit der Ausarbeitung der republikanischen Verfassung von 1793 beauftragt wurde und dessen Bezeichnung seinerseits auf das amerikanische Vorbild zurückgeht. Seither steht „Konvent" für ein Gremium, dessen Aufgabe die Ausarbeitung eines Verfassungstextentwurfes ist.

Man muss freilich zugeben, dass dem Konvent nicht die Aufgabe übertragen worden ist, eine endgültige Textfassung zu produzieren, was auch angesichts des Art. 48 EUV rechtlich gar nicht zulässig gewesen wäre. Insofern unterscheidet sich der Europäische Konvent von seinen historischen Vorbildern in den USA und Frankreich. Die endgültige Festlegung des europäischen Verfassungstextes war rechtlich vielmehr der seit dem 4. Oktober 2003 tagenden Regierungskonferenz zugewiesen, die mit dem Europäischen Rat von Brüssel vom 17./18. Juni 2004 im zweiten Anlauf zu einem erfolgreichen Abschluss gekommen ist.[22] Politisch ist die Regierungskonferenz durch den Konventsentwurf natürlich in ganz erheblichem

---

[17] Vgl. dazu *Rudolf Streinz,* Vorbem GR-Charta, Rn. 1 ff., in: ders. (Hrsg), EUV/EGV, 2003. Einen „Europäischen Verfassungskonvent" (nur) aus Abgeordneten des Europäischen Parlaments und der nationalen Parlamente hatte das Europäische Parlament schon zur Vorbereitung der Regierungskonferenz von 1996 (Vertrag von Amsterdam) im Zusammenhang mit dem Herman-Entwurf (Anm. 11) vorgeschlagen (Entschließung zur Verfassung der EU vom 10. Februar 1994, Ziff. 2 (ABl. Nr. C 61/155)).

[18] Überblick bei *Clemens Ladenburger,* Die Erarbeitung des Verfassungsentwurfs durch den Konvent, in: Jürgen Schwarze (Hrsg.), Der Verfassungsentwurf des Europäischen Konvents, 2004, 397 ff.

[19] In der englischen und französischen Fassung heißt es „Convention".

[20] Die Zukunft der Europäischen Union – Erklärung von Laeken vom 15. Dezember 2001 (Anhang zu den Schlussfolgerungen des Vorsitzes des Europäischen Rates von Laeken). Demgegenüber hatte sich der Grundrechtekonvent seinen Namen noch selbst gegeben.

[21] Vgl. *Carol Berkin,* A Brilliant Solution. Inventing the American Constitution, 2002. *Jean-Paul Jacqué,* Back to Philadelphia, Revue du Marché commun et de l'Union européenne 2002, 661 ff.

[22] Der erste Anlauf während des Europäischen Rats von Brüssel vom 12./13. Dezember 2003 war gescheitert (Schlussfolgerungen des Vorsitzes, Ziff. I.2.).

Maße präjudiziert worden. Denn der Konvent hat sich nicht darauf eingelassen, ihr nur Optionen zur Wahl zu stellen, wie es ihm die Erklärung von Laeken nahezulegen versuchte, sondern im Konsens einen Verfassungsentwurf aus einem Guss vorgelegt, der auch von allen Regierungsvertretern mitgetragen wurde.[23] In der Tat hat die Regierungskonferenz den Entwurf zwar weitgehend übernommen, ihn allerdings an einigen wichtigen Stellen geändert. In dieser veränderten Fassung ist er dann am 29.10.2004 von den Staats- und Regierungschefs in Rom unterzeichnet worden.

c) Ad-hoc-Versammlung von 1952 als Vorbild

Es ist nicht das erste Mal in der Geschichte der europäischen Integration, dass ein von Parlamentariern dominiertes Gremium beauftragt wurde, den Regierungen der Mitgliedstaaten ein kühnes Verfassungsprojekt vorzuschlagen. Schon ganz zu Anfang der Entwicklung im Jahre 1952 – der EGKS-Vertrag war gerade in Kraft getreten – hatte es eine sog. Ad-hoc-Versammlung gegeben, die innerhalb weniger Monate einen Vertrag über die Gründung einer Europäischen Politischen Gemeinschaft entworfen hat. Sie setzte sich zusammen aus den Mitgliedern der Versammlung der Montanunion, die damals noch von den nationalen Parlamenten beschickt wurde, und aus von diesen kooptierten neun Abgeordneten der Beratenden Versammlung des Europarats (ebenfalls nationalen Parlamentariern).[24] War der Name des Gesamtgremiums auch unspektakulär, so sah sich dieses nicht gehindert, die eigentliche Entwurfsarbeit einem „Verfassungsausschuss (Commission Constitutionelle)" unter dem Vorsitz von *Heinrich von Brentano* zu übertragen, der als Mitglied des Parlamentarischen Rates einer der Väter des Grundgesetzes war.[25]

Das von der Ad-hoc-Versammlung am 10. März 1953 verabschiedete Produkt trägt (nur) den Namen „Entwurf eines Vertrages über die Satzung der Europäi-

---

[23] „Konsens" bedeutet nur, dass es keine förmlichen Gegenstimmen gab. Inhaltlich ist der Verfassungsentwurf zwar von einer großen Mehrheit, aber keineswegs von allen Mitgliedern des Konvents getragen worden (vgl. den Bericht des Vorsitzes des Konvents an den Präsidenten des Europäischen Rats vom 18. Juli 2003, Ziff. 14 f., sowie den Gegenbericht von vier euroskeptischen Konventsmitgliedern in Anlage III (abgedruckt in: Deutscher Bundestag, Referat Öffentlichkeitsarbeit (Hrsg.), Eine Verfassung für Europa (Zur Sache 1/2003), 315 ff.)).

[24] Dagegen war der Spaak-Bericht von 1956, der die Gründung von EWG und Euratom vorbereitete, von einem Ausschuss aus Regierungsvertretern und Sachverständigen vorbereitet worden (*Giegerich* (Anm. 6), 196 f.).

[25] Näher *Giegerich* (Anm. 6), 182 f.

schen Gemeinschaft",[26] obwohl es eine bundesstaatsähnliche Verfassung darstellt. Dieses Projekt war aufs engste mit dem nie in Kraft getretenen Vertrag über die Gründung der Europäischen Verteidigungsgemeinschaft vom 27. Mai 1952[27] verbunden und sollte die dort geplante europäische Armee, die weit über alles hinausging, was der heutige Verfassungsentwurf an Gemeinsamer Verteidigungspolitik ins Auge fasst, in eine politische Gesamtintegration einbinden. Zusammen mit der EVG musste auch dieser Satzungsentwurf scheitern.[28] Da der Verfassungsentwurf von 2004 unter glücklicheren Umständen entstanden ist, besteht Grund zu der Hoffnung, dass er ein glücklicheres Schicksal haben wird.

d) Ratifikationsverfahren in den Mitgliedstaaten: Volksentscheid?

Bei den europäischen Integrationsverträgen gleicht das Ratifikationsverfahren in den Mitgliedstaaten schon seit einigen Jahren eher einem Verfassungsänderungsverfahren als einem normalen Zustimmungsverfahren zu einem völkerrechtlichen Vertrag.[29] In Bezug auf den Verfassungsentwurf hat man sogar darüber nachgedacht, ihn in allen Mitgliedstaaten einem Referendum zu unterwerfen, um seine demokratische Legitimation zu erhöhen. Idealiter wäre ein europaweiter Volksentscheid durchzuführen, der die In-Kraft-Setzung des Verfassungsentwurfs zu einem veritablen Akt der europäischen Verfassungsgebung machen würde.

Auch solche Überlegungen sind keineswegs neu. Schon der französische Staatspräsident *de Gaulle* hatte gegenüber Bundeskanzler *Adenauer* den Wunsch geäußert, die von ihm geforderte europäische politische Union durch ein europaweites Referendum zu krönen. Er wisse allerdings, dass das deutsche Grundgesetz dies nicht zulasse. *Adenauer* entgegnete, er halte es für möglich, ein verfassungsänderndes Gesetz durchzubringen, das ein auf diese Frage beschränktes Referendum ermöglichen würde. *De Gaulle* nahm dies dankbar auf und betonte die große politische Bedeutung einer solchen allgemeinen Manifestation der Bürger Europas.[30] Im Zusammenhang mit der Einheitlichen Europäischen Akte von 1986 hat ein Ire vor dem Irischen Supreme Court das Recht auf ein Referendum über

---

[26] Europa. Dokumente zur Frage der europäischen Einigung, 2. Teilband 1962, 947 ff.

[27] BGBl. 1954 II, 342 ff.

[28] Näher *Giegerich* (Anm. 6), 175 ff.

[29] Vgl. nur Art. 23 Abs. 1 Satz 3, Art. 79 Abs. 2 und 3 GG (für wesentliche Änderungen der vertraglichen Grundlagen der EU).

[30] *K. Adenauer,* Erinnerungen 1959–1963, 145 (Wiedergabe eines Gedankenaustauschs vom 15. Februar 1962).

jeden Integrationsfortschritt eingeklagt.[31] Der Vertrag über die Europäische Union von Maastricht hat auch in Deutschland Forderungen nach einer Volksabstimmung, insbesondere über den „Verlust der DM" laut werden lassen.[32]

Während der Ruf nach einem Volksentscheid über das europäische Integrationsprojekt im Hinblick auf dessen legitimationsstärkende und damit stabilisierende Wirkung letztlich europafreundlich gemeint sein mag, kann er auch Ausdruck einer Verhinderungsstrategie sein, je nachdem ob die Rufer einen Erfolg oder ein Scheitern des Referendums wünschen und erwarten. Es ist anzunehmen, dass die 25 Mitgliedstaaten die Notwendigkeit eines Referendums über den Verfassungsentwurf unterschiedlich beurteilen werden. In Deutschland, wo ein Referendum nach überwiegender Auffassung eine Grundgesetzänderung voraussetzen würde, ist die Meinungsbildung noch nicht abgeschlossen.[33] Art. 48 EUV überlässt das innerstaatliche Entscheidungsverfahren im Vorfeld der Ratifikation von Vertragsänderungen – um eine solche handelt es sich bei dem Entwurf – dem nationalen Verfassungsrecht. Für die Durchführung eines europaweiten Referendums gibt es keine Vertragsgrundlage.[34] Denkbar wäre nur eine eher unwahrscheinliche politische Absprache unter den Mitgliedstaaten, parallele nationale Referenden abzuhalten.

e) Änderungsverfahren

Das Verfahren zur Änderung des EUV/EGV erinnert der Form nach an völkerrechtliche Vertragsänderungen. Die für Verfassungen typische Trennung zwischen verfassungsgebender und verfassungsändernder Gewalt lässt sich zwar auch für die EU/EG theoretisch begründen,[35] sie tritt aber nicht nach außen hervor: Art. 52 und Art. 48 EUV sind kongruent. Dabei bleibt es auch, wenn das „Konventverfahren" zum Normalverfahren zukünftiger Verfassungsänderungen wird, weil diesem Verfahren stets eine Regierungskonferenz und ein Ratifikations-

---

[31] *John Temple Lang,* The Irish Court Case which Delayed the Single European Act, Common Market Law Review (CMLRev) 24 (1987), 709 ff.

[32] So u.a. *Dietrich Murswiek,* Maastricht und der pouvoir constituant, Der Staat 32 (1993), 161 ff. Vgl. auch BVerfGE 89, 155 (180).

[33] Vgl. den Gesetzentwurf der FDP-Fraktion zur entsprechenden Änderung des Art. 23 GG (BT Drs. 15/1112 vom 4. Juni 2003). Vgl. auch *Martin Nettesheim,* EU-Recht und nationales Verfassungsrecht, EuR Beiheft 1/2004, 7 (51 ff.).

[34] *Sven Hölscheidt/Iris Putz,* Referenden in Europa, Die Öffentliche Verwaltung (DÖV) 2003, 737 ff.

[35] Näher *Giegerich* (Anm. 6), 468 ff.

verfahren in allen Mitgliedstaaten nachgeschaltet bleibt.[36] Wegen dieser nach außen erscheinenden Gleichsetzung der vertrags-(verfassungs-)gebenden mit der vertrags-(verfassungs-)ändernden Gewalt fällt es auch schwer zu begründen, dass die vertrags-(verfassungs-)ändernde Gewalt der EU/EG gewissen äußersten Schranken unterliegt, es ist aber keineswegs ausgeschlossen.[37] Auch der Verfassungsentwurf gesteht dem Europäischen Parlament über ein Initiativrecht und die Mitberatung im Konvent hinaus keine Mitentscheidung über Verfassungsänderungen zu.[38] Ebensowenig sieht er ein obligatorisches oder fakultatives europäisches Referendum vor.[39]

4. Verfassungsrechtliche Funktionen und verfassungsrechtlicher Inhalt von EG- und EU-Vertrag

Ungeachtet seiner zumindest weitgehend völkerrechtlichen Form erfüllt der EG-Vertrag, ergänzt durch den EU-Vertrag, verfassungsrechtliche Funktionen und hat verfassungsrechtlichen Inhalt. Er nimmt die hauptsächlichen Funktionen, welche das Verfassungsgesetz für einen Staat erfüllt, für die Europäische Gemeinschaft wahr: Bildung und Erhaltung legitimer politischer Einheit (Integrationsfunktion/Legitimationsfunktion); Festlegung der Föderal- und Organstruktur sowie Zuweisung von Kompetenzen an die beteiligten Verbände und Organe (Organisationsfunktion); Festlegung der höchsten, für alle Hoheitsgewalt verbindlichen, nur erschwert abänderbaren Rechtssätze des betreffenden Gemeinwesens (normative Leitfunktion). Seinem Inhalt nach bestimmt der EG-Vertrag das Verhältnis des „Europäische Gemeinschaft" genannten Gemeinwesens zu ihren Mitgliedstaaten, die Rechtsstellung der Unionsbürger gegenüber Gemeinschaft und Mitgliedstaaten sowie die Ziele, Aufgaben und Kompetenzen der Gemeinschaft. Sicherlich stellt der EG-Vertrag keine Vollverfassung dar, welche die Gesamtheit der Verfassungsfragen im europäischen Gemeinwesen allein regelt, sondern nur eine Teilverfassung ähnlich einer bundesstaatlichen Verfassung, welche die verfassungsrechtlichen Beziehungen im Bundesstaat nur gemeinsam mit den gliedstaatlichen Verfassungen umfassend ordnen kann.

---

[36] Art. IV-443 EV.

[37] Näher *Giegerich* (Anm. 6), 499 ff.; *Peters* (Anm. 1), 442 ff.

[38] Dafür hatte sich u.a. das deutsche Konventsmitglied *Meyer* eingesetzt (Eine Verfassung für Europa (Anm. 23), 1213). In diesem Sinne auch Art. 111 ff. des Entwurfs einer EPG-Satzung (Anm. 26) sowie Art. 84 des Spinelli-Entwurfs von 1984 (Anm. 10) und Art. 31 Abs. 1, 1. Spiegelstrich des Herman-Entwurfs von 1994 (Anm. 11).

[39] Die in Art. I-47 Abs. 4 EV vorgesehene Bürgerinitiative betrifft nur die Sekundärrechtsebene.

Verfassungsrechtliche (d.h. verfassungsstruktursichernde) Funktionen erfüllt der EU-Vertrag gerade auch durch das Homogenitätserfordernis des Art. 6 Abs. 1 EUV, das den mitgliedstaatlichen Verfassungen rechtsstaatlich-demokratische Mindestvorgaben macht, deren Einhaltung nach Art. 49 EUV Beitrittbedingung ist und die während der Mitgliedschaft im Verfahren des Art. 7 EUV durchsetzbar sind. Der Verfassungsentwurf übernimmt diese Regelungen in Art. I-1 Abs. 2, I-2, I-58 und I-59. Solche Normativbestimmungen sind ein typischer Bestandteil bundesstaatlicher Verfassungen,[40] kommen allerdings auch in den völkerrechtlichen Gründungsverträgen von Konföderationen[41] und (seltener) internationalen Organisationen[42] vor.

5. EU-/EG-Vertrag als völkerrechtlich paktierte Verfassung

Seine Vertragsform steht der Annahme nicht entgegen, dass der EU-/EG-Vertrag mit seinen Verfassungsfunktionen und seinem verfassungsrechtlichen Inhalt zur Gemeinschaftsverfassung zumindest geworden ist. Nicht zuletzt in der deutschen Geschichte gibt es genügend Beispiele für teils in völkerrechtliche Formen gekleidete Verfassungsvereinbarungen (paktierte Verfassungen) – von den mittelalterlichen Einungen über den Westfälischen Frieden, die Deutsche Bundesakte von 1815, die Reichsverfassung von 1867/1871 bis hin zum Einigungsvertrag zwischen Bundesrepublik Deutschland und DDR. Einem vor allem in der deutschen Diskussion verwendeten etatistisch verengten Verfassungsbegriff, der nur Staaten für verfassungsfähig hält,[43] steht ein überstaatlicher (transnationaler) Verfassungsbegriff gegenüber.[44] Ein solcher entspricht eher der Vorstellung, dass

---

[40] Art. 17 WRV; Art. 28 GG; Art. IV, Sec. 4 der U.S.-Verfassung von 1787; Art. 95 ff. der österreichischen Bundesverfassung von 1920/29; Art. 51, 52 der Schweizerischen Bundesverfassung von 1999.

[41] Art. XIII der Deutschen Bundesakte von 1815, Art. LIII ff. der Wiener Schlussakte von 1820 (zit. nach Hans Boldt (Hrsg.), Reich und Länder, 1987, 196 ff., 210 ff.).

[42] Vgl. z.B. Art. 3, 4, 8 der Satzung des Europarats von 1949; Art. 2 Buchst. b, 9, 17 der OAS-Charta (http://www.oas.org/main/english/).

[43] Vgl. u.a. *Paul Kirchhof,* Die rechtliche Struktur der Europäischen Union als Staatenverbund, in: Armin von Bogdandy (Hrsg.), Europäisches Verfassungsrecht, 2003, 893 (895 ff.); *Dieter Grimm,* Ursprung und Wandel der Verfassung, in: Josef Isensee/Paul Kirchhof (Hrsg.), Handbuch des Staatsrechts, Bd. I, 3. Aufl. 2003, § 1 Rn. 87 ff., 96 ff. Dagegen z.B. *Peters* (Anm. 1), 93 ff.; *Manfred Zuleeg,* Die Vorzüge der Europäischen Verfassung, in: von Bogdandy, a.a.O., 931 ff. Vgl. auch *Nettesheim* (Anm. 33), 15 ff.

[44] *Ingolf Pernice* spricht vom „postnationalen Verfassungsbegriff" (Europäisches und nationales Verfassungsrecht, Veröffentlichungen der Vereinigung der Deutschen Staatsrechtslehrer 60 (2001), 148 (155 ff.)).

die Verfassung das Gemeinwesen im Rechtssinne schafft, nicht ein rechtlich bereits vorhandenes Gemeinwesen sich eine Verfassung gibt. Der EG-Vertrag ist mit seiner Ergänzung durch den EU-Vertrag seit jeher die in Vertragsform gegossene Verfassung eines neuartigen, aber bundesstaatsähnlichen Gemeinwesens gewesen.

Dass auf europäischer Ebene zwischen den Phänomenen Vertrag und Verfassung keine Alternativität herrscht, sondern beide zusammenkommen, macht der Entwurf eines Vertrages über eine Verfassung für Europa schon in seinem Titel deutlich. Der Konvent hat einen noch in vielerlei Beziehungen der völkerrechtlichen Form verpflichteten Vertrag mit verfassungsrechtlichem Inhalt vorgelegt und die Regierungskonferenz hat ihn weitgehend übernommen. Sie haben damit nichts Neues geschaffen, sondern den Mut gehabt, eine alte Wahrheit auszusprechen, indem sie das Zwillingspaar beim Namen nannten. Sie haben dabei die Begriffe „Vertrag" und „Verfassung" gleichberechtigt nebeneinander gestellt und nicht durch adjektivische Konstruktionen, wie „constitutional treaty", die Verfassung dem Vertrag untergeordnet.

6. Rechtliche Konsequenzen der Doppelnatur der europäischen Verfassung in Vertragsform

a) Die praktische Handhabung des EG-Vertrags als Kriterium

Rechtliche Konsequenzen aus der völker- und verfassungsrechtlichen Doppelnatur des EGV/EUV und des Verfassungsentwurfs von 2004 zu ziehen, fällt naturgemäß schwer, weil man nicht von vornherein deduktiv-abstrakt bestimmen kann, welche rechtliche Seite sich im Einzelfall durchsetzen wird. Deshalb muss man induktiv-konkret vorgehen, d.h. fragen, welche Antworten sich in der Praxis des EuGH und der anderen Organe mit Billigung der Mitgliedstaaten jeweils praktisch etabliert haben. Falls noch keine Praxis feststellbar ist, bleibt nichts übrig, als möglichst überzeugende Rückschlüsse aus dem einschlägigen Normtext und der in anderen Bereichen nachweisbaren Praxis zu ziehen. Dies führt zu folgenden Antworten auf die eingangs gestellten Fragen:

b) Auslegung und Fortbildung des EG-Vertrags

Der EuGH wendet ähnlich einem nationalen Verfassungsgericht verfassungsrechtliche Interpretationsmethoden auf den EGV an und betreibt in erheblichem

Umfang Verfassungsfortbildung. Seine Praxis, die dem EGV den Charakter eines dynamischen „lebendigen Instruments" gegeben hat, mag in Randbereichen zum Teil umstritten geblieben sein, wird aber von den Mitgliedstaaten zumindest hingenommen und kann deshalb als konsentiert gelten. Teilweise sind die richterlichen Fortbildungen bei späteren förmlichen Vertragsänderungen sogar ausdrücklich in den Text des EGV aufgenommen – so z.B. die ständige EuGH-Rechtsprechung zum Vorrang des Gemeinschaftsrechts[45] nach vierzig Jahren in Art. I-6 des Verfassungsentwurfs[46] –, niemals dagegen ausdrücklich verworfen worden.[47] Der Konvent hat jetzt deutlich gemacht und die Regierungskonferenz hat sogar noch präzisiert, dass die Rechtsprechung des EuGH und des EuG zur Auslegung und Anwendung des bisherigen Primär- und Sekundärrechts *mutatis mutandis* auch weiterhin maßgeblich bleibt für die verbindliche Auslegung des Unionsrechts und insbesondere vergleichbarer Bestimmungen der Verfassung.[48]

c) Formlose Änderungen und Durchbrechungen des EG-Vertrags?

Die Praxis der Mitgliedstaaten und des EuGH lässt überdies erkennen, dass Änderungen oder Durchbrechungen des EGV im Einzelfall durch formlosen Konsens außerhalb des Verfahrens des Art. 48 EUV und der ausdrücklich vorgesehenen Fälle vereinfachter Vertragsänderungen nicht zulässig sind.[49] Auch in dieser Hinsicht setzt sich die verfassungsrechtliche Seite des EGV also durch.

Der EuGH hat die strikte Bindung der Mitgliedstaaten und der Organe an den EGV und das Sekundärrecht gerade auch im Interesse der vertraglich verankerten Rechte der Unionsbürgerinnen und Unionsbürger immer wieder betont.[50] Die

---

[45] Grundlegend EuGH, Rs. 6/64 – *Costa ./. ENEL,* Slg. 1964, 1251.

[46] Von der Regierungskonferenz in Art. I-5a verschoben (CIG 86/04). Vgl. bereits die implizite Anerkennung des Vorrangs in Ziff. 2 des Protokolls über die Anwendung der Grundsätze der Subsidiarität und der Verhältnismäßigkeit von 1997. Weitere Beispiele bei *Giegerich* (Anm. 6), 1069 ff.

[47] Die einzige Fall eines *overruling* durch Vertragsänderung (Einfügung des Art. 141 Abs. 4 EGV) betrifft die Auslegung der Gleichbehandlungsrichtlinie in der *Kalanke*-Entscheidung (EuGH, Slg. 1995, I-3051). Näher *Giegerich* (Anm. 6), 1071 ff.

[48] Art. IV-3 Abs. 2 Satz 2 KonvE; Art. IV-438 Abs. 4 EV.

[49] Näher *Giegerich* (Anm. 6), 523 ff.

[50] Jüngst bestätigt in EuGH, Urteil vom 13. Juli 2004, Rs. C-27/04, Rn. 80: Rat ist im Defizitverfahren gegen Mitgliedstaaten an die Vorschriften des Art. 104 EGV und der Verordnung Nr. 1467/97 gebunden. Zur Rechtsträgerschaft der Unionsbürger vgl. z.B. EuGH, Rs. 26/62 – *van Gend & Loos,* Slg. 1963, 1; Gutachten 1/91 – *EWR I*, Slg. 1991, I-6079 (6102); Rs. C-453/99, Slg. 2001, I-6297, Rn. 19.

Mitgliedstaaten haben formlose Vertragsänderungen – abgesehen von zwei die EGKS betreffenden Fällen in den fünfziger Jahren – niemals vorgenommen.[51] Eine Vertragsdurchbrechung liegt auch nicht darin, dass Vertreter der Regierungen der zehn Beitrittsländer schon gleichberechtigt an der Regierungskonferenz über den Konventsentwurf teilgenommen haben, bevor Beitrittsvertrag und Beitrittsakte am 1. Mai 2004 in Kraft traten.[52] Mir scheint es eine vertretbare Auslegung des Art. 48 EUV, sie bereits als Vertreter der Regierungen der „Mitgliedstaaten" einzustufen, weil von Anfang an nach menschlichem Ermessen feststand, dass die Beitritte wirksam werden würden, bevor der Konventsentwurf in der Gestalt, die er durch die Regierungskonferenz erhalten würde, in Kraft treten könnte. Sein In-Kraft-Treten würde daher von der Ratifikation auch der Beitrittsländer abhängen. Dann liegt es aber im Hinblick auf den Sinn und Zweck der Regierungskonferenz nahe, sie bereits daran zu beteiligen.

d) Austrittsrecht einzelner Mitgliedstaaten?

Weniger klar zu beantworten ist die Frage danach, ob einzelne Mitgliedstaaten nach freiem Belieben aus der Gemeinschaft austreten können. Keiner der bisherigen Integrationsverträge, angefangen mit dem EGKS-Vertrag, hat dazu eine ausdrückliche Regelung enthalten. Daraus, dass seit dem EWG-Vertrag alle Verträge ihre Geltung auf unbegrenzte Zeit anordnen, verbunden mit der Aufzählung der Mitgliedstaaten in den Vertragspräambeln sowie in Art. 299 EGV, kann man vertretbarerweise schließen, dass ein individuelles Austrittsrecht grundsätzlich nicht besteht.[53] Dies würde übrigens selbst dann gelten, wenn man den EGV als reinen völkerrechtlichen Vertrag einstufen könnte, wie die Regelung in Art. 56 Abs. 1 der Wiener Konvention über das Recht der Verträge zeigt, die man als Wiedergabe des Völkergewohnheitsrechts ansehen kann. In der bisherigen Praxis hat es auch noch keinen einseitigen Austritt gegeben. Im Gegenteil ist die Ausgliederung Grönlands als Teil Dänemarks aus dem Geltungsbereich des EWG-Vertrags im Wege einer von allseitigem Konsens getragenen förmlichen Vertragsänderung erfolgt.

Hier läutet der Verfassungsentwurf nun eine neue Ära ein: Art. I-60 verbürgt jedem Mitgliedstaat ein einseitiges Austrittsrecht, das notfalls auch gegen den

---

[51] *Giegerich* (Anm. 6), 553 ff.

[52] Gemäß Ziff. 5 der Schlussfolgerungen des Vorsitzes des Europäischen Rates von Thessaloniki vom 20. Juni 2003.

[53] Näher *Giegerich* (Anm. 6), 574 ff. Vgl. auch *Juliane Kokott*, in: Streinz (Anm. 17), Art. 312 EGV, Rn. 5 ff.

Willen der anderen Mitgliedstaaten ausgeübt werden kann.[54] Diese Regelung wird den Vertragscharakter der neuen europäischen Verfassung unterstreichen, ohne ihren Verfassungscharakter aufzugeben. Sie ist weniger Ausdruck ihrer abgeschwächten Bindungskraft denn ihrer gewachsenen Selbstgewissheit als Grundstatut eines föderalen Systems, das fest genug etabliert ist, um ein Austrittsrecht großzügig gewähren zu können.[55] Adressaten der Vorschrift sind in erster Linie die Beitrittsstaaten Mittel- und Osteuropas, die ihre Souveränität faktisch erst nach der Wende von 1989/1990 herstellen konnten und denen die Einbindung in ein europäisches Verfassungssystem durch die Gewissheit erleichtert werden soll, sich in kein neues „Völkergefängnis" zu begeben.[56] Wegen der engen wirtschaftlichen, politischen und rechtlichen Verflechtung der Mitgliedstaaten in der EU ist ein Austritt schwer vorstellbar. Der Sinn des Art. I-60 EV liegt deshalb auch weniger darin, einen solchen Austritt zu erleichtern, als einen austrittswilligen Mitgliedstaat im Laufe der vorgesehenen Verhandlungen von seinem Vorhaben abzubringen.[57]

Der Verfassungsentwurf stellt außerdem in Art. IV-437 klar, dass EUV und EGV im allseitigen Konsens der Mitgliedstaaten und in den Formen des Änderungsverfahrens nach Art. 48 EUV vollständig aufgehoben werden können – allerdings nicht ersatzlos, sondern um einer neuen Verfassung für Europa Platz zu machen, also zur Vertiefung, nicht zur Beendigung des Integrationsprojekts.

e) EG als self-contained regime

Zumindest weitgehend geklärt ist schließlich, dass im Binnenraum der EG ein Rückgriff auf Rechtsinstitute des Völkerrechts (z.B. Repressalie, Vorbehalt) unzu-

---

[54] Kritisch zu dieser Neuerung *Jürgen Schwarze,* Ein pragmatischer Verfassungsentwurf, EuR 38 (2003), 535 (558 f.); *Thomas Bruha/Carsten Nowak,* Recht auf Austritt aus der Europäischen Union?, Archiv des Völkerrechts 42 (2004), 1 ff.; *Raymond J. Friel,* Providing a Constitutional Framework for Withdrawal from the EU, International and Comparative Law Quarterly 53 (2004), 407 ff. Positiv *Peter M. Huber,* Das institutionelle Gleichgewicht zwischen Rat und Europäischem Parlament in der künftigen Verfassung für Europa, EuR 38 (2003), 574 (591 f.).

[55] Demgegenüber wollte der Entwurf einer EPG-Satzung von 1953 (Anm. 26) die Gemeinschaft noch ausdrücklich für unauflöslich erklären (Art. 1 Abs. 2 Satz 2). Art. 87 des Spinelli-Entwurfs von 1984 (Anm. 10) war wortgleich mit Art. 312 EGV. Der Herman-Entwurf (Art. 11) enthielt keine Regelung.

[56] *Thomas Oppermann,* Eine Verfassung für die Europäische Union (2. Teil), Deutsches Verwaltungsblatt (DVBl.) 2004, 1234 (1242); *Jean-Victor Louis,* Le projet de constitution: continuité ou rupture?, Cahiers de droit européen 39 (2003), 215 (221 ff.).

[57] *Thomas Oppermann,* Eine Verfassung für die Europäische Union (1. Teil), DVBl. 2004, 1165 (1168 Anm. 18).

lässig ist. Der EuGH hat immer wieder entschieden, dass Mitgliedstaaten weder auf (angebliche) Vertragsverletzungen anderer Mitgliedstaaten noch der Kommission mit Repressalien reagieren dürfen.[58] Sie sind vielmehr auf die vom EGV festgelegten Rechtsbehelfe beschränkt, um sich gegen Verletzungen ihrer Rechte zur Wehr zu setzen.[59] Einen Vorbehalt einzulegen, hat in der fünfzigjährigen Geschichte der europäischen Integration noch kein Staat versucht.[60] Diese Praxis stützt die Annahme, dass die Gemeinschaft ein self-contained regime darstellt, dessen Rechtsordnung durch den (Verfassungs-)Vertrag abschließend festgelegt wird, so dass auf Völkerrechtssätze nur zurückgegriffen werden darf, soweit der (Verfassungs-)Vertrag dies zulässt. Nach alledem hat sich in der Praxis weit überwiegend die verfassungsrechtliche Natur des EGV gegenüber der völkerrechtlichen durchgesetzt.

II. Grundkontroverse: Staatenverein oder Völkerverein?

1. Rechtliche Relevanz der Unterscheidung

Mit der gerade behandelten 1. Grundkontroverse der europäischen Verfassungsdiskussion hängt die zweite eng zusammen: Sie thematisiert die Charakterisierung der EU/EG als Staatenverein oder Völkerverein. Die enge Beziehung beider Grundkontroversen wird deutlich, wenn man vom Gegensatzpaar „völkerrechtlicher Staatenverein“ und „verfassungsrechtlicher Völkerverein“ spricht. Internationale Organisationen und Staatenbünde stellen sich als völkerrechtliche Staatenvereine verschiedener Verdichtungsstufen dar, während der Bundesstaat den höchsten Aggregatzustand eines verfassungsrechtlichen Völkervereins bildet, in dem die Verschmelzung der gliedstaatlichen Völker zu einem einzigen Bundesvolk weit vorangeschritten ist, diese jedoch als Träger der gliedstaatlichen Verfassungen weiterhin identifizierbar bleiben. Die Antwort auf die Frage, ob und inwieweit die EG/EU ein Staatenverein oder ein Völkerverein ist, hat – wie am Ende des Abschnitts zu zeigen sein wird – Folgewirkungen für die Begründung der Legitimation der europäischen Hoheitsgewalt, die Befugnis mitgliedstaatlicher Organe zur Nullifikation und die damit zusammenhängende Frage, wer für Letztentscheidungen über den Inhalt des EGV/EUV zuständig ist – der EuGH oder die nationalen Höchstgerichte. Man kann diese Probleme an der Entwicklung des US-amerikanischen Bundesstaats im 19. Jahrhundert studieren.[61]

---

[58] Näher *Giegerich* (Anm. 6), 634.

[59] Art. 227, 230, 242, 243 EGV.

[60] *Giegerich* (Anm. 6), 859 ff.

[61] „Leading case“ ist *McCulloch v. Maryland* (17 U.S. (4 Wheat) 316, 402 ff. (1819)).

2. *Europarat als Staatenverein ohne föderale Dynamik*

Die berühmte Zürcher Aufforderung *Winston Churchills* von 1946, zur Erhaltung von Freiheit, Sicherheit und Frieden auf dem europäischen Kontinent eine Art „United States of Europe" zu schaffen, hatte 1949 den Europarat hervorgebracht. Als politische Hauptorganisation des sich einigenden Europas gedacht, ist der Europarat jedoch – vor allem wegen der Zurückhaltung der britischen Weltmacht gegenüber föderalen Vereinnahmungsversuchen von Seiten des Kontinents – im Wesentlichen ein Staatenverein mit den Merkmalen einer klassischen internationalen Organisation geblieben.[62] Er wird nach Art. 13 ff. seiner Satzung von den im Ministerkomitee vertretenen Regierungen der Mitgliedstaaten dominiert und verfügt über keine echten eigenen Kompetenzen. Stattdessen beschränkt er sich im Wesentlichen darauf, völkerrechtliche Verträge zu entwerfen und seinen Mitgliedern zur Ratifikation anzubieten sowie bloße Empfehlungen auszusprechen. Kompetenzen zum einseitigen Erlass von Entscheidungen, die für seine Mitgliedstaaten verbindlich sind oder sogar durch deren Souveränitätspanzer hindurch auf ihre Bürgerinnen und Bürger zugreifen, hat der Europarat nicht. Die europäischen Völker bleiben ihm gegenüber durch ihre Staaten mediatisiert.

Immerhin ist dem dominanten Ministerkomitee eine „Beratende" Versammlung aus nationalen Parlamentariern an die Seite gestellt worden, welche die Befugnis zu Empfehlungen hat (Art. 22 ff. der Satzung). Dies war für internationale Organisationen ein Novum und wies den Weg zur Fortentwicklung des Europarats von einem reinen Staaten- zu einem Völkerverein, den die Beratende Versammlungschon frühzeitig durch entsprechende Vorschläge vorantreiben wollte – allerdings vergeblich: Der Europarat ist nie über das Stadium eines permanenten Forums intergouvernementaler Zusammenarbeit in völkerrechtlichen Formen hinausgekommen.[63]

3. *Die supranationale Montanunion als konkreter Schritt zur europäischen Föderation*

Die Verkümmerung der föderalen Anlagen des Europarats trieb den enttäuschten *Robert Schuman* dazu, schon ein Jahr nach Unterzeichnung der Europaratssatzung auf dem begrenzten (damals aber bedeutsamen) Sektor von Kohle und Stahl

---

[62] Vgl. die letzte Erwägung der Präambel sowie Art. 1 Buchst. a und Art. 2 der Satzung des Europarats (Sartorius II Nr. 110).

[63] *Gerhard Brunn,* Die Europäische Einigung, 2002, 64 ff.

einen neuen Versuch zu unternehmen, nicht mehr nur die Staaten zu koalieren, sondern die Völker zu vereinen.[64] Die Montanunion sollte erste Etappe einer europäischen Föderation sein, die man auf dem Umweg über eine stufenweise wirtschaftliche Einigung zu erreichen hoffte.[65] Schon der Schuman-Plan spricht von einer Vereinigung der europäischen Nationen,[66] und der EGKS-Vertrag greift dies in der letzten Präambelerwägung auf, wo er die zu bildende Gemeinschaft der europäischen Völker anvisiert.

Die EGKS ist zwar noch eine von ihren Mitgliedstaaten getragene Gemeinschaft. Doch ihre Versammlung ist nicht mehr nur „beratend", sondern übt demokratisch essentielle Kontrollbefugnisse über die supranationale Hohe Behörde aus. Sie setzt sich auch nicht mehr nur aus durch die nationalen Parlamente bestimmten Vertretern der Mitgliedstaaten zusammen, wie im Europarat,[67] sondern aus Vertretern der Völker der in der Gemeinschaft zusammengeschlossenen Staaten.[68] Folglich gehen die Montanunion und die ihr institutionell nachgebildete EWG ihrer Anlage nach deutlich über den reinen Staatenverein hinaus und zeigen Ansätze eines Völkervereins. Diese Ansätze sind durch die Direktwahl des Europäischen Parlaments seit 1979[69] nicht qualitativ verändert, aber im Hinblick auf die geschaffene Unmittelbarkeitsbeziehung zwischen den Bürgerinnen und Bürgern der Mitgliedstaaten und ihren Vertretern im Europäischen Parlament verdeutlicht worden. Einen ersten Schritt zur Überwindung der strikten nationalen Parzellierung dieses Völkervereins ist der Vertrag über die Europäische Union von Maastricht gegangen, als er das Europawahlrecht der EU-Ausländer einführte: Diese können seither die europäischen Volksvertreter ihres Wohnsitzstaats wählen.[70]

4. EuGH als Geburtshelfer des Völkervereins: Europäer als Mitsubjekte des EWG-Vertrags

Natürlich hätten diese Anlagen zum Völkerverein bei der EWG ebenso verschüttet werden können wie beim Europarat. Dass dies nicht geschah, ist in erster

---

[64] Das Motto der Memoiren *Jean Monnets,* der den Schuman-Plan maßgeblich entwickelt hat, lautet: „Nous ne coalisons pas des Etats, nous unissons des hommes".

[65] *Giegerich* (Anm. 6), 153 ff.

[66] Abgedruckt bei *Brunn* (Anm. 63), 336 (337).

[67] Art. 25 der Satzung des Europarats.

[68] Art. 20 EGKSV.

[69] Beschluss und Akt zur Einführung allgemeiner unmittelbarer Wahlen der Abgeordneten des Europäischen Parlaments vom 20. September 1976 (mit späteren Änderungen in Sartorius II Nr. 262).

[70] Art. 19 Abs. 2 EGV.

Linie dem Europäischen Gerichtshof zu verdanken, für den es im Europarat kein Pendant gibt.[71] Der EuGH ist durch Art. 220 EGV mit einer sehr allgemein formulierten Rechtswahrungsaufgabe betraut worden und als Verfassungsgericht der Gemeinschaft auch dazu gedacht gewesen, im Vertrag vorhandene Ansätze auszubauen, um das Gemeinschaftsprojekt zu festigen und mit Leben zu erfüllen.[72] Es war der EuGH, der 1963 in seiner grundlegenden Entscheidung im Fall *van Gend & Loos* die einzelnen Bürgerinnen und Bürger der Mitgliedstaaten zu Inhabern einklagbarer Rechte unmittelbar aus dem EWG-Vertrag erklärte und sie damit – neben den Mitgliedstaaten – zu Mitsubjekten und Mitträgern der Gemeinschaft machte.[73] Die mit dem Vertrag von Maastricht 1992 eingeführte Unionsbürgerschaft[74] ist die bloß deklaratorische Krönung dieser Entwicklung der EG zur Gemeinschaft der Staaten und Völker, einer Föderation eigener Art.[75]

5. Von der Europäischen Politischen Gemeinschaft über die Fouchet-Pläne zur Europäischen Union von 2003/4

Der 1954 zusammen mit der EVG gescheiterte „Entwurf eines Vertrages über die Satzung der Europäischen Gemeinschaft"[76] wollte die anvisierte Europäische Politische Gemeinschaft in erster Linie als Völkerverein und nur in zweiter Linie als Staatenverein ausgestalten. Wie seine Präambel deutlich macht, sollten es die Völker der Mitgliedstaaten sein, die diese Europäische Gemeinschaft gründeten.[77] Nach seinem Art. 1 wollte der Vertrag eine unauflösliche Europäische Gemeinschaft übernationalen Charakters errichten, gegründet auf den Zusammenschluss der Völker und Staaten.

Der Gegensatz zwischen Staatenverein und Völkerverein kam auch bei der Debatte um die ebenfalls gescheiterten französischen Fouchet-Pläne von 1961/62 zum intergouvernementalen Rückbau der EWG ans Licht: Während *de Gaulle* –

[71] Der EGMR ist kein allgemeines Gericht des Europarats mit der Aufgabe, dessen Satzung zu wahren und fortzubilden, sondern ein besonderer Menschenrechtsgerichtshof, dessen Rechtsprechungsfunktion sich auf die EMRK und ihre Zusatzprotokolle beschränkt.

[72] *Giegerich* (Anm. 6), 1053 f.

[73] Rs. 26/62, Slg. 1963, 1.

[74] Art. 17 ff. EGV.

[75] *Nettesheim* (Anm. 33) spricht von „konsoziativer Föderation" (34 ff.).

[76] s.o., B. I. 3. c).

[77] Vgl. die auf die U.S.-Verfassung von 1787 rekurrierende entsprechende Formulierung in der Präambel der Satzung der Vereinten Nationen (*Giegerich* (Anm. 6), 184; näher *Henry G. Schermers,* We the Peoples of the United Nations, Max Planck Yearbook of United Nations Law 1 (1997), 111 ff.).

wenn auch unter der Titelüberschrift „Union der Völker Europas" – eine Staatenunion gründen wollte, bestanden die fünf anderen EWG-Mitglieder auf einer „Union europäischer Staaten und Völker". An diesen gegensätzlichen Vorstellungen scheiterte das Projekt.[78]

Während der Spinelli-Entwurf eines Vertrags zur Gründung der Europäischen Union von 1984[79] nach seinem Art. 1 einen Staatenverein im Sinn hatte, sollte die im Herman-Entwurf von 1994 verkörperte Verfassung der Europäischen Union[80] gemäß ihrer Präambel „im Namen der europäischen Völker" von den Mitgliedstaaten und vom Europäischen Parlament angenommen werden. Die Europäische Union sollte nach Art. 1 Abs. 1 aus den Mitgliedstaaten und ihren Bürgern bestehen, alle Macht der Union jedoch von den Bürgern ausgehen.

In Art. 1 EUV kommt seit 1992 die Doppelnatur der Union (und der Europäischen Gemeinschaften als ihrer konstituierenden Bestandteile) dadurch zum Ausdruck, dass die Hohen Vertragsparteien untereinander eine Europäische Union (also einen Staatenverein) gründen, der Vertrag aber zugleich eine neue Stufe bei der Verwirklichung einer immer engeren Union der Völker Europas (also eines Völkervereins) darstellt. Der Verfassungsentwurf behält diesen dualen Charakter der EU bei, kehrt die Reihenfolge in Art. I-1 Abs. 1 aber um: Die Gründung der EU durch die Verfassung wird geleitet von dem Willen in erster Linie der Bürgerinnen und Bürger, in zweiter Linie der Staaten Europas. Entsprechend geben der Konvent und die Regierungskonferenz in der letzten Erwägung der Verfassungspräambel zu erkennen, dass sie die Verfassung im Namen der Bürgerinnen und Bürger und der Staaten Europas ausgearbeitet haben.

Der Umstand, dass nun nicht mehr die Völker, sondern die Bürgerinnen und Bürger Europas erwähnt werden, beruht auf der Entschlossenheit einiger Mitgliedstaaten, Sezessionsbestrebungen von sich ethnisch-sprachlich-kulturell definierenden Völkern (z.B. der Basken) entgegenzuwirken.[81] Für unseren Kontext unterstreicht diese Neuformulierung indessen zweierlei: erstens dass die EU/EG ein Verein nicht der Ethnien, sondern ein Gemeinwesen der *citoyens* als der politisch mitbestimmungsberechtigten Personen ist; zweitens dass die EU/EG ein Gemeinwesen nicht der Staatsvölker der Mitgliedstaaten (d.h. der streng mitgliedstaatlich kompartmentalisierten *citoyens*) ist, sondern der schon grenzüberschreitend verstandenen Gemeinschaft der Unionsbürgerinnen und

---

[78] *Giegerich* (Anm. 6), 288 f.

[79] Anm. 10.

[80] Anm. 11.

[81] *Oppermann* (Anm. 57), 1168 Anm. 19.

Unionsbürger, also eines europäischen Unionsvolkes im Werden.[82] Entsprechend wird das Europäische Parlament jetzt nicht mehr als Vertretung der mitgliedstaatlichen Völker,[83] sondern der europäischen Bürgerinnen und Bürger definiert.[84] Dies ist angesichts des durch den Vertrag von Maastricht eingeführten Europawahlrechts von EU-Ausländern konsequent.

Der duale Charakter der neuen Europäischen Union als Völker- und Staatenverein könnte durch eine entsprechende Gestaltung des Ratifikationsverfahrens unterstrichen werden, wenn nämlich vorgesehen wäre, dass die Verfassung nicht nur einer Ratifikation durch alle Mitgliedstaaten bedürfte (als Staatenverein), wie die bisherigen europäischen Integrationsverträge, sondern der Zustimmung der europäischen Völker in einem europäischen Referendum (als Völkerverein). Darüber konnte jedoch kein Konsens erzielt werden. Es bleibt also bei der bisherigen Rechtslage, wonach jeder Mitgliedstaat seinen internen Willensbildungsprozess ausgestaltet und seiner Entscheidung über das Ob der Ratifikation auch einen Volksentscheid vorschalten kann, wenn er dies wünscht.[85]

6. Folgewirkungen des dualen Charakters der EG/EU als Staaten- und Völkerverein

a) Duale demokratische Legitimation der europäischen Hoheitsgewalt

aa) Mitgliedstaaten und Mitgliedstaatsvölker als Legitimationsträger

Im Einklang mit dem dualen Charakter der EU/EG als Staaten- und Völkerverein leitet sich die demokratische Legitimation der europäischen Hoheitsgewalt in doppelter Weise von den Mitgliedstaaten und ihren Völkern ab. Sie sind alle gemeinsam Träger der verfassungsgebenden Gewalt der EU/EG,[86] und die verfasste Gewalt der Gemeinschaft, als deren politische Organe die Europäische Kommission, das Europäische Parlament und der Rat der Europäischen Union fungieren,

---

[82] Zum europäischen *demos in statu nascendi*: *Peters* (Anm. 1), 653 ff.; *dies.*, European Democracy after the 2003 Convention, CMLRev 41 (2004), 37 (71 f.). Vgl. auch *Jean-Paul Jacqué,* Der Vertrag über eine Verfassung für Europa: Konstitutionalisierung oder Vertragsrevision?, Europäische Grundrechte-Zeitschrift (EuGRZ) 2004, 551, 554.

[83] So Art. 189, 190 EGV.

[84] Art. I-20 Abs. 2, I-46 Abs. 2 Satz 1 EV.

[85] So Art. IV-447 Abs. 1 EV. Vgl. Art. 52 Abs. 1 EUV, Art. 313 EGV, die in der Tradition von Art. 99 Abs. 1 EGKSV stehen. s.o., B. I. 3. d).

[86] Näher *Giegerich* (Anm. 6), 475 ff.

wird in doppelter Weise legitimiert: unmittelbar über das direkt von den Völkern der Mitgliedstaaten/Unionsbürgerinnen und Unionsbürgern gewählte Europäische Parlament,[87] mittelbar über den Rat, dessen Mitglieder ihre Legitimation von den direkt gewählten mitgliedstaatlichen Parlamenten ableiten.[88] Der Verfassungsentwurf stellt diesen Dualismus jetzt als Inhalt des Grundsatzes der repräsentativen Demokratie in der Union heraus.[89] Er unterstreicht ihn noch dadurch, dass auch Ratsbeschlüsse als solche im Regelfall dem Prinzip der doppelten Mehrheit der Mitgliedstaaten und der Unionsbevölkerung unterliegen sollen.[90]

Die Kommission aus unabhängigen Persönlichkeiten, die wegen ihres Initiativmonopols großen Einfluss auf das Gesetzgebungsverfahren der Gemeinschaft ausübt,[91] wird wiederum gemeinsam vom Rat und vom Europäischen Parlament getragen.[92] Während das föderale Organ Rat den Charakter der EU/EG als (intergouvernementaler) Staatenverein augenfällig macht, stehen die eher unitarischen Organe Parlament und Kommission für deren Staatsunabhängigkeit als supranationaler Völkerverein. Diese im europäischen Organaufbau traditionell deutlich erkennbare Trennlinie verunklart der Verfassungsentwurf dadurch, dass er den Außenminister der Union sowohl dem Rat als auch der Kommission zuordnet (sog. kleiner Doppelhut)[93] und die Möglichkeit eröffnet, auch die Ämter des Kommissionspräsidenten und des Präsidenten des Europäischen Rats in einer Person zu vereinigen (sog. großer Doppelhut).[94]

bb) Von der Dominanz der Mitgliedstaaten zur Gleichberechtigung der Mitgliedstaatsvölker

Das relative Gewicht der beiden Legitimationsstränge hat sich im Laufe der Integrationsgeschichte erheblich verändert: Anfangs war der Rat Hauptentscheidungsorgan und das Parlament allenfalls im Wege der Anhörung beteiligt. Folglich dominierte die indirekte Legitimation der Gemeinschaftsgewalt auf dem Weg über die mitgliedstaatlichen Parlamente und die von ihnen legitimierten nationalen

---

87 Art. 190 EGV; Art. II-99 EV.

88 Art. 203 EGV; Art. I-23 Abs. 2 EV.

89 Art. I-46 Abs. 2 EV.

90 s.u., B. V. 1. b) bb).

91 Art. 250–252 EGV; Art. III-395, III-396 EV.

92 Art. 213, 214, 201 EGV; Art. I-26, I-27, III-340 EV.

93 Art. I-28 Abs. 3 und 4, Art. III-296 EV.

94 Art. I-22 Abs. 3 EV sieht nur vor, dass der Präsident des Europäischen Rats kein *einzelstaatliches* Amt innehaben darf (*Oppermann* (Anm. 57), 1174).

Ratsvertreter (Dominanz des Staatenvereins). Im Laufe der Zeit verschoben sich die Gewichte immer mehr in Richtung auf das Parlament, das zunächst seit der Einheitlichen Europäischen Akte von 1986 im Kooperationsverfahren[95] und schließlich seit dem Vertrag von Maastricht von 1992 im Kodezisionsverfahren[96] erweiterte Einflussmöglichkeiten erhielt.[97] Gegenwärtig ist nach dem Vertrag von Nizza das Parlament in den meisten Bereichen gleichberechtigt am Gesetzgebungsverfahren beteiligt: Das Mitentscheidungsverfahren des Art. 251 EGV ist zum Normalfall geworden, die direkte Legitimation der Gemeinschaftsgewalt über das Parlament damit beinahe gleichrangig neben die indirekte über den Rat getreten (Annäherung an die Gleichberechtigung des Völkervereins).

Der Verfassungsentwurf baut die Rechtsstellung des Parlaments noch weiter aus: Das Europäische Parlament wird nach der Grundregel des Art. I-20 Abs. 1 gemeinsam mit dem Rat als Gesetzgeber tätig und übt gemeinsam mit ihm die Haushaltsbefugnisse aus. Das dem Mitentscheidungsverfahren entsprechende ordentliche Gesetzgebungsverfahren des Art. III-396 EV wird nun z.B. auch auf die Festlegung der Agrarmarktordnungen ausgedehnt.[98] Die Festlegung des mehrjährigen Finanzrahmens erfolgt durch den Ministerrat mit Zustimmung des Parlaments,[99] und bei der Verabschiedung des Haushaltsgesetzes hat das Parlament jetzt das letzte Wort.[100] Auch die Ausübung der so genannten Vertragsabrundungskompetenz nach der Flexibilitätsklausel des Art. I-18 EV ist nunmehr an die Zustimmung des Parlaments gebunden.[101] Der Einfluss des Parlaments auf die Zusammensetzung der initiativberechtigten Kommission wird ebenfalls gestärkt, ihr Präsident zukünftig vom Parlament gewählt.[102] Auch bei der justiziellen Zusammenarbeit in Strafsachen und der polizeilichen Zusammenarbeit wird die Position des Parlaments verbessert.[103] Im Bereich der Gemeinsamen Außen- und

---

95 Jetzt Art. 252 EGV.

96 Jetzt Art. 251 EGV.

97 Nach Auffassung des BVerfG war auch nach dem Vertrag von Maastricht die Legitimation über den Rat dominant und wirkte diejenige über das Parlament nur unterstützend (BVerfGE 89, 155 (184 ff.)). Kritisch zur Stärkung des Einflusses des Parlaments im Verhältnis zum Rat z.B. *Huber* (Anm. 54), 581 ff.

98 Art. III-231 Abs. 2 EV im Gegensatz zu Art. 37 Abs. 2, 3 EGV.

99 Art. I-55 EV (ohne Entsprechung im EGV).

100 Art. III-404 Abs. 7 EV im Gegensatz zu Art. 272 EGV, wonach der Rat in Bezug auf die zwingenden Ausgaben, das Parlament nur in Bezug auf die nicht zwingenden Ausgaben das letzte Wort hat.

101 Nach Art. 308 EGV wird das Parlament gegenwärtig nur angehört.

102 Art. I-27 EV. *Karl-Peter Sommermann,* Verfassungsperspektiven für die Demokratie in der erweiterten EU, DÖV 2003, 1009 (1011 f.).

103 Art. III-270 ff. EV (bisher Art. 39 EUV).

Sicherheitspolitik spielt das Parlament indessen nach wie vor eine untergeordnete Rolle, so dass hier weiterhin die indirekte Legitimation über den regelmäßig einstimmig entscheidenden Rat im Vordergrund steht.[104] Das Verfassungsänderungsverfahren des Art. IV-443 EV bleibt weiterhin von den Mitgliedstaaten dominiert, die der Zustimmung des Europäischen Parlaments nicht bedürfen, doch wird sein Einfluss dadurch gestärkt, dass es am normalerweise vorgeschalteten Konvent maßgeblich mitwirkt.[105]

Dieser Befund zum Ausbau des direkten Legitimationsstrangs über das Parlament deckt die obige Aussage, dass der Verfassungsentwurf die Natur der EU als Völkerverein deutlicher gemacht hat. Er hat allerdings zugleich auch ihre Staatenvereinskomponente unterstrichen, indem er die Stellung des Europäischen Rates als wesentliches Leitungsorgan der Union ausgebaut und ihm einen Präsidenten gegeben hat, der als „Staatenpräsident" in Konkurrenz zum Kommissionspräsidenten tritt.[106]

b) Letztentscheidungskompetenz des EuGH statt Nullifikationsrecht der Mitgliedstaaten

Der Begriff der Nullifikation beschreibt den Anspruch der US-amerikanischen Gliedstaaten im 19. Jahrhundert, kompetenzwidrigen Akten der Bundesgewalt den Gehorsam zu verweigern. Er beruhte auf der Vorstellung, die Bundeskompetenzen seien von den Gliedstaaten im Vertragswege delegiert worden, die USA seien also ein Staatenverein und kein Bundesstaat, und die Vereinsmitglieder hätten das letzte Wort über den Umfang der von ihnen übertragenen Befugnisse. Der U.S. Supreme Court hat die US-Verfassung dagegen unter Hinweis auf ihre Präambel als Ausfluss der verfassungsgebenden Gewalt der „People of the United States" angesehen und sich selbst die Letztentscheidung über die Reichweite der Bundeskompetenzen vorbehalten.[107]

Ganz ähnlich nimmt auch der EuGH als Verfassungsgericht der Gemeinschaft im Einklang mit Art. 220, 230, 234 EGV ein Letztentscheidungsrecht über die

---

[104] Art. III-300, III-304 EV (bisher Art. 21, 23 EUV).

[105] Nach Art. 48 EUV spielt das Parlament im Verfahren der Vertragsänderung gegenwärtig eine untergeordnete Rolle.

[106] Art. I-21, I-22 EV. Überblick bei *Jan-Peter Hix,* Das institutionelle System im Konventsentwurf eines Vertrags über eine Verfassung für Europa, in: Schwarze (Anm. 18), 75 (89 ff.). Kritisch *Christian Callies/Matthias Ruffert,* Vom Vertrag zur EU-Verfassung, EuGRZ 2004, 542 (549).

[107] Näher *Giegerich* (Anm. 6), 710 f.

Auslegung der Gemeinschaftsverfassung und über die Gültigkeit von Sekundärrechtsakten in Anspruch.[108] Nur auf diese Weise lässt sich die gemeinschaftsweite Rechtseinheit – eine unerlässliche Bedingung für das Überleben des europäischen Integrationsprojekts als Rechtsgemeinschaft – wahren.[109] Auch darin zeigt sich, dass die EG kein bloßer Staatenverein ist, sondern zugleich ein Verein von Bürgerinnen und Bürgern, dessen einzelne Mitglieder in der Lage sein müssen, ihre vertraglich verankerten Rechte mit Hilfe des EuGH gegen die Staaten durchzusetzen. Für die 2. und 3. Säule der EU, also die Gemeinsame Außen- und Sicherheitspolitik und die Polizeiliche und Justitielle Zusammenarbeit in Strafsachen, wo die EU als Staatenverein verfasst ist, gilt das bisher nur ansatzweise: Art. 35, 46 EUV schränken die Rechtsprechungsfunktion des EuGH für diese Bereiche nämlich so stark ein, dass die letztverbindliche Auslegung des EU-Vertrags dem Rat überlassen bleibt, der diese beiden Säulen der EU beherrscht.

Die Gegenposition u.a. des Bundesverfassungsgerichts, das für sich die Kompetenz reklamiert, so genannte „ausbrechende Rechtsakte“ der EG für in Deutschland unanwendbar zu erklären,[110] ist mit dem EG-Vertrag unvereinbar. Sie widerspricht aber auch Art. 23 Abs. 1 Satz 1 GG, weil sie mit der Einheit der Gemeinschaftsrechtsordnung die rechtsstaatliche Struktur der EU gefährdet. Eine einzige theoretische (und utopische) Ausnahme bleibt zu machen: eine EuGH-Entscheidung über die Auslegung des EG-Vertrags, die für alle Kundigen in allen Mitgliedstaaten so eindeutig und offensichtlich unhaltbar ist, dass ihr die Wirksamkeit versagt bleiben muss, weil der damit verbundene Verlust an Rechtssicherheit durch den Zugewinn an Gerechtigkeit völlig in den Schatten gestellt wird.[111]

Der Verfassungsentwurf übernimmt die Regelungen des EG-Vertrags über die Judikative der Gemeinschaft auch insoweit unverändert, als sie die beschriebene Letztentscheidungskompetenz des EuGH begründen.[112] Vorschläge, die Einhaltung der Kompetenzgrenzen durch die EU/EG dem angeblich zu integrations-

---

[108] Vgl. insbesondere EuGH, Rs. 314/85 – *Foto-Frost,* Slg. 1987, 4199; Gutachten 1/91 – *EWR I*, Slg. 1991, 6079; Rs. C-27/95, Slg. 1997, I-1847, Rn. 20; Rs. C-6/99, EuGRZ 2000, 314, Rn. 54; Rs. C-344/98, Europäische Zeitschrift für Wirtschaftsrecht (EuZW) 2001, 113, Rn. 52 ff.

[109] *Günter Hirsch,* Der EuGH im Spannungsverhältnis zwischen Gemeinschaftsrecht und nationalem Recht, Neue Juristische Wochenschrift (NJW) 2000, 1817 (1819). Näher *Giegerich* (Anm. 6), 694 ff.

[110] BVerfGE 89, 155 (188, 210). Zurückhaltender BVerfGE 92, 203 (235, 237 f.).

[111] Näher *Giegerich* (Anm. 6), 706 ff.

[112] Art. I-29 Abs. 1, Art. III-365, Art. III-368 EV.

freundlichen EuGH zu entziehen und einem besonderen Kompetenzgericht mit starker mitgliedstaatlicher Komponente zu übertragen,[113] haben der Konvent und die Regierungskonferenz nicht übernommen. Die Fusion von EU und EG unter Auflösung der Säulenstruktur geht einher mit einer Ausdehnung der Rechtswahrungsfunktion und Letztentscheidungskompetenz des EuGH in den Bereich der Justitiellen Zusammenarbeit in Strafsachen und der Polizeilichen Zusammenarbeit,[114] während die Gemeinsame Außen- und Sicherheitspolitik der Zuständigkeit des EuGH weitestgehend entzogen bleibt.[115] Weiterhin stark eingeschränkt ist auch die Justitiabilität der hochpolitischen Sanktionsmaßnahmen gegen einzelne Mitgliedstaaten, die das verfassungsstrukturelle Homogenitätsgebot verletzen; hier darf der EuGH nach wie vor noch nicht einmal eine Willkürkontrolle des Entscheidungsinhalts vornehmen, sondern nur die Einhaltung der Verfahrensvorschriften überwachen.[116] Hier wird eine theoretisch problematische, praktisch aber hoffentlich irrelevante Negation rechtsstaatlicher Mindeststandards erkennbar.

III. Grundkontroverse: Dynamik oder Statik/Konsolidierung?

1. Die föderale Zentripetalkraft des europäischen Integrationsprozesses

a) Die Metaphern vom Magneten, Fahrrad und Geleitzug

Eine dritte Grundkontroverse hat das Projekt der europäischen Integration von Anfang an geprägt: die Bemühung um einen Ausgleich zwischen den Protagonisten einer dynamischen Entwicklung hin zu einem nicht klar definierten Endzustand europäischer Einheit und der Rücksichtnahme auf weniger stürmische Integrationisten sowie allgemein auf Konsolidierungsbedürfnisse. Auf den Punkt gebracht werden können die unterschiedlichen Ansätze mit den Bildern von der europäischen Integration als einem Magneten, bei dem wenige Protagonisten die vielen Zögernden mitziehen, und vom Fahrrad, das immer in Bewegung bleiben muss, um nicht zu Fall zu kommen, einerseits, andererseits aber vom Geleitzug,

---

[113] Vgl. nur *Ulrich Goll/Markus Kenntner,* Brauchen wir ein Europäisches Kompetenzgericht?, EuZW 2002, 101 ff. Dagegen *Ulrich Everling,* Quis custodiet custodes ipsos?, EuZW 2002, 357 ff.

[114] Der verbleibende Vorbehalt in Art. III-377 EV fällt kaum ins Gewicht.

[115] Art. III-376 EV.

[116] Art. III-371 EV (entspr. Art. 46 lit. e EUV).

der nur gemeinsam losfährt und bei dem das langsamste Schiff die Geschwindigkeit bestimmt und u.U. den ganzen Geleitzug zum Stehen bringen kann.

Nachdem der Europarat sich als „Geleitzug“ ohne föderale Dynamik erwiesen hatte und deutlich geworden war, dass mit Großbritannien und den skandinavischen Staaten keine Vereinigten Staaten von Europa geschaffen werden konnten, schlug *Robert Schuman* einen Neuansatz vor: Anstelle des vergeblichen Versuchs, Europa mit einem Schlage, durch eine Gesamtkonstruktion zu schaffen, solle man „in einem begrenzten, doch entscheidenden Punkt sofort zur Tat schreiten“.[117] Eine kleinere Zahl besonders integrationswilliger Staaten sollte auf dem begrenzten Gebiet von Kohle und Stahl einen ersten Schritt in Richtung auf einen föderalen Zusammenschluss unternehmen, der später auf weitere Gebiete ausgreifen und immer mehr europäische Staaten einbeziehen würde.

Die vertragliche Umsetzung des Schuman-Plans im EGKS-Vertrag macht diese thematisch-inhaltliche und zugleich geographische Dynamik des Integrationsprojekts in der Präambel deutlich: Zur Schaffung eines organisierten und lebendigen Europas sollte durch die Errichtung einer wirtschaftlichen Gemeinschaft von zunächst sechs europäischen Staaten der erste Grundstein für eine weitere und vertiefte Gemeinschaft unter den europäischen Völkern geschaffen werden, um diese zu einer Schicksalsgemeinschaft zusammenzuschmieden.[118] Das Streben nach Erweiterung und Vertiefung hat dem Integrationsprojekt von Anfang an eine Dynamik gegeben, die über viele Zwischenstufen schließlich zu einer kontinentalen Wirtschafts- und Währungsunion von fünfundzwanzig europäischen Staaten geführt hat, die durch außen- und innenpolitische Zusammenarbeitsformen ergänzt wird. Diese thematische und geographische Dynamik ist bis heute ungebrochen erhalten geblieben. Der immer wieder beschworene Gegensatz von Erweiterung und Vertiefung lässt sich nicht belegen, weil die vorhandenen Mitgliedstaaten bei Erweiterungsrunden den Beitrittskandidaten den gemeinschaftlichen Besitzstand (acquis communautaire) einschließlich der ihm innewohnenden Dynamik stets ohne Abstriche auferlegt haben[119] und weil den Erweiterungen immer Vertiefungen gefolgt sind.

---

[117] Schuman-Plan vom 9. Mai 1950, in: *Brunn* (Anm. 63), 337.

[118] 2. und 5. Erwägung der Präambel des EGKS-Vertrags (BGBl. 1952 II, 447).

[119] Zu den vom Europäischen Rat von Kopenhagen im Juni 1993 formulierten und nach wie vor gültigen Beitrittsvoraussetzungen gehört die Bereitschaft eines Beitrittskandidaten, die aus einer Mitgliedschaft erwachsenden Verpflichtungen zu übernehmen und sich auch die Ziele der politischen Union sowie der Wirtschafts- und Währungsunion zu eigen zu machen (Ziff. 7 A iii der Schlussfolgerungen des Vorsitzes – http://ue.eu.int/ueDocs/cms_Data/docs/pressData/de/ec/72924.pdf).

b) Beibehaltung der Integrationsdynamik durch den Verfassungsentwurf bei weiterhin offenem Endziel

Das Endziel des immer engeren Zusammenschlusses der europäischen Völker, als dessen Grundlage der E(W)G-Vertrag dienen sollte,[120] ist bewusst nie vertraglich definiert worden. Viele – aber keineswegs alle – erhofften und manche erhoffen sich noch immer den europäischen Bundesstaat.[121] Auch der Verfassungsentwurf hält sich insoweit bedeckt: Er errichtet selbst keinen europäischen Bundesstaat,[122] und es bleibt offen, ob er ihn zukünftig errichtet sehen will. Obwohl der Begriff „Verfassung" eine Konsolidierung des Erreichten und seine Stabilisierung für einen langen Zeitraum suggeriert, behält der Entwurf die Integrationsdynamik sowohl in geographischer wie in inhaltlicher Hinsicht grundsätzlich bei.[123]

aa) Erweiterungsperspektive

Nach Art. I-1 Abs. 2, I-58 EV steht die Union nach wie vor allen europäischen Staaten offen, die ihre Werte achten und sich verpflichten, sie gemeinsam zu fördern bzw. ihnen gemeinsam Geltung zu verschaffen.[124] Rumänien und Bulgarien sind schon sichere und baldige Mitglieder, die Türkei ein noch weniger sicheres (und zeitlich ferneres) Mitglied. Weitere Beitritte von Balkanstaaten (z.B. Kroatien) sind in späteren Jahren wahrscheinlich. Irgendwann treten vielleicht auch Island, Norwegen und die Schweiz der EU bei.

---

[120] Vgl. die 1. Erwägung der Präambel des E(W)G-Vertrags.

[121] Deutlich etwa *Walter Hallstein,* der sein Buch über die europäische Integration in der 1. Auflage „Der unvollendete Bundesstaat" genannt, in späteren Auflagen dann aber vorsichtiger von „Die Europäische Gemeinschaft" gesprochen hatte. Ebenso die Entschließung des Deutschen Bundestages vom 26. Juli 1950 über einen Europäischen Bundespakt (BT Drs. 1/1193). Vgl. näher *Giegerich* (Anm. 6), 887 ff.

[122] *Peter-Christian Müller-Graff,* Systemrationalität in Kontinuität und Änderung des Europäischen Verfassungsvertrags, integration 26 (2003), 301 (302 f.).

[123] Es vermittelt daher ein schiefes Bild, wenn der Europäische Rat von Brüssel (17./18. Juni 2004) in einem Addendum zu den Schlussfolgerungen des Vorsitzes (10679/04 ADD 1) zum erfolgreichen Abschluss der Regierungskonferenz bemerkt: „Damit wird der Prozess abgeschlossen, der begann, als mit dem Vertrag von Rom der Grundstein für die europäische Einigung gelegt wurde."

[124] Vgl. bisher Art. 49 EUV.

bb) Vertiefungsperspektive

Aber auch die inhaltliche Dynamik setzt sich fort: Die Präambel des Verfassungsentwurfs spricht weiterhin davon, dass ein nunmehr geeintes Europa auf dem Weg der Zivilisation weiter voranschreiten will, dass die Völker Europas entschlossen sind, „immer enger vereint ihr Schicksal gemeinsam zu gestalten" und „dieses große Unterfangen fortzusetzen". Nach der Präambel der Grundrechte-Charta in Teil II der Verfassung sind die Völker Europas entschlossen, sich zu einer immer engeren Union zu verbinden. Die neue Verfassung versteht sich demgemäß als Fortsetzung und Konsolidierung des bisher erreichten Integrationszustands, ohne diesen ein für allemal abschließen zu wollen. So bleibt nicht nur die „Vertragsabrundungskompetenz" erhalten.[125] Auch die Möglichkeit zur verstärkten Zusammenarbeit, mit der einige Mitgliedstaaten den Integrationsprozess zunächst untereinander voranbringen können, besteht weiterhin und wird sogar erleichtert.[126]

Schließlich werden autonome Verfassungsänderungen erleichtert: Art. 24 Abs. 4 des Konventsentwurfs wollte dem einstimmig beschließenden Europäischen Rat ganz allgemein die Möglichkeit eröffnen, im Teil III der Verfassung vorgesehene besondere Rechtsetzungsverfahren in das ordentliche Gesetzgebungsverfahren des Art. III-302 KonvE (Mitentscheidungsverfahren) überzuleiten und darüber hinaus in Fällen, in denen der Rat einstimmig beschließen muss, die Möglichkeit von Entscheidungen mit qualifizierter Mehrheit einzuführen.[127] Die Regierungskonferenz hat diese Regelungen in Art. IV-444 EV verlagert, an die Zustimmung des Europäischen Parlaments gebunden und darüber hinaus jedem mitgliedstaatlichen Parlament das Recht eingeräumt, eine entsprechende Initiative des Europäischen Rats innerhalb von sechs Monaten durch ein Veto zu verhindern. Mit diesem Zugriffsrecht der nationalen Parlamente soll verfassungsrechtlichen Bedenken in einigen Mitgliedstaaten Rechnung getragen werden.[128]

---

[125] Art. I-18 EV („Flexibilitätsklausel") (gegenwärtig Art. 308 EGV).

[126] s. näher u., c).

[127] Vgl. auch Art. III-201 Abs. 3, 4 KonvE, die deutlich machten, dass Beschlüsse des Ministerrats mit militärischen oder verteidigungspolitischen Bezügen nicht auf diese vereinfachte Weise in die Mehrheitsentscheidung sollten überführt werden können (ebenso jetzt Art. IV-444 Abs. 1 UAbs. 2 EV).

[128] Solche äußerten z.B. *Schwarze* (Anm. 54), 552; *Huber* (Anm. 54), 584 f., 599. Vgl. auch die Entscheidung des französischen Verfassungsrats vom 19. November 2004, EuR 2004, 911 ff.

cc) Erleichterung von Verfassungsänderungen

Demgegenüber haben sich besonders dynamische Vorschläge nicht durchsetzen können, bei künftigen Verfassungsänderungen jedenfalls für weniger wichtige Bereiche (Teil III der Verfassung) vom Erfordernis der Einstimmigkeit und der Ratifikation durch alle Mitgliedstaaten abzugehen.[129] So wollte ein gemeinsamer Vorschlag der Sozialdemokratischen Partei Europas, der Europäischen Volkspartei und der Liberalen und Demokratischen Partei Europas[130] für Änderungen im Teil III, welche die Kompetenzen der Union und ihrer Mitgliedstaaten nicht berühren, eine Fünfsechstelmehrheit der Regierungskonferenz ausreichen lassen. Über das Verfahren zur In-Kraft-Setzung solcher Änderungen sollten der Europäische Rat ebenfalls mit Fünfsechstelmehrheit und das Europäische Parlament mit Zweidrittelmehrheit entscheiden. Das hätte die Befugnis eingeschlossen, die Änderungen ohne Ratifikation durch alle Mitgliedstaaten in Kraft zu setzen. Auch die Kommission[131] und das Europäische Parlament[132] haben sich in ihren Stellungnahmen zum Konventsentwurf für eine Erleichterung weniger wichtiger Verfassungsänderungen ausgesprochen.[133] Als Vorbild hätte die „kleine Vertragsrevision" nach Art. 95 Abs. 3, 4 EGKS-Vertrag dienen können.[134]

Die Regierungskonferenz ist diesen Forderungen nur insoweit gefolgt, als sie dem ordentlichen Verfahren zur Änderung der Verfassung in Art. IV-443 EV zwei vereinfachte Änderungsverfahren zur Seite stellt: das bereits erwähnte Verfahren der autonomen, aber durch ein Veto jedes mitgliedstaatlichen Parlaments zu blockierenden Vertragsänderung nach Art. IV-444 EV und ein speziell für Teil III des Titels III über die internen Politikbereiche der Union (d.h. den Kernbestand des gegenwärtigen EG-Vertrags) vorgesehenes Verfahren in Art. IV-445 EV. Hier kann der Europäische Rat nach bloßer Anhörung des Europäischen Parlaments einstimmig Änderungen aller oder eines Teils der betreffenden Bestimmungen beschließen, doch bedarf dieser Beschluss der Zustimmung aller Mitgliedstaaten. Überdies steht dieses in den Kernelementen – Einstimmigkeit und nationale

---

[129] *Adelheid Puttler,* Sind die Mitgliedstaaten noch „Herren" der EU?, EuR 2004, 669, 679 ff. Vgl. als Vorbild Art. 110 ff. EPG-Satzung (Anm. 26).

[130] Vom 8. Juli 2003 (CONV 833/03 vom 24. Juli 2003). Dazu *Norman* (Anm. 2), 81.

[131] Mitteilung der Kommission „Eine Verfassung für die Union" vom 17. September 2003 (KOM(2003) 548 endg.), Abschn. III.

[132] Entschließung vom 24. September 2003, Ziff. 32 (EuGRZ 2003, 682 ff.).

[133] So auch *Christian Tomuschat,* Schwäche durch Starrheit, FAZ vom 27. April 2004, 8.

[134] *Koen Lenaerts/Marlies Desomer,* New Models of Constitution-Making in Europe, CMLRev 39 (2002), 1217 (1250 f.).

Ratifikation – nicht vereinfachte Verfahren für Erweiterungen der Zuständigkeiten der Union nicht zur Verfügung.

Nach den bisherigen Erfahrungen insbesondere mit den (zunächst) gescheiterten Referenden zu Änderungen des EG-Vertrags in Dänemark 1992 und in Irland 2001 haben der Konvent und die Regierungskonferenz jedoch Anlass gesehen, zu dieser Problematik eine besondere Klausel in den Verfassungsentwurf aufzunehmen: Danach befasst sich der Europäische Rat mit der Situation, wenn nach Ablauf von zwei Jahren nach Unterzeichnung eines Änderungsvertrags zum Verfassungsvertrag vier Fünftel der Mitgliedstaaten diesen Änderungsvertrag ratifiziert haben, in einem oder mehreren Mitgliedstaaten jedoch Schwierigkeiten bei der Ratifikation aufgetreten sind.[135] Dies kodifiziert die bisherige Verfahrensweise,[136] ohne jedoch zu offenbaren, wie das Problem letztlich gelöst werden soll. Einen Ansatz dazu bietet der neue Art. I-60 EV, der Mitgliedstaaten, die einen weiteren Integrationsschritt nicht mit vollziehen wollen, die Möglichkeit gibt, durch ihren Austritt aus der Union den Weg für die anderen freizumachen – und diesen anderen, sie dazu aufzufordern.[137]

dd) In-Kraft-Treten der Europäischen Verfassung ohne Zustimmung aller Mitgliedstaaten?

Auch der Verfassungsentwurf selbst bedarf nach seinem Art. IV-447 der Ratifikation durch alle Mitgliedstaaten – dies schon allein deshalb, weil er die bisherigen Verträge zur Gründung der EG und über die EU ersetzen soll.[138] Würden einige Mitgliedstaaten die Verfassung nicht ratifizieren, diese aber dennoch für die übrigen in Kraft treten, drohte ein Chaos sich überlagernder Vertragsbeziehungen: Zwischen einigen Mitgliedstaaten bestünden dann die alte EU und EG fort, zwischen anderen gäbe es nur mehr die neue Union. Außerdem schreibt Art. 48 EUV für alle Mitgliedstaaten verbindlich vor, dass Änderungen der bisherigen Verträge – und die von der Verfassung angestrebte Gesamtaufhebung ist der Inbegriff einer Änderung – von allen Mitgliedstaaten ratifiziert werden müssen.[139]

---

[135] Art. IV-443 Abs. 4 EV.

[136] Der Europäische Rat von Edinburgh hatte im Dezember 1992 den dänischen Fall, der Europäische Rat von Göteborg im Juni 2001 den irischen Fall entsprechend behandelt. Beide Male wurde klargestellt, dass es keine Nachverhandlungen geben würde.

[137] Vgl. *Müller-Graff* (Anm. 122), 312.

[138] Art. IV-437 EV.

[139] Vgl. *Bruno de Witte,* The European Constitutional Treaty: Towards an Exit Strategy for Recalcitrant Member States?, Maastricht Journal of European and Comparative Law 10 (2003), 3 ff.

All dies galt bereits im Amerika des Jahres 1787, als im Konvent von Philadelphia Delegierte der Vertragsparteien der staatenbündischen Articles of Confederation von 1777/1781 eine neue bundesstaatliche Verfassung entwarfen. Obwohl die Articles of Confederation nur durch Einigung im Kongress der Staatsdelegierten und Bestätigung durch die Legislativen aller dreizehn Mitgliedstaaten geändert werden konnten,[140] wollten die Delegierten die neue Bundesverfassung bereits nach Ratifikation durch neun Staaten zwischen diesen in Kraft treten lassen (Art. VII). Die Rechtsbeziehungen zwischen den Neun und den übrigen Vier waren nicht geregelt. Im Federalist No. 43 meinte *James Madison* dazu: „It is one of those cases which must be left to provide for itself." [141] Da alle dreizehn Mitgliedstaaten der Konföderation die Bundesverfassung innerhalb von zweieinhalb Jahren ratifizierten, traten keine praktischen Schwierigkeiten auf.

Auch die beiden Verfassungsentwürfe des Europäischen Parlaments von 1984 und 1994 wollten ihr In-Kraft-Treten nicht von der Annahme durch alle Mitgliedstaaten abhängig machen. Art. 82 des Spinelli-Entwurfs von 1984[142] sah vor, dass der Vertrag allen Mitgliedstaaten der Europäischen Gemeinschaften zur Ratifizierung offenstehe. Sobald er von einer doppelten Mehrheit von zwei Dritteln der Mitgliedstaaten, deren Bevölkerung zugleich zwei Drittel der Gesamtbevölkerung der Gemeinschaften ausmache, ratifiziert sei, sollten die Regierungen der Mitgliedstaaten, die ratifiziert hatten, unverzüglich zusammentreten, um einvernehmlich die Verfahren und das Datum für die In-Kraft-Setzung des Vertrags sowie über die Beziehungen zu den Mitgliedstaaten, die ihn noch nicht ratifiziert hatten, zu beschließen. Art. 47 des Herman-Entwurfs von 1994[143] war deutlicher: Nach Ratifikation durch die Mehrheit der Mitgliedstaaten, die vier Fünfteln der Gesamtbevölkerung der Union entspreche, sollte die Verfassung automatisch in Kraft treten. Diejenigen Mitgliedstaaten, die ihre Ratifikationsurkunden nicht innerhalb der festgesetzten Fristen hatten hinterlegen können, hätten sich zwischen dem Austritt aus der Union und dem weiteren Verbleib in der durch die Verfassung umgestalteten Union entscheiden müssen. Mit Mitgliedstaaten, die sich für den Austritt entschieden, sollten besondere vorrangige Beziehungen zur Union vertraglich vereinbart werden. Beide Entwürfe wollten für Verfassungsänderungen also das Geleitzugsprinzip zugunsten des Protagonistenprinzips aufgeben.

Auch das unter dem Arbeitstitel „Penelope" am 5. Dezember 2002 vorgestellte, von einer Arbeitsgruppe innerhalb der Kommission verfasste, ausdrücklich aber nicht den Kommissionsstandpunkt wiedergebende Arbeitspapier huldigte dem

---

[140] Art. XIII (zit. nach *Berkin* (Anm. 21), 273).

[141] The Federalist (Modern Library College Editions), 288.

[142] Anm. 10.

[143] Anm. 11.

Protagonistenprinzip.[144] Ein von allen Mitgliedstaaten vorab zu ratifizierendes besonderes Übereinkommen über das In-Kraft-Treten des Verfassungsvertrags sollte den Weg dazu öffnen, die Verfassung schon nach ihrer Ratifikation durch mindestens drei Viertel der Mitgliedstaaten zwischen diesen in Kraft treten zu lassen. Die ratifikationsunwilligen Mitgliedstaaten sollten aus der Union ausscheiden, allerdings unter Aufrechterhaltung ihrer erworbenen Rechte. Das Arbeitspapier hatte auch Vorsorge für den Fall treffen wollen, dass nicht alle Mitgliedstaaten das Übereinkommen über das In-Kraft-Treten ratifizieren würden. Dieses sollte nach Ratifikation durch fünf Sechstel der Mitgliedstaaten in Kraft treten; die ratifizierungsunwilligen sollten dann als aus der Union ausgeschieden gelten. Das Arbeitspapier selbst nennt diese letztere Lösung einen Bruch des Art. 48 EUV, der aber dennoch mit dem Völkerrecht im Einklang stehe, weil das Übereinkommen den ratifizierungsunwilligen Mitgliedstaaten doch die erworbenen Rechte garantiere – eine offensichtlich unhaltbare Argumentation: Denn zumindest die Mitgliedschaft in den bisherigen Organisationen EU und EG würden solche Mitgliedstaaten gegen ihren Willen durch einen Vertrag unter Dritten verlieren.[145] *James Madison* hatte im Federalist No. 43 die Möglichkeit gesehen, den ratifizierungsunwilligen Staaten, welche die Protagonisten an der alten Konföderation festhalten wollten, die Einrede des nichterfüllten Vertrages entgegenzuhalten, weil sie selbst zuvor die Articles of Confederation in vielfacher Weise gebrochen hätten.[146] Diese Möglichkeit wäre im self-contained regime der heutigen EU/EG nicht eröffnet.

Der Verfassungsentwurf ist mit seinem Art. IV-447, der das In-Kraft-Treten der Verfassung von einer Ratifikation durch alle Mitgliedstaaten abhängig macht, konservativer. Er trifft auch keine Regelung für den Fall, dass sich die Ratifikation in einzelnen Mitgliedstaaten verzögern sollte. Eine Erklärung für die Schlussakte nimmt indessen die Regelung des bereits erwähnten Art. IV-443 Abs. 4 EV für zukünftige Änderungen der Verfassung schon für deren eigenes In-Kraft-Treten vorweg: Danach soll sich der Europäische Rat mit der Problematik befassen, wenn der Verfassungsvertrag zwei Jahre nach seiner Unterzeichnung von vier Fünfteln der Mitgliedstaaten ratifiziert ist, aber in einzelnen Mitgliedstaaten Schwierigkeiten bei der Ratifikation aufgetreten sind.[147] Vorgaben für eine Überwindung des toten Punktes werden auch hier nicht gemacht. Wenn man davon ausgeht, dass

---

144 Abrufbar unter http://europa.eu.int/futurum/docinstcomm_de.htm (22. Juli 2004). Dazu *Norman* (Anm. 2), 168 f.

145 Vgl. die Kodifikation der völkergewohnheitsrechtlichen *pacta tertiis*-Regel in Art. 34 ff. der Wiener Vertragsrechtskonvention (Anm. 3).

146 Anm. 141. Vgl. Art. 60 der Wiener Vertragsrechtskonvention (Anm. 3).

147 ABl. 2004 Nr. C 310/464. Näher *Jörg Monar,* Optionen für den Ernstfall: Auswege aus einer möglichen Ratifizierungskrise, integration 28 (2005), 16 ff.

Nachverhandlungen, um die Ratifikationsunwilligen durch Einräumung besonderer Rechte zu locken, aus politischen Gründen regelmäßig ausscheiden, bleibt nur die Alternative, entweder das Verfassungsprojekt insgesamt aufzugeben oder die Ratifikationsunwilligen aus der Union hinaus und in eine Position privilegierter Sonderbeziehungen mit der Union zu drängen. Dafür steht dann zwar Art. I-60 EV noch nicht zur Verfügung, aber eine ungeschriebene Norm des Unions- und Gemeinschaftsrechts, die das Ausscheiden einzelner Mitgliedstaaten aus dem europäischen Integrationsprojekt im Konsenswege durch Vertragsänderung nach Art. 48 EUV zulässt.[148]

c) Ventil für die Protagonisten: Ausbau der verstärkten Zusammenarbeit

Ein Kompromiss zwischen den Beharrungskräften, die jeden Integrationsfortschritt von einer Vertragsänderung abhängig machen, die alle Mitgliedstaaten ratifizieren müssen, und den Protagonisten, welche die Integrationsverdichtung schneller vorantreiben wollen als das langsamste Schiff im Geleitzug, besteht in der vertraglichen Verankerung eines Europas der mehreren Geschwindigkeiten: Den Protagonisten werden untereinander Integrationsfortschritte im institutionellen Rahmen der EU/EG erlaubt, ohne dass sich alle Mitgliedstaaten daran sofort beteiligen müssen. Die Langsameren erhalten aber die Möglichkeit, sich diesen Integrationsfortschritten später anzuschließen. Von dieser Flexibilität, die der Vertrag von Amsterdam 1997 erstmals eingeführt[149] und der Vertrag von Nizza 2001 erleichtert und in den Bereich der GASP ausgeweitet hat,[150] ist bisher noch nie Gebrauch gemacht worden. Der Verfassungsentwurf behält diese Möglichkeit, die im Hinblick auf die Osterweiterung größere Bedeutung gewinnen könnte, bei und mindert die Anforderungen erneut.[151] Insbesondere entfällt das bisherige Erfordernis, dass sich eine Mehrheit der Mitgliedstaaten an einer verstärkten Zusammenarbeit beteiligen muss,[152] und in ihrem Rahmen wird der Übergang von der Einstimmigkeit zur qualifizierten Mehrheit sowie vom besonderen Gesetzgebungsverfahren zum ordentlichen Gesetzgebungsverfahren ermöglicht.[153] Es ist ganz deutlich, dass die verstärkte Zusammenarbeit einer Protagonistengruppe

---

[148] *Giegerich* (Anm. 6), 609 ff.

[149] Art. 43–45 EUV, Art. 40 EUV, Art. 11 EGV.

[150] Art. 27e EUV.

[151] Art. I-4, III-416 ff. EV.

[152] Art. 43 Buchst. g EUV.

[153] Art. III-422 EV.

geradezu darauf angelegt ist, durch allmähliche Ausweitung auf alle übrigen Mitgliedstaaten in den acquis communautaire hineinzuwachsen.[154]

2. *Die antiföderale Zentrifugalkraft*

Die föderale Zentripetalkraft hat der europäischen Integration Dynamik verliehen, ohne aber das Feld jemals unangefochten zu beherrschen: Es hat immer auch eine schwächere, aber spürbare Gegenkraft gegeben, die man mit einer gewissen Übertreibung antiföderale Zentrifugalkraft nennen kann. Diese Kraft hat die Integrationsentwicklung zwar nie endgültig aufhalten oder gar umkehren können, sie aber immerhin zeitweise fast zum Stillstand gebracht – in den auf den sog. Luxemburger Kompromiss von 1966 folgenden Jahren der „Eurosklerose", die von der oft vergeblichen Suche nach Einstimmigkeit geprägt waren und bis zur Einheitlichen Europäischen Akte von 1986 andauerten.[155] Als Beharrungskraft gegenüber einer zu stürmischen, von der Mehrheit der Unionsbürgerinnen und Unionsbürger nicht mehr getragenen Integrationsdynamik ist die antiföderale Zentrifugalkraft aber bis heute lebendig geblieben und behauptet ihren legitimen Platz in der europäischen Diskussion.

Ausdruck dieser Zentrifugalkraft sind die an den Konvent adressierten Forderungen nach einer Rückübertragung von Kompetenzen der EU/EG auf die Mitgliedstaaten[156] und einer klaren Abgrenzung der Verbandskompetenzen im EU-System. Während es zu Kompetenzrückverlagerungen nicht gekommen ist, sondern der Union im Gegenteil einige neue Zuständigkeiten übertragen worden sind, hat der Konvent erhebliche Mühe darauf verwendet, die Kompetenzen der EU klarer zu kategorisieren und einzugrenzen, um Ausuferungstendenzen entgegenzuwirken. So wird erstmals das schon bisher kraft Art. 5 Abs. 1 EGV geltende, für föderale Systeme typische Prinzip der enumerativen Einzelermächtigung im (deutschen) Verfassungstext selbst als „Grundsatz der begrenzten Einzelermächtigung" bezeichnet.[157] Dies suggeriert eine Verpflichtung, Unionskompetenzen möglichst eng zu interpretieren, die von den anderen Sprachfassungen jedenfalls nicht durch-

[154] Art. III-418, III-420 EV. Vgl. bereits jetzt Art. 43b, 27e, 40b EUV, Art. 11a EGV.

[155] Lichtblicke waren in dieser Zeit die drei Erweiterungen (1973, 1981und 1986) und die Einführung der Direktwahl zum Europäischen Parlament (1976).

[156] Hierher gehört auch der vergebliche Ruf nach einer Streichung der Vertragsabrundungskompetenz des Art. 308 EGV.

[157] Art. I-11 EV.

weg gestützt wird.[158] Die Forderung der deutschen Länder nach einem möglichst starren „Kompetenzkatalog“ hat sich jedenfalls nicht durchsetzen können.[159]

Deutlich werden auch die Bemühungen des Konvents darum, die Handhabung des Subsidiaritätsprinzips und des Verhältnismäßigkeitsprinzips, die der Ausübung der Unionskompetenzen im Bereich ihrer mit den Mitgliedstaaten geteilten Zuständigkeiten Schranken ziehen sollen, effektiver zu gestalten.[160] Sie haben zu einer Neufassung des Protokolls über die Anwendung der Grundsätze der Subsidiarität und der Verhältnismäßigkeit geführt, die insbesondere die nationalen Parlamente dafür einspannt, schon im Vorfeld der Verabschiedung von Rechtsakten Verstöße gegen diese beiden Grundsätze zu rügen. Dadurch kann die Kommission zu einer erneuten Prüfung verpflichtet werden. Nach Abschluss des Rechtsetzungsverfahrens bestehen erweiterte Möglichkeiten zur Erhebung der Nichtigkeitsklage. Die Frage freilich, ob bestimmte Ziele auf nationaler (oder regionaler) Ebene nicht ausreichend und auf Unionsebene besser erreicht werden können, wird auch weiterhin innerhalb bestimmter äußerster Grenzen der Einschätzung der politischen Organe der Union überlassen bleiben müssen.

Als weitere Bremse für eine ungehinderte föderale Dynamik der europäischen Integration wirkt die Sicherung der nationalen Verfassungsidentität. Bereits jetzt kann man aus der Pflicht zur Achtung der nationalen Identität der Mitgliedstaaten (Art. 6 Abs. 3 EUV) ableiten, dass auch ihre Verfassungsidentität von Seiten der EU/EG geachtet werden muss. Diese Verfassungsidentität umfasst vor allem jene Grundsätze, die Art. 6 Abs. 1, 49 EUV zur Wahrung der verfassungsstrukturellen Mindesthomogenität den mitgliedstaatlichen Verfassungen vorgeben, darüber hinaus aber auch spezifische Eigenheiten einer nationalen Verfassungskultur. Auch über solche Besonderheiten darf die Integrationsentwicklung nicht rücksichtslos hinweggehen. Andererseits werden nationale Verfassungsidentitäten nicht für integrationsfest, sondern nur für beachtlich erklärt in dem Sinne, dass die EU-Organe gebührende Rücksicht auf sie nehmen müssen, wenn sie mit ihnen unvereinbares vorrangiges europäisches Recht setzen wollen.[161] Der Verfassungsentwurf verdeutlicht diese Rücksichtnahmepflicht, indem er die nationale Identität der Mitgliedstaaten nun ausdrücklich durch deren grundlegende politische und verfassungsrechtliche Struktur einschließlich der regionalen und kommunalen Selbstverwaltung definiert.[162]

---

[158] Die englische und französische Fassung des Verfassungsentwurfs sprechen nur von „principle of conferral“ bzw. „principe d'attribution“.

[159] *Norman* (Anm. 2), 90 ff.

[160] Art. I-11 Abs. 3, 4 EV.

[161] Näher *Giegerich* (Anm. 6), 792 ff.

[162] Art. I-5 Abs. 1 EV.

Ein letzter Ausdruck der antiföderalen Gegenkraft im Verfassungsentwurf ist das bereits erwähnte neu geschaffene Recht jedes Mitgliedstaats, aus der EU auszutreten.[163] Es geht theoretisch weit, ist aber praktisch kaum praktikabel, weil die dann notwendige wirtschaftliche Entflechtung mit zu hohen Kosten verbunden wäre.

IV. Grundkontroverse: Autonomie oder Heteronomie der Gemeinschaftsrechtsordnung?

Die Entscheidung zwischen der Autonomie und der Heteronomie der Gemeinschaftsrechtsordnung ist die Entscheidung zwischen dem „neuen" Europa der supranationalen Integration und dem „alten" Europa des Staatenkonzerts, wie es zuletzt mit dem Europarat versucht wurde.

1. Gründungsvertrag als autonome Rechtsquelle

Nach der ständigen Rechtsprechung des EuGH fließt die Gemeinschaftsrechtsordnung aus dem EG-Vertrag als einer autonomen Rechtsquelle, die insbesondere in keinem Ableitungszusammenhang mit dem nationalen Verfassungsrecht steht.[164] Zwar sind die Parteien des EU-/EG-Vertrags und des zukünftigen Verfassungsvertrags europäische Verfassungsstaaten, doch setzt sich die Verfassungsbindung ihrer Organe nicht auf die von ihnen geschaffene Union fort. Vielmehr ist der Vertrag Zurechnungsendpunkt des EU- und EG-Rechts und schneidet den Rückgriff auf die nationalen Verfassungen ab. Nur auf diese Weise kann die gemeinschaftsweit gleiche Geltung und Anwendung des Gemeinschaftsrechts als Existenzbedingung einer als Rechtsgemeinschaft eingerichteten EU/EG garantiert werden.[165] An der Autonomie der Gemeinschaftsrechtsordnung ändert auch die auf den ersten Blick missverständliche Formulierung in Art. 52 Abs. 1 Satz 2 EUV, Art. 313 Abs. 1 Satz 1 EGV und jetzt Art. IV-447 Abs. 1 Satz 1 EV nichts: Es wird dort nicht die Ratifikation der Mitgliedstaaten und damit ihre Mitgliedschaft insgesamt der Herrschaft des nationalen Verfassungsrechts unterstellt, sondern nur das mitgliedstaatsinterne Willensbildungsverfahren im Vorfeld der Ratifikation (selbstverständlich) dem nationalen Verfassungsrecht zur Regelung anheim gegeben und die Erwartung formu-

---

[163] Art. I-60 EV.

[164] EuGH, *van Gend & Loos*, Slg. 1963, 1 (24 f.); *Costa ./. ENEL*, Slg. 1964, 1251 (1269 f.); Slg. 1964, 1329 (1344); *EWR I*, Slg. 1991, I-6079, Rn. 21, 30; *EWR II*, Slg. 1992, I-2821, Rn. 17 f., 24. Zur Autonomie des Gemeinschaftsrechts im Verhältnis zum Völkerrecht s.o., B. I. 6. e).

[165] *Giegerich* (Anm. 6), 646 ff. Insoweit ähnlich *Peters* (Anm. 1), 281 ff.

liert, dass die nationalen Regeln eingehalten werden. Nach Hinterlegung der Ratifikationsurkunde bildet die Ratifikationserklärung den nicht weiter hinterfragbaren alleinigen Verpflichtungsgrund des betreffenden Mitgliedstaats auf EUV/EGV und auch die zukünftige Verfassung, sobald diese in Kraft getreten ist.[166]

2. Ausübung „übertragener" Zuständigkeiten durch die EU „in gemeinschaftlicher Weise"

Ausdruck der Autonomie des Gemeinschaftsrechts gegenüber dem nationalen Verfassungsrecht ist auch der Vorrang, den nach der Rechtsprechung des EuGH jeder Gemeinschaftsrechtssatz gleich welchen Ranges gegenüber auch dem ranghöchsten nationalen Recht beansprucht[167] und der jetzt ausdrücklich im Verfassungstext verankert wird.[168]

Dieser Autonomie entgegen stehen jedoch zwei Bestimmungen des Verfassungsentwurfs, die davon sprechen, dass die Mitgliedstaaten der Europäischen Union Zuständigkeiten übertragen bzw. zugewiesen haben.[169] Sie knüpfen an die Formulierung von Art. 23 Abs. 1 Satz 2, 24 Abs. 1 GG an, wonach Hoheitsrechte übertragen werden, und leisten der Vorstellung Vorschub, die EG/EU übe delegierte Hoheitsbefugnisse aus und diese seien mit den Hypotheken der nationalen Verfassungsrechte belastet.[170] Dass Art. 23 Abs. 1 Satz 2, 24 Abs. 1 GG so nicht zu verstehen sind, entspricht der inzwischen einhelligen Auffassung. Vielmehr sollen eigenständige Hoheitsrechte der EG/EU begründet werden, mit denen diese unmittelbar in den deutschen Souveränitätsbereich hineinwirken kann, dass also der ausschließliche Herrschaftsanspruch des deutschen Staates im Geltungsbereich des Grundgesetzes zugunsten der unmittelbaren Geltung und Anwendung supranationalen Rechts zurückgenommen wird.[171]

---

[166] *Giegerich* (Anm. 6), 663 ff.

[167] EuGH, Rs. 6/64 – *Costa ./. ENEL,* Slg. 1964, 1251; Rs. 11/70 – *Internationale Handelsgesellschaft,* Slg. 1970, 1125.

[168] Art. I-6 EV. Eine zugehörige Erklärung der Regierungskonferenz stellt klar, dass die Bestimmung „die geltende Rechtsprechung des Gerichtshofs der Europäischen Gemeinschaften und des Gerichts erster Instanz zum Ausdruck bringt" (ABl. 2004 Nr. C 310/420), und zwar gerade auch insoweit, als diese selbst nationale Verfassungsnormen für nachrangig erklärt hat.

[169] Art. I-1 Abs. 1, I-11 Abs. 2 EV.

[170] Nach dem römischrechtlichen Grundsatz „nemo plus iuris transferre potest quam ipse habet".

[171] BVerfGE 37, 271 (279 f.); 73, 339 (374 f.).

Auch der Verfassungsentwurf will offenbar nicht hinter den schon erreichten Integrationszustand zurückfallen und die neue Verfassung an die z.Z. fünfundzwanzig durchaus unterschiedlichen mitgliedstaatlichen Verfassungen zurückbinden. Im Gegenteil macht Art. I-1 Abs. 1 Satz 2 EV deutlich, dass es Sache der EU ist, die übertragenen Zuständigkeiten „in gemeinschaftlicher Weise“, d.h. in den (bekannten) Formen des (autonomen) Gemeinschaftsrechts auszuüben.[172] In einem früheren Entwurf des Präsidiums hatte es noch autonomiefreundlicher geheißen: „... wird mit dieser Verfassung eine Union ... gegründet, in deren Rahmen die Politiken der Mitgliedstaaten aufeinander abgestimmt werden und die in föderaler Weise bestimmte gemeinsame Zuständigkeiten wahrnimmt.“[173] Einem späteren Entwurf des Präsidiums, der bereits im Wesentlichen die Endfassung des Art. I-1 Abs. 1 EV wiedergibt, ist ein Kommentar beigegeben,[174] nach dem der Ausdruck „föderale Weise“ fallengelassen worden sei, weil er in einigen Mitgliedstaaten missverstanden werden könnte.[175] Die Zuständigkeitsübertragung durch die Mitgliedstaaten ist vor allem auf britisches Betreiben in den Verfassungsentwurf gekommen, um deutlich zu machen, dass die Union sich durch die Verfassung nicht selbst Zuständigkeiten verleiht.[176] Worum es eigentlich geht, hatte die Präambel des Entwurfs eines Vertrages über die Satzung der Europäischen Gemeinschaft von 1953[177] treffend ausgedrückt: die Ersetzung der jahrhundertealten Rivalitäten der europäischen Völker durch eine Verschmelzung ihrer wesentlichen Interessen auf dem Wege über Einrichtungen, die berufen sind, ihr Schicksal von nun an gemeinsam zu lenken.

3. Autonomie der nationalen Regierungsvertreter im Rat

Die Autonomie der Gemeinschaftsrechtsordnung wäre eine Chimäre, wenn das politisch wichtigste Organ der EU/EG, der Rat aus den Vertretern der nationalen Regierungen, über seine einzelnen Mitglieder an die nationalen Verfassungen rückgebunden wäre.[178] Dann könnten Sekundärrechtsakte nur erlassen werden,

---

[172] „[O]n a Community basis“; „sur le mode communautaire“. Vgl. *Jacqué* (Anm. 82), 555 f.

[173] CONV 528/03 vom 6. Februar 2003, EuGRZ 2003, 79 ff.

[174] CONV 724/03 vom 14. Mai 2003, Anlage 2, EuGRZ 2003, 315 (327).

[175] *Schwarze* (Anm. 54), 539. Bedenken Großbritanniens gegen den Begriff „föderal“ hatte es schon zum Vertrag von Maastricht von 1992 gegeben (*Giegerich* (Anm. 6), 891 f.).

[176] CONV 724/03 vom 14. Mai 2003, Anlage 2, EuGRZ 2003, 315 (327).

[177] Anm. 26.

[178] Näher *Giegerich* (Anm. 6), 652 ff. Vgl. auch *Matthias Cornils,* Art. 23 Abs. 1 GG: Abwägungsposten oder Kollisionsregel, Archiv des öffentlichen Rechts 129 (2004), 336 ff.

wenn sie je nach ihrer Ermächtigungsgrundlage mit den Verfassungen aller oder der qualifizierten Mehrheit der Mitgliedstaaten inhaltlich vereinbar wären. In Wahrheit sind die Ratsmitglieder nicht nur nationale Vertreter, sondern zugleich Mitglieder eines europäischen Verfassungsorgans, die neben den nationalen Interessen stets auch das Gemeinschaftsinteresse im Auge haben müssen. Diese Doppelfunktion des Rates am Schnittpunkt zweier Souveränitäten hat *Konrad Adenauer* auf der ersten Sitzung des Ministerrats der Montanunion im Jahre 1952 betont: „Wenn auch der Ministerrat die nationalen Interessen zu wahren hat, so wird er sich doch davor zu hüten haben, diese Aufgabe als seine vordringliche zu betrachten. Seine vordringliche Aufgabe wird vielmehr die Förderung der Interessen der Gemeinschaft sein, ohne die diese sich nicht entwickeln kann.“[179]

Auf dieser Linie müssen die nationalen Regierungsvertreter gewiss die von der EU/EG nach Art. 6 Abs. 3 EUV/Art. I-5 Abs. 1 EV geschuldete Rücksichtnahme auf die Verfassung ihres Heimatstaats einfordern, dürfen sich aber nicht strikt an diese binden und unter Berufung darauf den Entscheidungsprozess im Rat fünfundzwanzig verschiedenen und vielleicht miteinander unvereinbaren Staatsverfassungen unterwerfen. Sie haben keinen Kompromiss zwischen nationalen (Verfassungs-) Interessen auf dem kleinsten Nenner, sondern eine gemeinsame Sicht zu entwickeln.[180] Dies gilt selbst für die Kernstrukturen der nationalen Verfassungen, sofern diese nicht ohnehin als allgemeine Rechtsgrundsätze des EU-/EG-Rechts den Rat binden, wenngleich der mitgliedstaatliche Anspruch auf Rücksichtnahme in Bezug auf diesen Verfassungskern besonderes Gewicht hat.

4. Die unabhängige Kommission als Sinnbild der Gemeinschaftsautonomie

Die Autonomie der Gemeinschaftsrechtsordnung verkörpert sich in der Europäischen Kommission, einem Organ mit „überstaatlichem Charakter“[181] ohne Vorbild, das auf die Hohe Behörde des Schuman-Plans zurückgeht. Die Kommission besteht aus Mitgliedern, die von den Weisungen der nationalen Regierungen und sonstigen Stellen der Mitgliedstaaten und der EU/EG unabhängig und nur dem Gemeinschaftsinteresse verpflichtet sind.[182] Um deutlich zu machen, dass die Mitglieder der Hohen Behörde keine Vertreter der sechs Mitgliedstaaten sein sollten, legte man ihre Zahl im EGKS-Vertrag auf neun fest, wobei in der Praxis auf die Benelux-

[179] BullBReg. Nr. 130 (9. September 1952), 1211.

[180] *Jean Monnet,* Mémoires, 557 f.

[181] So Art. 9 EGKSV in der ursprünglichen Fassung, die durch den Fusionsvertrag von 1965 geändert wurde (näher *Giegerich* (Anm. 6), 160).

[182] Art. 213 Abs. 2 EGV; Art. I-26 Abs. 4, Art. III-347 EV.

Staaten je ein und auf die drei großen Mitgliedstaaten je zwei Mitglieder entfielen. Dieses Repräsentationsverhältnis von eins zu zwei zwischen den kleinen und den großen Mitgliedstaaten spiegelte sich noch in der bis zum 31. Oktober 2004 dreißigköpfigen Kommission wider, die über einen Kommissar aus jedem Mitgliedstaat hinaus einen zweiten aus Deutschland, Frankreich, Großbritannien, Italien und Spanien umfasste.[183] Ein solcher nationaler Proporz kann in übernationalen Gremien selbst dann angesagt sein, wenn diese aus unabhängigen Mitgliedern bestehen,[184] weil dann die soziale Legitimität der Gremienentscheidungen jedenfalls leichter darstellbar ist. Soziale Legitimität, d.h. Anerkennung von Entscheidungen durch die daran Gebundenen als „ihre“, hängt sehr davon ab, dass die Entscheidungsunterworfenen „ihre“ Interessen sowie „ihren“ kulturellen, wirtschaftlichen etc. Hintergrund im Organ repräsentiert sehen. Je größer die Entscheidungsmacht eines Organs und je größer sein rechtlich nicht vorgeprägter politischer Entscheidungsspielraum, desto wichtiger wird dies. Für die europäische Integration kommt die Notwendigkeit hinzu, einen Ausgleich zwischen den großen und den kleinen Mitgliedstaaten zu finden, deren letztere in der Kommission stets ihr Refugium gegen Dominierungsversuche der großen im Rat gesehen haben und deshalb auf Repräsentation in der Kommission bestehen.

Eine Begrenzung der Zahl der Kommissare, um die Arbeitsfähigkeit der Kommission angesichts der Osterweiterung zu erhalten, stand schon auf der Tagesordnung der Regierungskonferenz von Nizza. Die großen Mitgliedstaaten verzichteten dort auf „ihren“ zweiten Kommissar, während die Einführung eines Rotationssystems, das die Zahl der Kommissionsmitglieder unter die Zahl der Mitgliedstaaten drücken sollte, nur sehr allgemein festgelegt werden konnte.[185] Der Konvent hat versucht, diesen Rotationsgedanken in Gestalt einer Kommission mit nur noch fünfzehn voll stimmberechtigten Mitgliedern[186] und weiteren Kommissaren ohne Stimmrecht aus den übrigen Mitgliedstaaten umzusetzen.[187] Dieser Vorschlag stieß während der Regierungskonferenz auf erheblichen Widerstand der kleineren Mitgliedstaaten, obwohl das vorgesehene Rotationssystem sicherstellte, dass sich große und kleine Mitgliedstaaten in völlig gleicher Weise mit nicht stimmberechtigten Kommissaren hätten abfinden müssen. Der schließlich gefundene Kompromiss liegt in der Festlegung, dass die Zahl der Kommissionsmitglieder mit der zweiten

---

183 Art. 213 Abs.1 EGV; Art. 45 Abs. 2 der Beitrittsakte (BGBl. 2003 II, 1418).

184 Deutlich z.B. beim EuGH und beim EGMR.

185 Art. 4 Abs. 2 des Protokolls über die Erweiterung der EU von 2001.

186 Kommissionspräsident, Außenminister der Union und 13 Europäische Kommissare.

187 Art. 25 Abs. 3 KonvE (der erst am 1. November 2009 mit dem Amtsantritt der übernächsten Kommission in Kraft treten sollte, damit die mittel- und osteuropäischen Beitrittsländer in der besonders schwierigen fünfjährigen Anfangsphase ihrer Mitgliedschaft ausnahmslos einen gleichberechtigten Kommissar stellen könnten).

Kommission nach dem In-Kraft-Treten der Verfassung zwei Dritteln der Anzahl der Mitgliedstaaten entspricht. Die Verteilung unter den Staatsangehörigen der Mitgliedstaaten erfolgt nach einem System der gleichberechtigten Rotation, dessen Grundsätze der Verfassungsentwurf vorgibt, das der Europäische Rat aber noch einstimmig näher festlegen muss. Der Europäische Rat kann einstimmig auch die Zahl der Kommissare ändern.[188]

Politisch verantwortlich ist die Kommission als Kollegium allein dem Europäischen Parlament, das sie durch Annahme eines Misstrauensantrags mit Zweidrittelmehrheit zum Rücktritt zwingen kann.[189] Dieses Misstrauensvotum war von Anfang an im EGKS-Vertrag vorgesehen,[190] um demokratischen Erfordernissen Rechnung zu tragen, ohne die Kommission den nationalen Regierungen unterwerfen zu müssen.[191] Die Kommission hat seit jeher die Funktion eines Motors der Integration – seit dem EWG-Vertrag vor allem durch ihr Initiativmonopol[192] – und einer Hüterin des Gemeinschaftsrechts gehabt, die gegen Verletzungen des Primär- und Sekundärrechts durch die EG-Organe ebenso wie durch die Mitgliedstaaten entschlossen vorgeht. Es verwundert angesichts ihrer zentralen Stellung im institutionellen Gleichgewicht des EG-Vertrags nicht, dass gerade die kleineren Mitgliedstaaten stets ein stimmberechtigtes Mitglied stellen und den Gegeneinwand, die Kommissare seien rechtlich gerade keine Staatenvertreter, politisch nicht akzeptieren wollen.

V. Grundkontroverse: Nationale oder europäische Konstitutionalität?

„Verfassungsstaatlichkeit" kennzeichnet eine Herrschaftsform, deren Grund und Grenzen durch eine (geschriebene) Verfassung bestimmt werden, die demokratischen und rechtsstaatlichen Mindeststandards genügt. Da der Begriff in der deutschen Sprache – anders als die englische Entsprechung „constitutionalism" – nur das als Staat organisierte Gemeinwesen im Blick hat, muss für das funktionale Äquivalent auf europäischer Ebene ein neuer Begriff erfunden werden. „Konstitutionalismus" ist für das 19. Jahrhundert historisch besetzt, und so bleibt nur „Konstitutionalität". Die Ausgangsfrage – auch sie seit über fünfzig Jahren ein Dauerbrenner – lautet dann: Lässt sich europäische Konstitutionalität nur auf Kosten der nationalen Verfassungsstaatlichkeit bauen, und lässt sich nationale Verfassungs-

---

[188] Art. I-26 Abs. 6 EV.

[189] Art. 201 EGV; Art. III-340 EV.

[190] Art. 24 EGKSV.

[191] *Giegerich* (Anm. 6), 163 ff.

[192] *Giegerich* (Anm. 6), 204 f.

staatlichkeit nur auf Kosten der europäischen Konstitutionalität bewahren? Die Antwort ist ein entschiedenes Nein: Die Verfassungsstrukturen auf nationaler und europäischer Ebene greifen ineinander und sind aufeinander angewiesen, wie dies in allen föderalen und quasi-föderalen Systemen gilt. Die qualitativen Standards der Verfassungsstaatlichkeit/Konstitutionalität können nur auf beiden Ebenen oder gar nicht verwirklicht werden. Dies lässt sich an den Beispielen des Demokratieprinzips und des Grundrechtsschutzes näher erläutern.

1. Nationale und europäische Demokratie

a) Legitimation des Integrationsprogramms der Europäischen Verträge

Demokratie verlangt als Volksherrschaft die personale Rückbindung der Entscheidungsträger und die inhaltliche Rückführung aller Hoheitsakte auf das Volk als Souverän im Sinne eines ununterbrochenen, hinreichend engen Legitimationszusammenhangs.[193] Im nationalen Kontext geht zwar alle *Staats*gewalt nach Art. 20 Abs. 2 Satz 1 GG allein vom Staatsvolk aus, doch gilt dies im integrationsoffenen Verfassungsstaat nicht für die in den nationalen Souveränitätsbereich hineinwirkende europäische Hoheitsgewalt. Diese kann vom Staatsvolk nur zusammen mit den Völkern der übrigen Mitgliedstaaten legitimiert werden.[194] Grundlage ihrer Legitimation sind die Europäischen Verträge, denen alle nationalen Volksvertretungen zugestimmt haben und die ein Integrationsprogramm festlegen, das die europäischen Organe zur Vornahme konkreter Hoheitsakte ermächtigt. Der Konvent und die Regierungskonferenz haben Anregungen nicht aufgegriffen, Vertragsänderungen in Zukunft von der Notwendigkeit der Ratifikation durch alle Mitgliedstaaten zu befreien.[195] Daher wird sich die Frage in absehbarer Zukunft nicht stellen, ob eine nur von der Mehrheit der Mitgliedstaaten getragene, aber dennoch allgemeinverbindliche Änderung der Europäischen Verfassung auch aus der Sicht der opponierenden Minderheit hinreichend legitimiert sein kann.[196]

---

[193] *Ernst-Wolfgang Böckenförde,* Demokratie als Verfassungsprinzip, in: Josef Isensee/Paul Kirchhof (Hrsg.), Handbuch des Staatsrechts, Bd. II, 3. Aufl. 2004, § 24, Rn. 11 ff.

[194] Zur dualen Legitimation der europäischen Hoheitsgewalt über das Europäische Parlament und den Rat s.o., B. II. 6. a).

[195] s.o., B. III. 1. b) cc).

[196] Ablehnend z.B. *Hölscheidt/Putz* (Anm. 34), 745.

b) Mehrheitsentscheidung oder nationales Veto im Rat?

aa) Von der Einstimmigkeit zur qualifizierten Mehrheit

Über die Legitimation seiner verfassungsrechtlichen Ermächtigungsgrundlage hinaus muss auch der Hoheitsakt selbst über die am Erlassverfahren beteiligten Organe demokratisch legitimiert sein. Wer Demokratie im nationalstaatlichen Sinne versteht, wird dazu neigen, auf einer Legitimation des europäischen Hoheitsakts durch alle Staatsvölker zu bestehen mit der Folge, dass seine einstimmige Annahme durch den Rat zumindest wünschenswert erscheint.[197] Denn ein Staatsvolk, dessen Vertreter im Rat folgenlos überstimmt werden kann, hat allenfalls einen untergeordneten Anteil an der Legitimation eines mehrheitlich verabschiedeten Rechtsakts. Glücklicherweise hat sich diese Tendenz zur Wahrung des nationalen Vetos nicht durchsetzen können, weil sie die EU/EG an den Rand der Entscheidungsunfähigkeit bringen und damit ihre Output-Legitimität minimieren würde, wie die Erfahrungen mit dem sog. „Luxemburger Kompromiss" zeigen. Überdies zeugt es von einem merkwürdigen Demokratieverständnis, wenn man damit dem kleinsten Mitgliedstaat in einer bald kontinentumspannenden Europäischen Union das Recht vorbehalten will, den europäischen Entscheidungsprozess zu blockieren. Im Gegenteil ist auch die Mehrheitsentscheidung ein wesentlicher Bestandteil des Demokratieprinzips. Die Geschichte der Integration ist daher eine Geschichte des oft sehr zögerlichen Übergangs zu Entscheidungen mit qualifizierter Mehrheit im Rat, die allerdings angesichts hoher Erfordernisse von über 70 % des Stimmgewichts schwierig genug geblieben sind.[198]

bb) Der Weg zur „doppelten Mehrheit"

Hier ist der Konventsentwurf den ebenso einfachen wie kühnen Schritt gegangen, die qualifizierte Mehrheit umzudefinieren in eine doppelte Mehrheit der Mitgliedstaaten, die mindestens drei Fünftel der Bevölkerung der EU repräsentieren.[199] Dagegen regte sich starker Widerstand vor allem in Polen und Spanien, deren Stimmgewicht nach dem Vertrag von Nizza und der Beitrittsakte mit 27 Stimmen

---

[197] So tendenziell BVerfGE 89, 155 (183 f.). Stärker *Huber* (Anm. 54), 579. Näher *Giegerich* (Anm. 6), 959 f.

[198] Art. 205 Abs. 2 EGV; Art. 12, 26 der Beitrittsakte (Anm. 183).

[199] Art. 24 Abs. 1, 2 KonvE (diese Regelung sollte ab 1. November 2009 gelten). Vgl. dazu auch das Papier von *Giscard d'Estaing, Amato* und *Dehaene* vom 13. November 2003, EuGRZ 2003, 686 ff.

bis nahe an das Stimmgewicht der vier großen Mitgliedstaaten (29 Stimmen) herangeführt worden war und die sich nun zurückgestuft fühlten, weil ihre Bevölkerungszahl nur etwa die Hälfte der deutschen und zwei Drittel der britischen, französischen und italienischen ausmacht. Vor allem dieser Streit – ein Streit um nichts weniger als die relative Verteilung der politischen Macht in der EU – hat dazu geführt, dass auf dem Europäischen Rat von Brüssel im Dezember 2003 kein Konsens über den Konventsentwurf erreicht werden konnte.[200] In Wahrheit bestand kein Gegensatz zwischen der Nizza-Formel und dem Prinzip der doppelten Mehrheit, weil dieses bereits im Vertrag von Nizza angelegt war: Denn nach der in Nizza eingeführten so genannten demographischen Klausel kann jedes Mitglied des Rates eine Prüfung beantragen, ob die Mitgliedstaaten, die nach der Nizza-Formel der Stimmgewichtungen eine qualifizierte Mehrheit bilden, mindestens 62 % der Unionsbevölkerung repräsentieren. Sollte diese Quote nicht erreicht sein, kommt der betreffende Ratsbeschluss nicht zustande (Art. 205 Abs. 4 EGV).

Die Regierungskonferenz hat die Blockade über die Abstimmungsmodalitäten im Rat sechs Monate später durch eine Verschärfung und Verkomplizierung der Mehrheitserfordernisse gelöst:[201] Die qualifizierte (doppelte) Mehrheit besteht danach im Regelfall aus 55 % der Mitglieder des Rates, mindestens aber fünfzehn Mitgliedern, sofern die von diesen vertretenen Mitgliedstaaten mindestens 65 % der Unionsbevölkerung ausmachen. Die Sperrminorität von 35 % + 1 der Unionsbevölkerung muss jedoch auf mindestens vier Mitgliedstaaten verteilt sein, um zu verhindern, dass die drei bevölkerungsstärksten Mitgliedstaaten allein eine qualifizierte Mehrheit verhindern können, sich also ein „Direktorium der Großen" mit negativem Vorzeichen bildet.[202]

Zugleich ist auf polnisches Verlangen der „Kompromiss von Ioannina"[203] wiederbelebt worden und wird die Beschlussfassung im Rat weiter verkomplizieren. Der Rat wird nämlich am Tag des In-Kraft-Tretens der Verfassung einen Beschluss über die Anwendung des Art. I-25 fassen, der vom 1. November 2009 bis mindestens 2014 in Kraft bleiben soll, danach aber durch einen Europäischen Beschluss mit

---

[200] Ziff. I. 2. der Schlussfolgerungen des Vorsitzes. Dazu eingehend *Jerzy Kranz*, Between Nice and Brussels or Life after Death, Centrum Stosunków Międzynarodowych (Center for International Relations), Reports and Analyses 3/04/A (www.csm.org.pl).

[201] Vgl. Ziff. I. 4., 5. der Schlussfolgerungen des Vorsitzes des Europäischen Rates von Brüssel (17./18. Juni 2004).

[202] Art. I-25 EV (der nach Art. 2 des Protokolls über die Übergangsbestimmungen für die Organe und Einrichtungen der Union (ABl. 2004 Nr. C 310/382) am 1. November 2009 in Kraft treten soll; bis dahin bleibt es bei den Stimmengewichten des Vertrages von Nizza).

[203] Zu diesem *Giegerich* (Anm. 6), 297 ff., 566 ff.

qualifizierter Mehrheit[204] aufgehoben werden kann. Dieser Anwendungsbeschluss[205] sieht im Entwurf Folgendes vor: Wenn Mitglieder des Rates, die mindestens drei Viertel der Bevölkerung oder mindestens drei Viertel der Anzahl der Mitgliedstaaten vertreten, die für die Bildung einer Sperrminorität erforderlich sind, sich dagegen aussprechen, einen Rechtsakts mit qualifizierter Mehrheit anzunehmen, wird die Frage vom Rat erörtert. Der Rat bemüht sich nach Kräften, den vorgebrachten Bedenken innerhalb einer angemessenen Zeit und unbeschadet der durch das Unionsrecht vorgeschriebenen zwingenden Fristen Rechnung zu tragen. Da die Geschäftsordnung des Rates[206] nach Art. 3 dieses Anwendungsbeschlusses aber unberührt bleibt, kann nach Maßgabe ihres Art. 11 die einfache Mehrheit der Ratsmitglieder eine Abstimmung über den Rechtsakt erzwingen. Diese einfache Mehrheit entscheidet folglich die Frage, wann die „angemessene Zeit" abgelaufen ist.

Um den Stellenwert der „doppelten Mehrheit" richtig abschätzen zu können, muss man berücksichtigen, dass Ratsbeschlüsse nach dem Verfassungsentwurf zwar im Normalfall mit qualifizierter Mehrheit ergehen (Art. I-23 Abs. 3), aber in etlichen Schlüsselbereichen am Einstimmigkeitserfordernis festgehalten worden ist, z.B. in Bezug auf die Harmonisierung der Steuern[207] und in auswärtigen Angelegenheiten.[208] Doch wird dann jeweils dem Europäischen Rat durch sogenannte „Passerelle-Klauseln" die Möglichkeit eröffnet, durch einstimmigen Europäischen Beschluss festzulegen, dass der Rat künftig mit qualifizierter Mehrheit entscheidet, wobei jedes nationale Parlament durch ein Veto einen solchen Europäischen Beschluss verhindern kann.[209]

c) Wachsende Transparenz der Entscheidungsprozesse

Während die „Nationaldemokraten" die Dominanz des Rates im Entscheidungsprozess der EU, gekoppelt mit dem Vetorecht jedes Ratsvertreters, als Demokratiepostulat einstufen, sehen die „europäischen Demokraten" in eben dieser Dominanz des Rates aus Regierungsvertretern und der Intransparenz seines nicht öffentlichen Entscheidungsverfahrens den Grund für das von Anbeginn an beklagte europäische

---

204 Nach Art. I-23 Abs. 3 EV beschließt im Regelfall der Rat mit qualifizierter Mehrheit, während für den Europäischen Rat das Konsensprinzip gilt (Art. I-21 Abs. 4, I-25 Abs. 4 EV.

205 ABl. 2004 Nr. C 310/421.

206 Vom 22. Juli 2002 (ABl. Nr. L 230/7, L 352/52).

207 Art. III-171, 172 Abs. 2, 173 EV.

208 Art. I-40 Abs. 6, III-300 EV.

209 Art. I-40 Abs. 7, Art. IV-444 EV.

Demokratiedefizit. Dass die letztere Meinungsrichtung sich durchgesetzt hat, lässt sich an der allmählichen Öffnung des gemeinschaftlichen Entscheidungsprozesses und der Verbesserung des europaparlamentarischen Elements in diesem Prozess nachweisen. Der schon im Zusammenhang mit der dualen Legitimation der EU/EG dargestellte wachsende Einfluss des Europaparlaments bis hin zur Stellung eines beinahe gleichberechtigten Mitgesetzgebers gleicht den durch Mehrheitsentscheidungen im Rat verminderten legitimatorischen Einfluss der nationalen Parlamente aus. Zugleich gewinnt der gemeinschaftliche Entscheidungsprozess durch den europaparlamentarischen Input an Transparenz, weil das Für und Wider in Bezug auf Vorlagen in öffentlicher parlamentarischer Debatte erörtert werden.

Darüber hinaus ist auch der Entscheidungsprozess im Rat stärker ins Licht der Öffentlichkeit gerückt worden: Seit dem Vertrag von Amsterdam von 1997 ist der Rat gehalten, in den Fällen, in denen er als Gesetzgeber tätig wird, der Öffentlichkeit umfassenden Zugang zu seinen Dokumenten zu gewähren, ohne die Wirksamkeit des Beschlussfassungsverfahrens zu beeinträchtigen. Auf jeden Fall sind in diesen Fällen die Abstimmungsergebnisse sowie die Erklärungen zur Stimmabgabe und die Protokollerklärungen zu veröffentlichen.[210] Die näheren Regelungen werden der Geschäftsordnung des Rates vorbehalten.[211] Dort ist vorgesehen, dass Teile der Beratungen des Rates in Gestalt einer audiovisuellen Übertragung geöffnet werden.

Der Verfassungsentwurf geht jetzt weit über diese zögerlichen Ansätze hinaus, indem er allgemein vorschreibt, dass der Ministerrat öffentlich tagt, wenn er über Gesetzgebungsvorschläge berät oder beschließt, und dass er für die Veröffentlichung der Dokumente sorgt, die das Gesetzgebungsverfahren betreffen.[212] Dies steht unter der Maßgabe, dass die Organe, Einrichtungen, Ämter und Agenturen der Union die Transparenz ihrer Tätigkeiten gewährleisten,[213] wie dies auch der Konvent selbst getan hat, indem er öffentlich tagte und seine sämtlichen Dokumente ins Internet stellte.[214] Die anschließende Regierungskonferenz ist seinem Beispiel gefolgt. Der schon in Art. 255 EGV vorgesehene begrenzte und bedingte Anspruch aller Unionsbürger sowie aller natürlichen oder juristischen Personen mit Wohnsitz oder satzungsmäßigen Sitz in einem Mitgliedstaat auf Dokumentenzugang wird durch Art. II-102 des Verfassungsentwurfs – über die ursprüngliche Fassung von Art. 42

---

[210] Art. 207 Abs. 3 EGV, der durch den Vertrag von Nizza nicht verändert wurde.

[211] Art. 6 ff. (Anm. 206).

[212] Art. I-50 Abs. 2, Art. III-399 Abs. 2 EV. Vgl. auch Art. I-21 Abs. 1 Satz 2 EV, wonach der Europäische Rat nicht gesetzgeberisch tätig wird.

[213] Art. III-399 Abs. 1 EV. Vgl. auch die 3. Erwägung der Präambel des EV, wonach das geeinte Europa Demokratie und Transparenz als Grundlage seines öffentlichen Lebens stärken will. Vgl. auch *Peters* (Anm. 82), 64 ff.

[214] Art. 14 der Geschäftsordnung des Europäischen Konvents (CONV 3/02).

der EU-Grundrechtecharta hinaus – zum allgemeinen grundrechtlichen Anspruch erweitert und gestärkt, unterliegt jedoch weiterhin einem Schrankenvorbehalt.[215]

d) Europäische Demokratie auf Kosten der nationalen Parlamente?

aa) Kompetenzverluste der nationalen Parlamente – Kompetenzzuwächse der Regierungen

Wenn bisher von den Mitgliedstaaten ausgeübte Gesetzgebungsbefugnisse auf die europäische Ebene verlagert werden, tragen in erster Linie die nationalen Parlamente diesen Verlust an Verbandskompetenzen. Doch werden die zum Ausgleich gewährten Rechte auf Mitwirkung am Rechtsetzungsprozess der EU/EG im föderalen Organ Rat durch Vertreter der nationalen Regierungen ausgeübt. Im Rahmen der europäischen Integration wiederholt sich damit das aus dem (unitarischen) deutschen Bundesstaatssystem bekannte Phänomen, dass Kompetenzverluste der Volksvertretungen (Landtage) infolge der Ausschöpfung der Bundesgesetzgebungsbefugnisse in Kompetenzgewinne der im Bundesrat vertretenen Landesregierungen umgemünzt werden. Immerhin bleibt die Kontrollzuständigkeit der mitgliedstaatlichen Parlamente über die von ihnen getragenen Regierungen erhalten, mit deren Hilfe jene indirekten Einfluss auf die europäische Gesetzgebung ausüben können. Die wachsende Zahl von Mehrheitsentscheidungen im Rat und das Hineinwachsen des Europäischen Parlaments in eine wirkliche „Zweite Kammer" der Gemeinschaftslegislative haben jedoch diesen indirekten Einfluss der nationalen Parlamente minimiert. Just die Phänomene, die für die Stärkung der Demokratie auf europäischer Ebene stehen, haben also auf nationaler Ebene die Gewichte von den Volksvertretungen noch weiter zu den Regierungen verschoben.

bb) Indirekte und direkte Mitwirkung der nationalen Parlamente an der Europapolitik

So verwundert es nicht, dass seit längerem die Frage auf der Tagesordnung steht, wie man diesen Trend umkehren und die nationalen Parlamente aufwerten kann, damit die europäische Einigung nicht die „Stunde der Exekutive" einläutet und Demokratiefortschritte in der EU nicht durch Rückschritte in den Mitgliedstaaten erkauft werden. Dabei sind zwei Aspekte auseinanderzuhalten: erstens die indirekte Rolle der nationalen Parlamente bei der Überwachung und ggf. Anleitung der

[215] Art. II-112 Abs. 2 i.V.m. Art. I-50 Abs. 3, Art. III-399 EV.

nationalen Europapolitiken, deren Ergebnisse in die Ratsentscheidungen einfließen; zweitens die eigenständige Mitwirkung der nationalen Parlamente direkt am europäischen Entscheidungsprozess. Der erste Aspekt ist in Deutschland seit den fünfziger Jahren diskutiert worden und hat über das Zustimmungsgesetz zum EWG-Vertrag von 1957[216] und das Zustimmungsgesetz zur Einheitlichen Europäischen Akte von 1986[217] schließlich im Zusammenhang mit der Ratifikation des Vertrags von Maastricht zur Regelung in Art. 23 Abs. 2–7 GG und den beiden Ausführungsgesetzen von 1993 geführt.[218]

Was die Mitwirkung der nationalen Parlamente auf europäischer Ebene angeht, haben die Parlamente der Mitgliedstaaten bereits 1989 eine Konferenz ihrer Europa-Ausschüsse (COSAC) gegründet. 1992 wurden der Schlussakte der Regierungskonferenz von Maastricht zwei einschlägige Erklärungen zur Rolle der einzelstaatlichen Parlamente in der EU und zur Konferenz der Parlamente beigefügt.[219] Anlässlich des Vertrages von Amsterdam wurde dann 1997 ein Protokoll über die Rolle der einzelstaatlichen Parlamente in der EU mit Primärrechtsrang vereinbart.[220] Dieses geht in seiner ersten Präambelerwägung davon aus, dass die Kontrolle der jeweiligen Regierungen durch die einzelstaatlichen Parlamente hinsichtlich der Tätigkeiten der EU Sache der besonderen verfassungsrechtlichen Gestaltung und Praxis jedes Mitgliedstaats sei, und befasst sich daher nur mit ihrer stärkeren Beteiligung auf der Unionsebene durch Verbesserung des direkten Informationsflusses und durch die Konferenz der Europa-Ausschüsse. Vier Jahre später schließlich nimmt die Schlussakte der Regierungskonferenz von Nizza die augenscheinlich als ungelöst angesehene Problematik in die Erklärung zur Zukunft der Union auf: Zur Verbesserung und dauerhaften Sicherung der demokratischen Legitimation und Transparenz der Union und ihrer Organe soll im Post-Nizza-Prozess u.a. die Rolle der nationalen Parlamente in der Architektur Europas behandelt werden.[221] Dazu hat die Erklärung des Europäischen Rates von Laeken zur Zukunft der EU vom 15. Dezember 2001 dem Konvent drei konkrete Fragen vorgegeben: ob die nationalen Parlamente in einem neuen, neben Rat und Europäischem Parlament stehenden Organ vertreten sein sollten; ob sie eine Rolle in den Politikbereichen spielen sollten, in denen das Europäische Parlament keine

---

[216] BGBl. 1957 II, 766.

[217] BGBl. 1986 II, 1102.

[218] Gesetz über die Zusammenarbeit von Bundesregierung und Deutschem Bundestag in Angelegenheiten der EU vom 12. März 1993 (BGBl. I, 311); Gesetz über die Zusammenarbeit von Bund und Ländern in Angelegenheiten der EU vom 12. März 1993 (BGBl. I, 313).

[219] BGBl. 1992 II, 1321. Näher *Giegerich* (Anm. 6), 970 ff.

[220] BGBl. 1998 II, 437. Vgl. Art. 311 EGV.

[221] ABl. 2001 Nr. C 80/1, 85 f.

Zuständigkeit besitzt; ob sie die Einhaltung des Subsidiaritätsprinzips vorab kontrollieren sollten.[222]

cc) Minimallösung des Konvents: Nationale Parlamente als Wächter des Subsidiaritätsprinzips

Der Verfassungsentwurf verneint implizit die erste Frage des Europäischen Rats von Laeken: Um den europäischen Entscheidungsprozess nicht weiter zu verkomplizieren und damit zugleich intransparenter zu machen, wird keine Vertretung der nationalen Parlamente als dritte Kammer in das Gesetzgebungsverfahren auf europäischer Ebene einbezogen. Auch der vom Konventspräsidenten vorgeschlagene Kongress der Völker Europas, ein Beratungsgremium aus nationalen und Europaparlamentariern, wurde abgelehnt.[223] Demgegenüber wird den nationalen Parlamenten eine begrenzte Rolle (Informationsansprüche und Beratungsfunktionen) in der justiziellen Zusammenarbeit in Strafsachen und in der polizeilichen Zusammenarbeit zugewiesen,[224] die nach gegenwärtiger Rechtslage noch in der 3. Säule der EU außerhalb der supranationalen Integration stehen. Obwohl dort nach dem Verfassungsentwurf das Europäische Parlament nunmehr weitgehend gleichberechtigt in den Entscheidungsprozess einbezogen wird, hat man in diesen Materien der inneren Sicherheit eine ergänzende Rolle der nationalen Parlamente für nötig gehalten. Im Titel über das auswärtige Handeln der Union jedoch, wo der Verfassungsentwurf dem Europäischen Parlament weiterhin eine untergeordnete Funktion zuweist,[225] kommen die nationalen Parlamente nicht vor: In der EU gilt die auswärtige Gewalt immer noch als Monopol der Exekutive.

Gleiches gilt merkwürdigerweise für die Ernennung der europäischen Richter. Der Verfassungsentwurf perpetuiert hier die bisherige Investitur durch einvernehmlichen Beschluss der Regierungen der Mitgliedstaaten, immerhin abgemildert durch vorherige Anhörung eines Ausschusses aus sieben unabhängigen hochkarätigen Juristen.[226] Das Modell der EMRK, nach dem die Richter des Europäischen Gerichtshofs für Menschenrechte aus einer Dreierliste jedes Konventionsstaats von der Parlamentarischen Versammlung des Europarats gewählt werden, erscheint vor-

[222] Deutscher Bundestag, Referat Öffentlichkeitsarbeit (Hrsg.), Der Weg zum EU-Verfassungskonvent (Zur Sache 5/2002), 442 ff.

[223] Art. X des Entwurfs vom 22. April 2003 (*Norman* (Anm. 2), 343 ff.).

[224] Art. III-259, III-260, III-261, III-273 Abs. 1, III-276 Abs. 2 EV.

[225] Art. III-304 EV (entsprechend Art. 21 EUV).

[226] Art. I-29 Abs. 2, Art. III-355–357 EV.

zugswürdig.[227] So bleibt es weiterhin dem nationalen Recht überlassen, für parlamentarischen Input bei der Bestellung der EuGH-Richter zu sorgen.[228]

Darüber hinaus übernimmt und ergänzt der Verfassungsentwurf nicht nur das Protokoll über die Rolle der nationalen Parlamente in der EU, sondern bezieht diese durch das Protokoll über die Anwendung der Grundsätze der Subsidiarität und der Verhältnismäßigkeit in die präventive und die repressive Durchsetzung des Subsidiaritätsprinzips ein. Die nationalen Parlamente erhalten gleichzeitig mit dem Unionsgesetzgeber alle legislativen Vorschläge der Kommission und können in einer begründeten Stellungnahme die Unvereinbarkeit jedes Vorschlags mit dem Subsidiaritätsprinzip geltend machen. Diese Stellungnahme ist im Gesetzgebungsverfahren von dem Europäischen Parlament, dem Ministerrat und der Kommission zu berücksichtigen. Erreichen die ablehnenden Stellungnahmen einen bestimmten Schwellenwert, wird die Kommission verpflichtet, ihren Vorschlag noch einmal zu überprüfen und ihre Entscheidung zu begründen. Nach Erlass eines Gesetzgebungsakts können die Mitgliedstaaten eine Nichtigkeitsklage wegen Verstoßes gegen das Subsidiaritätsprinzip auch im Namen ihrer Parlamente oder Parlamentskammern übermitteln – aus Rücksichtnahme gegenüber der Gewaltenbalance auf nationaler Ebene aber nur, wenn die nationale Rechtsordnung dies vorsieht.[229]

2. *Nationaler und europäischer Grundrechtsschutz*

a) Fehlen eines verbindlichen europäischen Grundrechtskatalogs

Den Europäischen Verträgen von Paris bis Nizza fehlt, obwohl sie für den europäischen Integrationsprozess Verfassungsfunktionen wahrnehmen, ein rechtsverbindlicher Grundrechtskatalog, wie ihn die mitgliedstaatlichen Verfassungen enthalten. Die Gründe dafür liegen nicht in rechtsstaatlicher Blindheit, sondern zunächst in einer Fehleinschätzung seiner Erforderlichkeit, später dann vor allem in der Furcht vor einer unitarisierenden Wirkung europäischer Grundrechte.[230] Anfangs wollte man ostentative verfassungsrechtliche Konnotationen, wie sie mit der Aufnahme eines Grundrechtskatalogs in die Gemeinschaftsverträge verbunden gewesen wären, aus politischen Gründen vermeiden. Da der Vollzug des Gemein-

---

[227] Art. 22 EMRK.

[228] Vgl. z.B. Art. 23c Abs. 2 der österreichischen Bundesverfassung von 1920/1929: Bundesregierung hat hierzu Einvernehmen mit dem Hauptausschuss des Nationalrats herzustellen.

[229] *Oppermann* (Anm. 57), 1171. Vgl. hierzu auch die Entscheidung des französischen Verfassungsrats (Anm. 128).

[230] Zum Folgenden *Giegerich* (Anm. 6), 203 f.

schaftsrechts ganz überwiegend bei den mitgliedstaatlichen Behörden lag, die allesamt den nationalen Grundrechten unterworfen waren, schien die Notwendigkeit primärrechtlicher Grundrechtsverbürgungen weniger dringlich. Beim gemeinschaftseigenen Vollzug im Kartell- und Beihilfenrecht konnten entsprechende Vorgaben in die erforderlichen Sekundärrechtsakte aufgenommen werden.

Damals konnte man die Grundrechtsbindung der Gemeinschaftslegislative dadurch für ausreichend gewährleistet halten, dass sie von den ihrerseits grundrechtsgebundenen nationalen Regierungsvertretern im Rat ausgeübt wurde, da der Vorrang des Gemeinschaftsrechts vor den nationalen Grundrechtsverbürgungen erst durch die spätere Rechtsprechung des EuGH klargestellt wurde. Schließlich war die Frage, ob und inwieweit Grundrechtsschutz gegenüber hoheitlichen Marktregulierungen gewährleistet werden sollte, in den fünfziger Jahren sehr umstritten. Nicht von ungefähr verbürgt der Korpus der EMRK weder die Berufsfreiheit noch das Eigentumsrecht; erst Art. 1 des Zusatzprotokolls liefert eine Eigentumsgarantie nach.[231]

b) Grundrechtsschutz in Europa als richterliche Aufgabe

Die grundrechtliche Sensibilität wuchs in den europäischen Staaten erst allmählich, gefördert nicht zuletzt durch die Rechtsprechung der Straßburger Konventionsorgane. Seit den siebziger Jahren rückte immer stärker ins Bewusstsein, dass der Vorranganspruch des Sekundärrechts vor dem nationalen Verfassungsrecht im Zusammenwirken mit dem Fehlen geschriebener Grundrechte im Primärrecht eine gewaltige Lücke in den Grundrechtsschutz der Gemeinschaftsangehörigen zu reißen drohte. In Wahrnehmung seiner Rechtswahrungsaufgabe nach Art. 220 EGV konnte der EuGH diese Lücke durch Findung von ungeschriebenen primärrechtlichen Grundrechtsgarantien nur langsam schließen. Ihm standen dabei die gemeinsamen Verfassungsüberlieferungen der Mitgliedstaaten als Erkenntnisquelle zur Verfügung und ab 1974 darüber hinaus die EMRK, die erst von diesem Zeitpunkt für alle damals sechs Mitgliedstaaten völkerrechtlich verbindlich geworden war. Allerdings schritt diese EuGH-Rechtsprechung so langsam voran, dass sich nationale Verfassungsgerichte, nicht zuletzt das BVerfG, veranlasst sahen, einstweilen in die Bresche zu springen: Sie weigerten sich, den Vorranganspruch des Sekundärrechts vor den nationalen Grundrechtsgarantien anzuerkennen, solange der europäische Grundrechtsschutz zu dürftig ausgebildet war. Erst seit 1987 hat das Bundesverfassungsgericht die Gleichwertigkeit des europäischen mit dem deutschen Grundrechtsschutz

[231] *Wolfgang Peukert,* Art. 1 des 1. ZP, Rn. 1 ff., in: Jochen Abr. Frowein/Wolfgang Peukert, EMRK-Kommentar, 2. Aufl. 1996.

als generell gewährleistet angesehen und die von ihm in Anspruch genommene Gerichtsbarkeit über die Anwendung von Sekundärrechtsakten in Deutschland daher suspendiert.[232]

Diese Entwicklung hätte die vertragsändernde Gewalt eigentlich dazu veranlassen müssen, die Verträge um den fehlenden Grundrechtskatalog zu ergänzen, doch war das in diesen Zeiten der Eurosklerose politisch ausgeschlossen. Einigen konnte man sich nur auf eine politische Gemeinsame Erklärung des Europäischen Parlaments, des Rates und der Kommission vom 5. April 1977, in der die drei Organe die vorrangige Bedeutung unterstrichen, die sie der Achtung der Grundrechte beimäßen, und erklärten, sie würden diese Rechte bei der Ausübung ihrer Befugnisse jetzt und in Zukunft beachten.[233] Dem schloss sich der Europäische Rat ein Jahr später in seiner Erklärung zur Demokratie an.[234] Inzwischen war nämlich bei einigen Regierungen die Sorge in den Vordergrund getreten, primärrechtlich verankerte und dem EuGH anvertraute Grundrechte würden einen Unitarisierungsschub auslösen, weil sie dazu herangezogen werden könnten, Schutz- und Ausführungskompetenzen der Gemeinschaft sowie Bindungen der Organe der Mitgliedstaaten auch über den Anwendungsbereich des EG-Rechts hinaus zu begründen. Deshalb blieb auch der Grundrechtskatalog des Europäischen Parlaments von 1989[235] eine bloß politische Episode.

c) Die Charta der Grundrechte der EU

Erst nach weiteren zehn Jahren beschloss der Europäische Rat von Köln, von einem besonderen Gremium aus Regierungs-, Parlaments- und Kommissionsvertretern eine Charta der Grundrechte der EU ausarbeiten zu lassen, um bereits geltende Grundrechte „sichtbar zu verankern“. Doch auch diese Charta sollte zunächst nur feierlich politisch proklamiert, ihre rechtsverbindliche Aufnahme in die Verträge dagegen weiter geprüft werden.[236] Die von diesem Gremium, das sich selbst Konvent nannte, erarbeitete Charta der Grundrechte wurde vom Europäischen Parlament, vom Rat und von der Kommission am 7. Dezember 2000 feierlich proklamiert, um die bereits geltenden Grundrechtsstandards des Gemeinschaftsrechts sichtbarer zu machen, wie es in der 5. Erwägung ihrer Präambel heißt. Die

---

[232] BVerfGE 73, 339 (387); 102, 147 (162 ff.).

[233] ABl. Nr. C 103/1.

[234] Bull. EG 3-1978, 5.

[235] EuGRZ 1989, 204 ff.

[236] Schlussfolgerungen des Vorsitzes des Europäischen Rats von Köln (3./4. Juni 1999), Anhang IV (abgedruckt in: Deutscher Bundestag (Hrsg.), Die Charta der Grundrechte der Europäischen Union, 2001, 71).

Charta ist als solche dadurch nicht rechtsverbindlich geworden, übernimmt aber eine deklaratorische Funktion für bereits aus anderen Gründen rechtlich bindende Grundrechtsstandards.[237] Schon die Einigung auf eine solche politische Grundrechtsproklamation war nur nach der Aufnahme von Bestimmungen möglich, welche die Anwendung der Charta auf die Mitgliedstaaten erheblich beschränkte und ausdrücklich klarstellte, dass sie keine neuen Zuständigkeiten oder Aufgaben für die EU/EG begründet.[238]

Im Konvent konnte man sich relativ schnell darauf einigen, die Grundrechtecharta in den neuen Verfassungstext zu übernehmen und damit auf die höchste Normstufe zu heben. Allerdings mussten dazu insbesondere auf britisches Drängen[239] weitere Klarstellungen zur Begrenzung des Anwendungsbereich der Grundrechte sowie zu ihrer Tragweite und Interpretation eingefügt werden.[240] Darüber hinaus legte der Konvent Wert darauf, dass die ursprünglich vom Präsidium des Grundrechtekonvents erarbeiteten und vom Präsidium des Verfassungskonvents aktualisierten Erläuterungen zur Charta als solche zwar keinen rechtlichen Status hätten, jedoch ein nützliches Interpretationswerkzeug darstellten, um die Bestimmungen der Charta zu verdeutlichen: Nach der 5. Erwägung ihrer Präambel wird die Charta „von den Gerichten der Union und der Mitgliedstaaten unter gebührender Berücksichtigung der Erläuterungen ... ausgelegt werden".[241] Dies soll augenscheinlich der historischen Interpretation der Charta-Rechte einen besonderen Stellenwert sichern und Rechtsfortbildungen durch den EuGH eingrenzen helfen. Die Regierungskonferenz hat die gebührende Berücksichtigung der Erläuterungen als „Anleitung für die Auslegung" seitens der europäischen und nationalen Gerichte durch Aufnahme in Art. II-112 Abs. 7 EV zur Rechtspflicht erhöht. Darüber hinaus ist nunmehr der Schlussakte der Konferenz noch eine Erklärung beigefügt worden, in der die Konferenz von den Erläuterungen, die dort nochmals wiedergegeben werden, Kenntnis nimmt.[242]

Die genaue Einordnung der Charta in die Verfassung war im Konvent umstritten: Einige Mitglieder wollten sie nach dem Vorbild des Grundgesetzes an die Spitze stellen, andere sie in ein Protokoll verbannen. Ihre Aufnahme in Teil II der Verfas-

---

[237] Vgl. auch Art. 53 Grundrechtecharta 2000.

[238] Art. 51 Grundrechtecharta 2000.

[239] *Norman* (Anm. 2), 86 ff.

[240] Art. 51, 52 Grundrechtecharta 2003 (= Art. II-111,112 EV).

[241] Vgl. Rn. 10 des Bericht des Vorsitzenden des Verfassungskonvents an den Präsidenten des Europäischen Rats vom 18. Juli 2003 (CONV 851/03).

[242] ABl. Nr. C 310/424.

sung stellt einen Kompromiss dar.[243] Nicht konsensfähig war die Einführung einer Art europäischer Verfassungsbeschwerde zur Durchsetzung der Charta-Grundrechte.[244] Bedenken dagegen wurden mit der Gefahr einer Überlastung des Gerichtssystems der EU angesichts entsprechender Entwicklungen in Karlsruhe und Straßburg begründet.[245] Immerhin konnte man sich darauf einigen, die überstrengen Zulässigkeitsanforderungen für Nichtigkeitsklagen natürlicher und juristischer Personen gegen Sekundärrechtsakte[246] etwas abzusenken. Zukünftig sind Klagen gegen „Rechtsakte mit Verordnungscharakter" bereits zulässig, wenn sie die klagende Person unmittelbar betreffen und keine Durchführungsmaßnahmen nach sich ziehen; eine individuelle Betroffenheit ist in diesem Fall nicht länger erforderlich. Dies schließt die bestehende Rechtsschutzlücke aber nur teilweise, weil „Verordnungen" nach der Terminologie des Verfassungsentwurfs nur noch Ausführungsnormen enthalten.[247] Gegen echte Gesetzgebungsakte (Europäische Gesetze und Europäische Rahmengesetze)[248] können natürliche und juristische Personen mangels individueller Betroffenheit nach wie vor keine Nichtigkeitsklage erheben.[249] Insofern ist es Aufgabe der Mitgliedstaaten, durch Schaffung der erforderlichen nationalen Rechtsbehelfe dafür zu sorgen, dass keine grundrechtswidrigen Rechtsschutzlücken verbleiben.[250] Sie müssen es ihren Gerichten ermöglichen, eine inzidente Normenkontrolle durchzuführen, ggf. ein Vorabentscheidungsverfahren beim Europäischen Gerichtshof einzuleiten und den erforderlichen einstweiligen Rechtsschutz zu gewähren.[251]

---

[243] *Jürgen Meyer/Sven Hölscheidt,* Die Europäische Verfassung des Europäischen Konvents, EuZW 2003, 613 (619).

[244] Vgl. dazu etwa den Beitrag des deutschen Konventsmitglieds *Jürgen Meyer* vom 29. November 2002 (Eine Verfassung für Europa (Anm. 23), 1093 ff.). Ablehnend der Schlussbericht der Arbeitsgruppe II über die Charta vom 22. Oktober 2002 (CONV 354/02), 15.

[245] *Oppermann* (Anm. 56), 1236.

[246] Art. 230 Abs. 4 EGV. Dazu zuletzt EuGH, Urt. v. 1. April 2004, Rs. C-263/02 P – *Jégo-Quéré,* EuGRZ 2004, 284 ff. Jetzt Art. III-365 Abs. 4 EV. Umfassend *Martin Borowski,* Die Nichtigkeitsklage gem. Art. 230 Abs. 4 EGV, EuR 2004, 879 ff.

[247] Art. I-33 Abs. 1, I-35 Abs. 2, I-36, I-37 Abs. 4 EV.

[248] Art. I-33 Abs. 1, I-34 EV.

[249] *Wolfram Cremer,* Der Rechtsschutz des Einzelnen gegen Sekundärrechte der Union, EuGRZ 2004, 577 ff; großzügiger *Franz Mayer,* Individualrechtsschutz im Europäischen Verfassungsrecht, DVBl. 2004, 606 (612).

[250] So der EuGH, Urteil vom 25.7.2002, Rs. C-50/00 P – *Unión de Pequeños Agricultores,* Rn. 40 ff. Jetzt auch Art. I-29 Abs. 1 UAbs. 2, Art. II-107 EV.

[251] EuGH, Slg. 1991, I-415 – *Süderdithmarschen;* Slg. 1995, I-3761 – *Atlanta III.* Näher *Stefan Lehr,* Einstweiliger Rechtsschutz und Europäische Union, 1997, 369 ff., 543 ff.

d) EMRK-Beitritt von EU/EG

Eine letzte Frage des Grundrechtsschutzes, die seit mehreren Jahrzehnten kontrovers erörtert worden ist, bringt der Verfassungsentwurf einer Lösung deutlich näher: den Beitritt der EU/EG zur EMRK. Der EuGH hatte 1996 in einem Gutachten am Vorabend der Regierungskonferenz, die zum Vertrag von Amsterdam führen sollte, klargestellt, dass ein solcher Beitritt wegen seiner verfassungsrechtlichen Auswirkungen nur aufgrund einer ausdrücklichen vertraglichen Ermächtigungsgrundlage zulässig sei.[252] Dennoch war weder in Amsterdam noch in Nizza Einigkeit über eine entsprechende Vertragsänderung zu erzielen, weil manche Staaten befürchteten, ein EMRK-Beitritt könnte einen Zentralisierungsschub auslösen. Art. I-9 Abs. 2 EV sieht einen solchen Beitritt der EU vor, betont aber zugleich, dass er die in der Verfassung festgelegten Unionszuständigkeiten nicht ändere.

Inzwischen hat der Europarat ein 14. Protokoll zur EMRK zur Unterzeichnung aufgelegt, das einen Beitritt der EU zur Konvention, die bislang nur Mitgliedstaaten des Europarats offen steht, ausdrücklich erlaubt.[253] In einem Protokoll zu Art. I-9 Abs. 2 EV über den Beitritt der Union zur EMRK sowie einer der Schlussakte beigefügten Erklärung werden hierzu nähere Regelungen bzw. Erwartungen formuliert.[254]

C. Ergebnis: *Corpus monstro simile* oder *Stupor mundi et immutator mirabilis*?

Von den fünf Grundkontroversen der fünfzigjährigen europäischen Verfassungsdiskussion ist keine klar im Sinne eines Entweder-oder entschieden worden. Das Geheimnis des Erfolges der europäischen Integration ist die Kunst des Sowohl-alsauch: Vertrag und Verfassung, Staatenverein und Völkerverein, Dynamik und Konsolidierung, Autonomie und Heteronomie des Europarechts, nationale und europäische Konstitutionalität. Je nach dem sachlichen Zusammenhang und den Zeitumständen ist das Pendel mehr in die eine oder die andere Richtung ausgeschlagen. Per Saldo hat sich eine dynamische konstitutionelle Evolution abgespielt, die das Integrationsprojekt ein erhebliches Stück in Richtung auf eine autonome Verfassung, einen Völkerverein und eine europäische Konstitutionalität hin getragen

[252] Slg. 1996, I-1759.

[253] Art. 17 des 14. Protokolls vom 13. Mai 2004 (CETS No. 194), das momentan in der Ratifizierungsphase ist, fügt einen entsprechenden neuen Absatz 2 in Art. 59 EMRK ein.

[254] ABl. 2004 Nr. C 310/378, 420.

hat, ohne dass die Komponenten des Vertrags, des Staatenvereins, der Konsolidierung, der Heteronomie und der nationalen Konstitutionalität dabei verloren gegangen wären.

Wie ist die europäische Integrationsentwicklung seit 1952 nach alledem einzuschätzen: Hat sie ein „Ungeheuer" hervorgebracht, wie *Samuel Pufendorf* in seiner berühmten Verfassungsschrift „De statu imperii Germanici" das Heilige Römische Reich des 17. Jahrhunderts genannt hat, oder ein „staunenswertes Wunderwerk, das die Welt zum besseren wandelt", wie Zeitgenossen Kaiser Friedrich II. von Hohenstaufen im 13. Jahrhundert titulierten? Auch an dieser Frage scheiden sich die Geister, und erst die Geschichte wird sie definitiv beantworten. Die Antwort hängt nicht zuletzt davon ab, ob der Verfassungsentwurf wirklich in Kraft tritt und wir ihn dann immer weiter in Richtung auf eine vorbildlich handlungsfähige, demokratische, rechtsstaatliche und soziale europäische Ordnung fortentwickeln. Dann werden die Grundkontroversen immer weniger wichtig. Die EU ist „der bislang einzige konkrete Versuch einer demokratischen Globalisierung, die Rechtsstaatlichkeit und Entwicklung sicherstellen kann".[255] Dass dieser Versuch gelingt, liegt im Interesse nicht nur der Europäer.

---

[255] Rede des Kommissionspräsidenten *Prodi* anlässlich der Eröffnung des Europäischen Konvents am 29. Februar 2002 (Der Weg zum EU-Verfassungskonvent (Anm. 222), 647 (652)).

Kompetenzabgrenzung zwischen Europäischer Union und ihren Mitgliedstaaten

Von Rudolf Streinz

A. Einleitung

Χρώμεθα γὰρ πολιτείᾳ ... καὶ ὄνομα μὲν διὰ τὸ μὴ ἐς ὀλίγους ἀλλ' ἐς πλείονας οἰκεῖν δημοκρατία κέκληται.

In der deutschen, etwas freien Übersetzung des Entwurfs des Verfassungsvertrags: „Die Verfassung, die wir haben … heißt Demokratie, weil der Staat nicht auf wenige Bürger, sondern auf die Mehrheit ausgerichtet ist".[1]

Mit diesem Satz aus dem Epitaphios, der Totenrede des *Perikles* im Werk des griechischen Historikers *Thukydides* über die Geschichte des Peloponnesischen Krieges, beginnt die Präambel des vom Europäischen Konvent, der auf der Basis der der Schlussakte des Vertrags von Nizza beigefügten Erklärung zur Zukunft der Union durch den Europäischen Rat von Laeken am 14./15. Dezember 2001 eingesetzt und mit einem entsprechenden Mandat ausgestattet worden war, ausgearbeiteten und am 20. Juni 2003 in Thessaloniki dem Europäischen Rat sowie nach redaktioneller Überarbeitung am 18. Juli 2003 in Rom der damaligen italienischen Präsidentschaft überreichten „Entwurfs eines Vertrags über eine Verfassung für Europa",[2] im Folgenden abgekürzt „Verfassungsvertrag" genannt. Der

---

1 Eigentlich: Die Verfassung, die wir haben … heißt mit Namen Volksherrschaft, weil der Staat nicht auf wenige Bürger, sondern auf eine größere Zahl gestellt ist. Vgl. *Thukydides,* Geschichte des Peloponnesischen Krieges, übersetzt von Georg Peter Landmann, 1973, Bd. 1, 140.

2 ABl. 2003 Nr. C 269/1. Dieser Entwurf wurde dem Vortrag vom 10. Juni 2004 zugrunde gelegt, da die bis dahin erfolgten redaktionellen und juristischen Anpassungen durch die Gruppe der Rechtsexperten der Regierungskonferenz (vgl. den für die – gescheiterte – Regierungskonferenz des Gipfels von Brüssel am 12./13. Dezember 2003 erstellten Text in CIG 50/03) nicht endgültig waren. Beim Europäischen Rat vom 17./18. Juni 2004 hat die auf der Ebene der Staats- und Regierungschefs zusammengetretene Regierungskonferenz auf der Grundlage der Texte in den Dokumenten CIG 81/04 und CIG 85/04 Einvernehmen über den Entwurf des Vertrags über eine Verfassung für Europa erzielt. Nach der Regierungskonferenz wurde eine „Vorläufige konsolidierte Fassung des

Begriff „Verfassungsvertrag“ und nicht die weitere Abkürzung „Verfassung“ wird hier bewusst gebraucht und betont, weil es bei dieser Unterscheidung keineswegs um eine bloße „querelle allemande“ geht, sondern damit eine wichtige Aussage zur Struktur der bestehenden wie der künftigen Europäischen Union (EU) verbunden ist, deren Verfassung nicht nur durch einen völkerrechtlichen Vertrag geschaffen wird, sondern auch auf diesem Vertrag und ggf. seinen künftigen Änderungen durch völkerrechtliche Verträge der Mitgliedstaaten beruht und sich nicht etwa von diesen löst. Damit beruht auch die künftige Union auf den in ihr verbundenen Mitgliedstaaten, ist insoweit, wenn man den Begriff richtig versteht, ein „Staatenverbund“. Damit ist bereits ein wichtiger Aspekt des Kompetenzthemas angesprochen, nämlich die Frage der Kompetenz-Kompetenz.

Manche haben gerätselt, warum der Konvent diesen griechischen Satz der Präambel vorangestellt hat, manche haben dies als unpassend kritisiert, die Regierungskonferenz hat ihn offensichtlich gestrichen.[3] Die Erklärungen reichen hin bis zur bloßen Eitelkeit des Präsidenten des Konvents, *Giscard d'Estaing,* die Kritik weist auf den Unterschied zwischen der athenischen Demokratie und der Demokratie heute hin. Liest man den Satz im Zusammenhang des Epitaphios, so lässt sich eine stimmige Erklärung zumindest konstruieren. *Perikles* preist dort die Vorzüge der Verfassung der athenischen Demokratie, die sich nach keinen fremden Gesetzen richte, sondern viel eher für sonst jemand ein Vorbild sei. Hervorgehoben werden die Vorzüge der Volksherrschaft, des bürgerlichen Engagements, der Rechtsgemeinschaft, der Liberalität, der (Welt-)Offenheit, der Solidarität mit den Armen – so sie selbst nach Kräften etwas tun, die Armut zu überwinden –, der Hilfsbereitschaft, die die Stärke Athens begründeten. Und in diesen Stärken will sich auch die Europäische Union wiedererkennen. Der Verfassungsvertrag bringt dies keineswegs nüchtern, sondern eher pathetisch in der Präambel zum Ausdruck. „In Vielfalt geeint“, in Erwägungsgrund 4[4] der Präambel erwähnt und in Art. IV-8[5]

Vertrags über eine Verfassung für Europa“ (RK 2003/2004 – Dokument CIG 86/04) erstellt. Diese wurde nochmals (sprachlich) überarbeitet. Am 29. Oktober 2004 wurde der „Vertrag über eine Verfassung für Europa“ in Rom unterzeichnet (vgl. EU-Nachrichten Nr. 39/2004, 1). Er ist in ABl. 2004 Nr. C 310/1 veröffentlicht. Der Text des am 10. Juni 2004 von mir in Kiel gehaltenen Vortrags wurde im Hinblick auf den unterzeichneten Verfassungsvertrag (hier mit EV abgekürzt) aktualisiert. Auf den Entwurf des Konvents (hier mit KonvE abgekürzt) wird ggf. hingewiesen.

[3] Bereits in der Vorläufigen konsolidierten Fassung (Anm. 2) fehlt dieser Vorspruch.

[4] Erwägungsgrund 5 Präambel KonvE (Anm. 2).

[5] Wie bereits vom Konvent vorgeschlagen in der Vorläufigen konsolidierten Fassung (Anm. 2) in Teil IV (Art. IV-I KonvE) vorgezogen und in Teil I als Art. I-6a eingefügt. Nach der gemäß dem Beschluss der Regierungskonferenz erfolgten Durchnummerierung (unter Voranstellung des jeweiligen Teiles, womit die Grundrechtecharta mit Art. II-61

unter den „Symbolen der Union“ als ihre Devise aufgeführt, macht die Besonderheit dieser Integrationsgemeinschaft deutlich. Als Union der Staaten und der Bürger[6] bedarf sie der ihrer Eigenart entsprechenden Struktur, was besondere Formen der demokratischen Legitimation mit zwei Legitimationssträngen erfordert, dem über das direkt gewählte Europäische Parlament und dem über den von den Mitgliedstaaten besetzten Rat, dessen Vertreter jeweils von den nationalen Parlamenten kontrolliert werden oder werden sollen, worin sich letztlich die Hauptaufgabe offenbart, nämlich die angemessene Austarierung des Verhältnisses zwischen Union und Mitgliedstaaten. In diesem Zusammenhang ist die Kompetenzfrage zentral.[7]

B. Die Frage der Kompetenzabgrenzung in der europäischen Verfassungsdiskussion

I. Die Frage der Kompetenzabgrenzung als Schwerpunktthema der europarechtlichen Verfassungsdiskussion

1. Diskussion im Schrifttum

Dies bestätigt bzw. erklärt, dass die Frage der Kompetenzen, insbesondere der Kompetenzabgrenzung ein Schwerpunktthema der europarechtlichen Verfassungsdiskussion wurde, und zwar von Anfang an, jedoch deutlich zunehmend seit der Einheitlichen Europäischen Akte und insbesondere in Begleitung der Verfassungsdiskussion des Post-Nizza-Prozesses.

---

beginnt, da von den 59 Artikeln des Entwurfs einer (Art. I-10) gestrichen und zwei (Art. I-5a und Art. I-6a) hinzugefügt wurden) Art. I-8 EV.

[6] Vgl. *D. Th. Tsatsos,* Die Europäische Unionsgrundordnung. Beiträge zum institutionellen Verständnis der Europäischen Union im Hinblick auf einen zukünftigen europäischen Verfassungsvertrag, 2002, 95: „Union der Völker und der Staaten“.

[7] Vgl. dazu *M. Nettesheim,* Kompetenzen, in: von Bogdandy (Hrsg.), Europäisches Verfassungsrecht, 2003, 415 (415). Sie gehörte zu den ausdrücklich hervorgehobenen Fragen, die nach der von der Regierungskonferenz von Nizza angenommenen Erklärung zur Zukunft der Union im Post-Nizza-Prozess behandelt werden sollte. Vgl. dazu *K. H. Fischer,* Der Vertrag von Nizza, 2001, 254 ff.

2. *Rechtspolitische Forderungen*

Die Einheitliche Europäische Akte machte das Ausmaß der Kompetenzverlagerungen auf die Europäische Gemeinschaft (EG) und der korrespondierenden Kompetenzverluste bewusst, insbesondere den deutschen Ländern. Seitdem gehören die Fragen der Verteilung der Kompetenzen, der Bekämpfung von behaupteten „Kompetenzusurpationen" der EG, der Verankerung und, nachdem diese erfolgt ist, der Beachtung und Kontrolle des Subsidiaritätsprinzips, der Stärkung der Rechte der Regionen, insbesondere durch die Zuerkennung eines eigenen Klagerechts zum EuGH, zur Agenda der europapolitischen Debatte und entsprechender Forderungen. Genannt seien hier nur die regelmäßigen „Subsidiaritätsberichte" der Bundesregierung, des Bundesrats, aber auch einzelner Landesregierungen. Die rechtspolitischen Forderungen betrafen bzw. betreffen zum einen die innerstaatliche Ebene des sog. „Europaverfassungsrechts".[8] Hier wurde eine verstärkte Beteiligung der Länder an der Mitwirkung Deutschlands an und in der Europäischen Union erreicht, zunächst im Zustimmungsgesetz zur Einheitlichen Europäischen Akte[9] und schließlich durch den im Zusammenhang mit dem Vertrag von Maastricht am 21. Dezember 1992 eingefügten Art. 23 GG und dem aufgrund von Art. 23 Abs. 7 GG erlassenen Gesetz über die Zusammenarbeit von Bund und Ländern in Angelegenheiten der Europäischen Union vom 12. März 1993.[10] Sie betreffen zum anderen die Ausgestaltung der Europäischen Union selbst, wofür Art. 23 Abs. 1 Satz 1 GG die grundsätzlichen verfassungsrechtlichen Vorgaben liefert. In den Forderungskatalogen zu den jeweiligen Regierungskonferenzen von Maastricht, Amsterdam, Nizza und zuletzt zum Verfassungsvertrag wurden bzw. werden, zum Teil unterstützt von der Literatur, häufig ein Kompetenzkatalog, die schärfere Fassung der Kompetenzbestimmungen, die Reduktion der Unionsbefugnisse auf eine Grundsatzkompetenz, die Renationalisierung bestimmter Kompetenzbereiche, die ausdrückliche Normierung von Kompetenzsperren, die Streichung von Kompetenznormen, vor allem des Art. 308 EGV, aber auch des Art. 95 EGV genannt. Neben diese materiellen Ansätze treten prozedurale, wie z.B. der Vorschlag neuer Institutionen zur Kompetenz- und Subsidiaritätskontrolle, und zwar entweder präventiv durch einen aus Parlamentariern der Mitgliedstaaten zusammengesetzten Subsidiaritätsausschuss oder nachträglich und ggf. korrigierend durch besondere

---

[8] Vgl. zum Begriff *P. Häberle*, Europaprogramme neuerer Verfassungen und Verfassungsentwürfe – der Ausbau von nationalem „Europaverfassungsrecht", in: Festschrift für Ulrich Everling, 1995, 355 (372 ff.). Ferner *R. Streinz*, (EG-)Verfassungsrechtliche Aspekte des Vertrags von Nizza, Zeitschrift für Öffentliches Recht (ZÖR) 58 (2003), 137 (138 ff.).

[9] BGBl. 1986 II, 1102.

[10] BGBl. 1993 I, 313.

Kammern des EuGH oder ein durch EG/EU und Mitgliedstaaten paritätisch besetztes Kompetenzgericht.[11] Dazu kommt die Forderung nach einem eigenen Klagerecht der Regionen zur Wahrung der Kompetenzen und des Subsidiaritätsprinzips.[12]

II. Kompetenzabgrenzung als Schwerpunktauftrag des sog. Post-Nizza-Prozesses

Der sog. Post-Nizza-Prozess wurde in der der Schlussakte des Vertrags von Nizza beigefügten Erklärung zur Zukunft der Union[13] in dem Bestreben festgelegt, anders als bei dem deswegen kritisierten Vertrag von Amsterdam keine „Überbleibsel" (sog. „left-overs") zu hinterlassen. Freilich: In Nizza konnten wichtige, wenn nicht die wichtigen Fragen der Zukunft der Europäischen Union nicht gelöst werden, was durch diese Erklärung mehr bestätigt als kaschiert wird. Allerdings wurde in dieser Erklärung ein „konkreter Fahrplan" bis hin zur nächsten, für 2004 vorgesehenen Regierungskonferenz, mit konkreten Themen festgelegt, u.a. „die Frage, wie eine genauere, dem Subsidiaritätsprinzip entsprechende Abgrenzung der Zuständigkeiten zwischen der Europäischen Union und den Mitgliedstaaten hergestellt und danach aufrechterhalten werden kann". Durch diese Themenstellung erkannte die Konferenz an, „dass die demokratische Legitimation und die Transparenz der Union und ihrer Organe verbessert und dauerhaft gesichert werden müssen, um diese den Bürgern der Mitgliedstaaten näher zu bringen". Die bereits in Nizza vorgesehene Erklärung von Laeken berief den „Konvent zur Zukunft Europas" ein, der Vorschläge für einen Verfassungstext ausarbeiten sollte, wobei zu den ausdrücklich hervorgehobenen „gezielten Fragen" „eine bessere Verteilung und Abgrenzung der Zuständigkeiten in der Europäischen Union" gehörte. Es sei, um den Erwartungen der Bürger gerecht zu werden, „wichtig, dass die Zuständigkeitsverteilung zwischen der Union und den Mitgliedstaaten verdeutlicht, vereinfacht und im Lichte der Herausforderungen, denen sich die Union gegenübersieht, angepasst wird". Dies könne „sowohl dazu führen, dass bestimmte Aufgaben wieder an die Mitgliedstaaten zurückgegeben werden, als auch dazu, dass der Union neue Aufgaben zugewiesen werden oder dass die bisherigen Zuständigkeiten erweitert werden, wobei stets die Gleichheit der Mitgliedstaaten

---

[11] Vgl. *M. Ruffert,* Schlüsselfragen der Europäischen Verfassung der Zukunft. Grundrechte – Institutionen – Kompetenzen – Ratifizierung, Europarecht (EuR) 2004, 165 (188 f.) m.w.N.

[12] Vgl. dazu *R. Müller-Terpitz,* Die Beteiligung des Bundesrates am Willensbildungsprozeß der Europäischen Union, 1999, 317 ff.

[13] Vgl. dazu *Fischer* (Anm. 7), 254 ff.

und ihre gegenseitige Solidarität berücksichtigt werden müssen". Ausdrücklich genannt wurden u.a. die Fragen der transparenteren Einteilung der Zuständigkeiten, die Anwendung des Subsidiaritätsprinzips, die deutliche Formulierung, dass jede Zuständigkeit, die der Union nicht durch die Verträge übertragen worden ist, in den ausschließlichen Zuständigkeitsbereich der Mitgliedstaaten gehört, die Neuordnung der Zuständigkeiten, die Garantie der Zuständigkeiten von Mitgliedstaaten und Regionen, das Verhindern einer schleichenden Ausuferung der Zuständigkeiten der Union unter Bewahrung der „europäischen Dynamik", was eine Überprüfung der Art. 95 und 308 EGV nahelege.[14]

III. Die Kompetenzfrage als „Schlüsselthema" für die Struktur der Europäischen Union

Die Kompetenzfrage ist in mehrfacher Hinsicht ein, wenn nicht das Schlüsselthema für die Struktur der Europäischen Union, der „Königsweg zu einem adäquaten Verständnis der Europäischen Integration",[15] und zwar in mehrfacher Hinsicht.

1. Rechtsnatur der Europäischen Gemeinschaft/Union

Die Rechtsnatur der Europäischen Union wird kontrovers diskutiert. Dies hängt damit zusammen, dass sie mit der Europäischen Gemeinschaft und den Politiken und Formen der Zusammenarbeit (Gemeinsame Außen- und Sicherheitspolitik (GASP) und Polizeiliche und Justizielle Zusammenarbeit in Strafsachen (PJZS)) „Bauelemente" unterschiedlicher Qualität zusammenführt. Fraglich ist, inwieweit sich durch die „Verschmelzung" von EG und EU in einer Union, die dann, soll nicht hinter die bisherige EG zurückgegangen werden, ausdrücklich Rechtspersönlichkeit erhält (Art. I-7 EV; Art. 6 KonvE), und durch die Vereinheitlichung der Rechtsakte (Art. I-33–Art. I-39 EV; Art. 32–Art. 38 KonvE) *substantiell* viel ändert. Denn bezeichnenderweise (und richtigerweise) werden vor allem für die GASP (Art. I-40–Art. I-41 EV; Art. 39–Art. 40 KonvE), aber auch die bisherige PJZS („Besondere Bestimmungen über den Raum der Freiheit, der Sicherheit und

[14] Schlussfolgerungen des Vorsitzes Europäischer Rat (Laeken), 14. und 15. Dezember 2001, EU-Nachrichten Dokumentation Nr. 3/2001, 2 und 17 ff.

[15] *Nettesheim* (Anm. 7), 415.

des Rechts"; Art. 42 EV[16]) „besondere Bestimmungen" für erforderlich gehalten. Soweit ersichtlich besteht aber Einigkeit darüber, dass weder die Europäische Union noch die Europäische Gemeinschaft ein „Staat" sind, ungeachtet dessen, dass die EG in weiten Bereichen Staatsfunktionen übernommen hat, bis hin zur die Souveränität vielleicht besonders zum Ausdruck bringenden „Erlaubnis, Geld zu drucken".[17] Ob sie sich zu einem (Bundes-)Staat entwickeln *soll* (Frage der „Finalität" der Union) wird kontrovers beurteilt, überwiegend abgelehnt. Entscheidender Unterschied ist, wie ein Vergleich z.B. mit durch völkerrechtlichen Vertrag gegründeten Staaten oder mit dem deutschen Grundgesetz zeigt, die fehlende Kompetenz-Kompetenz. Allerdings kommt ein anderer Aspekt hinzu: Kann sich die Union ungeachtet dessen, dass Art. 6 Abs. 4 EUV diese Kompetenz *nicht* enthält, letztlich faktisch doch nach ihrem Belieben mit Zuständigkeiten ausstatten, weil eine hinreichende Kompetenzabgrenzung fehlt, stellt sich die Frage, ob die genannte Differenzierung nicht durch die Fakten überholt wird.

2. *Kompetenzverteilung und Demokratieprinzip*

Die Übertragung von Kompetenzen auf die EG/EU bedarf der demokratischen Legitimation, und zwar sowohl auf mitgliedstaatlicher Ebene hinsichtlich des Übertragungsakts (vgl. Art. 23 Abs. 1 Satz 2, 3 GG) als auch auf Gemeinschafts- bzw. Unionsebene hinsichtlich der dort für die Ausübung von Hoheitsbefugnissen tätigen Organe. Zwar kann, wie vom Bundesverfassungsgericht (BVerfG) im Maastricht-Urteil zutreffend festgestellt, in einer zu eigenem hoheitlichen Handeln befähigten Staatengemeinschaft „demokratische Legitimation nicht in gleicher Form hergestellt werden wie in einer durch eine Staatsverfassung einheitlich und abschließend geregelten Staatsordnung".[18] Dies rechtfertigt Modifikationen, wie auch die Formulierung der die Vorgaben für ein zulässiges Mitwirken Deutschlands an der Europäischen Union enthaltenden „Strukturklausel" des Art. 23 Abs. 1 Satz 1 GG zeigt, entbindet aber nicht von der Sicherstellung hinreichender demokratischer Legitimation. Ob diese hinreichend ist, hängt gerade auch von Inhalt und Ausmaß der Kompetenzübertragung ab. Dies hat z.B. Folgen für die gebotene Beteiligung des Europäischen Parlaments an grundrechtssensiblen Rechtsakten, z.B. im Agrarrecht, vor allem aber in den Bereichen der PJZS und

---

[16] In Art. 41 KonvE (Anm. 2) „Verwirklichung des Raums der Freiheit, der Sicherheit und des Rechts".

[17] Gemeint ist damit die Währungskompetenz, die für (zunächst) zwölf der 25 Mitgliedstaaten auf die Europäische Zentralbank (EZB) übergegangen ist, vgl. Art. 106 EGV. Im Verfassungsvertrag Art. I-30 und Art. III-186 EV.

[18] BVerfGE 89, 155 (182).

ggf. auch der GASP, soweit hier die EU zu Eingriffsbefugnissen ermächtigt werden sollte, aber auch bereits dann, wenn sie, wie bisher, zum Erlass von für die Mitgliedstaaten verbindlichen und in nationales Recht umzusetzenden Rahmenbeschlüssen ermächtigt ist.

3. Kompetenzverteilung und Rechtsschutz

Damit wird auch der Zusammenhang zwischen Kompetenzverteilung und Rechtsschutz deutlich: Soweit der Union Eingriffsbefugnisse übertragen werden, muss nach dem auch für die Union geltenden Rechtsstaatsprinzip (vgl. Art. 6 Abs. 1, 2 EUV; künftig Art. I-9 EV) entsprechender Rechtsschutz bestehen. Dies wurde schon bald für die EG erkannt und führte zur später in Art. 6 Abs. 2 EUV verankerten Grundrechtsrechtsprechung des EuGH. Entsprechende Konsequenzen sind auch für die PJZS zu ziehen. Daher wurde durch den Amsterdamer Vertrag Art. 35 EUV eingefügt.[19] Die in Art. I-29, Art. III-361 ff. EV vorgesehenen Zuständigkeiten des EuGH, insbesondere aber der Ausschluss seiner Zuständigkeit gemäß Art. III-376 EV (GASP) und Art. III-377 EV (Maßnahmen der Polizei und anderer Strafverfolgungsbehörden eines Mitgliedstaats) bedürfen der Überprüfung daraufhin, ob sie den im Verfassungsvertrag vorgesehenen Kompetenzen der EU (vgl. Art. III-270 bis Art. III-277 EV) adäquat sind.

C. Differenzierung der Kompetenzproblematik

I. Differenzierungen und Zusammenhänge

Als Schlüsselthema der europäischen Integration ist die Kompetenzfrage zum einen zu differenzieren, zum anderen in den Zusammenhängen zwischen den dabei herausgearbeiteten Elementen und im größeren Zusammenhang mit anderen Grundfragen der Integration, insbesondere ihrer demokratischen Legitimation zu begreifen. In der Kompetenzordnung der EU drückt sich der Grundcharakter des Integrationsverbundes als föderalem Verbund von EU und Mitgliedstaaten, der Bildung eines Ganzen unter gleichzeitiger Bewahrung der Freiheit der engeren territorialen und personellen Gemeinschaften aus,[20] wobei die Besonderheit dieser Föde-

[19] Vgl. dazu *M. Pechstein,* in: R. Streinz (Hrsg.), EUV/EGV-Kommentar, 2003, Art. 35 EUV, Rn. 1.

[20] *Nettesheim* (Anm. 7), 418.

ration gegenüber anderen, namentlich gegenüber Bundesstaaten, der Fortbestand der Mitgliedstaaten *als Staaten* im Sinne des Völkerrechts mit unmittelbarer, wenngleich durch den Integrationsverbund nach innen gebundener Völkerrechtssubjektivität ist.

II. Die Frage der Kompetenz-Kompetenz

Die Frage der Kompetenz-Kompetenz, d.h. der Kompetenz, Kompetenzen zu begründen, ist grundlegend für die Rechtsnatur der Europäischen Gemeinschaft bzw. der Europäischen Union. Diese Frage ist von der Frage nach „originären Kompetenzen",[21] die die Mitgliedstaaten der EG bzw. der Union in den Gründungsverträgen, künftig im Verfassungsvertrag „übertragen" haben (so ausdrücklich Art. I-1 Abs. 1, Art. I-3 Abs. 5, Art. I-6, Art. I-11 Abs. 2 Satz 1, Art. I-12 Abs. 1 und 2 EV),[22] zu unterscheiden. Gerade im Erfordernis der Übertragung durch völkerrechtlichen Vertrag und im Fortdauern dieses Bandes erweisen sich die Mitgliedstaaten, ungeachtet ihrer prozeduralen Bindung durch ein gemeinschaftsrechtliches Verfahren, das dem völkerrechtlichen vorgeschaltet ist (vgl. Art. 48 EUV) und – ergänzt durch die Konventsmethode – bleibt (vgl. Art. IV-443 EV[23]), als sog. „Herren der Verträge".

---

[21] Vgl. dazu *Nettesheim* (Anm. 7), 421.

[22] Art. 1 Abs. 1, Art. 3 Abs. 5 KonvE sprach von „übertragen", Art. 9 Abs. 2 Satz 1 KonvE von „zuweisen" von Kompetenzen. In der Vorläufigen konsolidierten Fassung (Anm. 2) war durchgehend von „zugewiesenen" Kompetenzen die Rede, während der Verfassungsvertrag jetzt durchgehend den Begriff „übertragen" gebraucht. Dies entspricht auch der Terminologie der verfassungsrechtlichen Integrationsermächtigungen der meisten Mitgliedstaaten, vgl. z.B. Art. 23 Abs. 1 Satz 2 und zuvor Art. 24 Abs. 1 GG sowie Art. 88-2 der französischen, Art. 9 Abs. 2 der österreichischen, § 20 Abs. 1 der dänischen Verfassung. Von „zuerkennen" (was aber auch als „übertragen" verstanden werden kann) sprechen die Verfassungen Spaniens (Art. 93: „se atribuya ... competencias") und Griechenlands (Art. 28 Abs. 2). Zur Deutung des Übertragungsaktes vgl. *R. Streinz,* in: M. Sachs (Hrsg.), Grundgesetz-Kommentar, 3. Aufl. 2003, Art. 23, Rn. 57 f. m.w.N.

[23] Art. IV-7 KonvE wurde als „ordentliches Verfahren zur Änderung dieses Vertrags" in der Vorläufigen konsolidierten Fassung (Anm. 2) beibehalten, aber ergänzt durch ein „Vereinfachtes Verfahren zur Änderung dieses Vertrags" (Art. IV-7a) und ein „Vereinfachtes Verfahren zur Änderung dieses Vertrags, betreffend die internen Politikbereiche der Union" (Art. IV-7b). Jetzt Art. IV-443 EV („Ordentliches Änderungsverfahren") bzw. Art. IV-444 EV („Vereinfachtes Änderungsverfahren") und Art. IV-445 EV („Vereinfachtes Änderungsverfahren betreffend die internen Politikbereiche der Union").

III. Verbandskompetenz: Die vertikale Gewaltenteilung

Die vertikale Gewaltenteilung, d.h. die Zuweisung von Kompetenzen an den zentralen Verband und an seine Glieder, ist eine Schlüsselfrage einer jeden Föderation. Dabei zeigen sich verallgemeinerungsfähig typische Probleme, insbesondere die Tendenz zur Zentralisierung, korrespondierend mit der Reduktion des politischen Handlungsspielraums und damit auch der Bedeutung der Gliedeinheiten. In der Europäischen Union ist diese Reduktion besonders brisant, weil mit ihr die Frage der fortbestehenden Eigen*staatlichkeit*, der „Souveränität“,[24] verbunden ist. Diese Frage ist keineswegs überholt, im Gegenteil, die Positionen zumindest einiger der zum 1. Mai 2004 beigetretenen Mitgliedstaaten zeigen, dass sie an Bedeutung zunehmen wird. Schließlich stellt sich in einem Staatenverbund, insbesondere nach der eben erfolgten Erweiterung auf 25[25] und bald noch mehr Mitgliedstaaten[26] die Frage nach der „Bürgernähe“ in verschärfter Form.[27] Denn Europa ist groß und „Brüssel“ ist weit entfernt, nicht nur (differenziert) geographisch.

---

[24] Kritisch zu diesem Begriff im Verhältnis zwischen der Union und den Mitgliedstaaten, der aber zumindest zur zusammenfassenden Beschreibung des politischen und rechtlichen Problems taugt, *A. von Bogdandy/J. Bast/D. Westphal,* Die vertikale Kompetenzordnung im Entwurf des Verfassungsvertrags, integration 26 (2003), 414 (415) m.w.N.

[25] Beitrittsvertrag vom 16. April 2003, BGBl. 2003 II 1408; in Kraft am 1. Mai 2004 (BGBl. 2004 II 1102).

[26] Für 2007 ist der Beitritt Bulgariens und Rumäniens vorgesehen. Der Europäische Rat beschloss am 17. Dezember 2004 auf der Grundlage eines Berichts der Kommission (Europäische Kommission, Empfehlung zur Türkei und Regelmäßiger Bericht über die Fortschritte der Türkei auf dem Weg zum Beitritt vom 6. Oktober 2004, EU-Nachrichten, Dokumentation Nr. 3/2004, 8 – „Leitlinien für die Führung von Beitrittsverhandlungen“) die Aufnahme von Beitrittsverhandlungen mit der Türkei (EU-Nachrichten Nr. 45/2004, 1, 6; Schlussfolgerungen des Vorsitzes, Europäischer Rat (Brüssel) vom 16. und 17. Dezember 2004, EU- Nachrichten, Dokumentation Nr. 5/2004, 5 ff., Nr. 17-23), wobei von langwierigen Verhandlungen ausgegangen wird und selbst dauerhafte Einschränkungen von Kernbereichen der Integration (Freizügigkeit) erwogen werden, was *insoweit* die Frage nach dem Unterschied zu einer sog. „privilegierten Partnerschaft“ aufwirft. Aussichtsreich ist der Beitrittsantrag Kroatiens: Beginn der Beitrittsverhandlungen gemäß Beschluss des Europäischen Rates vom 17. Dezember 2004 am 17. März 2005, wenn bestimmte Bedingungen hinsichtlich der Zusammenarbeit mit dem Haager Kriegsverbrechertribunal erfüllt werden (vgl. EU-Nachrichten Nr. 45/2004, 5: „Balkan auf EU-Kurs“, EU-Nachrichten, Dokumentation Nr. 5/2004, 4 f., Nr. 14–16).

[27] Vgl. dazu *von Bogdandy/Bast/Westphal* (Anm. 24), 414.

IV. Die Bedeutung der Organkompetenz innerhalb der Europäischen Union für die vertikale Kompetenzverteilung zwischen der Union und den Mitgliedstaaten

Für diese vertikale Kompetenzverteilung zwischen Union bzw. EG und Mitgliedstaaten ist auch die horizontale Kompetenzverteilung innerhalb der EU bedeutsam, und zwar unter den Aspekten demokratische Legitimation und mitgliedstaatliche Einflussmöglichkeit. Dies erklärt, dass das Europäische Parlament nicht allein die Legislative der EG und auch künftig der Union ist, sondern in der Regel zusammen mit dem von den Mitgliedstaaten besetzten Rat entscheidet (Verfahren der Mitentscheidung, Art. 251 EGV; künftig Art. I-34 Abs. 1, Art. III-396 EV), sowie den Streit über die nach wie vor der Einstimmigkeit vorbehaltenen Bereiche und über die erforderlichen Stimmenquoren im Rat bei Mehrheitsentscheidungen. An diesem Streit scheiterte nicht zuletzt der Abschluss des Verfassungsvertrages auf der Regierungskonferenz des Gipfels von Brüssel im Dezember 2003.[28] Der hier betonte Zusammenhang zeigt sich z.B. auch in der Kompromissregelung des Art. 95 EGV (künftig Art. III-172 EV): Übergang zur Mehrheitsentscheidung in einem sensiblen Bereich, nämlich der (allgemeinen) Kompetenz zur Rechtsangleichung zur Herstellung des Binnenmarkts, erkauft durch die Zulässigkeit kontrollierter „nationaler Alleingänge".

V. Die Wahrung der Kompetenzverteilung

Schließlich muss sich jedes rechtliche Instrument in der Praxis, und d.h. letztlich in seiner Kontrollierbarkeit, bewähren. Damit wurde die Frage der Wahrung der Kompetenzverteilung zu einem wichtigen Unterthema, was nicht nur in den verschiedenen Vorschlägen dazu bis hin zur Einrichtung eines eigenen Kompetenzgerichtshofes, sondern auch in der Aufnahme in den Auftrag von Laeken („darüber wachen") zum Ausdruck kommt.

---

[28] Die Regierungskonferenz von Brüssel einigte sich am 17./18. Juni 2004 (vgl. Anm. 2) auf die Kompromisslösung des Art. I-24 der Vorläufigen konsolidierten Fassung. Art. I-24 Abs. 1: „Als qualifizierte Mehrheit gilt eine Mehrheit von mindestens 55 % der Mitglieder des Rates, gebildet aus mindestens fünfzehn Mitgliedern, sofern die von diesen vertretenen Mitgliedstaaten zusammen mindestens 65 % der Bevölkerung der Union ausmachen. Für eine Sperrminorität sind mindestens vier Mitglieder des Rates erforderlich, andernfalls gilt die qualifizierte Mehrheit als erreicht. Ebenso jetzt Art. I-25 Abs. 1 EV.

D. Die Kompetenzabgrenzung nach bestehendem Unions- und Gemeinschaftsrecht

Um die Neuerungen durch den Verfassungsvertrag herauszuarbeiten und zu würdigen, ist zunächst ein kurzer Blick auf die Kompetenzabgrenzung nach bestehendem Unions- bzw. Gemeinschaftsecht zu werfen.

I. Kompetenz-Kompetenz der Mitgliedstaaten

Die sog. Kompetenz-Kompetenz, d.h. die Kompetenz, (neue) Kompetenzen zu begründen, liegt bei den Mitgliedstaaten. Zwar besteht in Einzelbereichen die ausdrücklich übertragene Kompetenz an die Gemeinschaftsorgane zur autonomen Kompetenzausweitung (quasi Vertragsergänzung)[29] und eröffnen die Vorschriften über die (allgemeine) Rechtsangleichung (Art. 94, Art. 95 EGV) und insbesondere Art. 308 EGV als Kompetenznorm zur Lückenschließung[30] breite Kompetenzräume. Art. 308 EGV stand daher auch mit im Zentrum der Kritik an den Kompetenzausweitungen der EG, auch im Maastricht-Urteil des BVerfG,[31] in denen auch „Kompetenzusurpationen" gesehen wurden,[32] wobei die wahren Gründe der Ausbreitung des Gemeinschaftsrechts und seines Einflusses in fast alle Rechtsbereiche oft übersehen werden. Dies ändert nichts daran, dass die Zuweisung neuer Kompetenzen an die EG der Vertragsänderung im Verfahren gem. Art. 48 EUV und damit der Ratifikation durch alle Mitgliedstaaten gemäß ihren jeweiligen verfassungsrechtlichen Vorschriften bedarf. Dadurch unterscheidet sich die Europäische Gemeinschaft/Union grundlegend von einem Staat.

---

[29] Art. 133 Abs. 7 EGV. Diese Bestimmung wurde in Art. III-217 KonvE gestrichen, da die Materie des geistigen Eigentums unter bestimmten Voraussetzungen der Kompetenz der Union unterstellt wurde (Art. III-217 Abs. 4 KonvE; ebenso die Vorläufige konsolidierte Fassung und jetzt Art. II-315 Abs. 4 Uabs. 2 EV (Anm. 2)). Zu beachten ist auch die Klarstellung in Art. III-217 Abs. 5 KonvE (bzw. Abs. 6 der Vorläufigen konsolidierten Fassung und III-Art 315 Abs. 6 EV), dass die Ausübung der in diesem Artikel übertragenen gemeinsamen handelspolitischen Zuständigkeiten keine Auswirkungen auf die Kompetenzabgrenzung zwischen der Union und den Mitgliedstaaten hat. Vgl. dazu *C. Herrmann,* in: R. Streinz/C. Ohler/C. Herrmann, Die neue Verfassung für Europa. Einführung mit Synopse, 2005, 100 (100 ff.) – § 17.

[30] Vgl. dazu *R. Streinz,* in: Streinz (Anm. 19), Art. 308 EGV, Rn. 3 m.w.N.

[31] BVerfGE 89, 155 (210).

[32] Vgl. *E. Stoiber,* Auswirkungen der Entwicklung Europas zur Rechtsgemeinschaft auf die Länder der Bundesrepublik Deutschland, Europa-Archiv 22 (1987), 543 (546 ff.).

II. Prinzip der begrenzten Ermächtigung

Durch den Vertrag von Maastricht wurde das zuvor aus dem System des Vertrages und insbesondere aus Art. 249 (ex-Art. 189) Abs. 1 EGV hergeleitete Prinzip der begrenzten (Einzel-)Ermächtigung ausdrücklich verankert, und zwar in Art. 5 Abs. 1 EGV und Art. 5 EUV. Danach bedürfen die Rechtsetzungsorgane der EG für ihr Tätigwerden einer ausdrücklichen Kompetenzzuweisung im Vertrag.

III. Subsidiaritätsprinzip und Verhältnismäßigkeitsgrundsatz als Kompetenzausübungsschranken

Ebenfalls durch den Vertrag von Maastricht wurde der bis dahin im Gemeinschaftsrecht allenfalls in Ansätzen vorhandene und in den Rechtsordnungen der Mitgliedstaaten wenig ausgeprägte Subsidiaritätsgedanke in Art. 5 Abs. 2 EGV mit dem Subsidiaritätsprinzip als Kompetenzausübungsschranke juristisch verbindlich festgelegt, ungeachtet der Probleme seiner konkreten Präzisierung und der Kontrolle seiner Beachtung. Grund dafür war zum einen die im Gefolge der Einheitlichen Europäischen Akte von 1986 bewusst gewordene Ausweitung, ja bereits bis dahin bestehende Tragweite der Kompetenzen der EG, zum anderen das Bestreben, einen Maßstab für möglichst „bürgernahe Entscheidungen", dem in Erwägungsgrund 12 der Präambel und Art. 1 Abs. 2 EUV postulierten allgemeinen politischen Prinzip, festzulegen. Das Subsidiaritätsprinzip wird durch das Prinzip der Erforderlichkeit (Verhältnismäßigkeit) als zusätzliche Kompetenzausübungsschranke ergänzt (Art. 5 Abs. 3 EGV). Während das Subsidiaritätsprinzip im engeren Sinn die Frage behandelt, ob die EG überhaupt handeln soll, betrifft das Verhältnismäßigkeitsprinzip die Frage, wie gehandelt werden soll, ist Maßstab für die Regelungsintensität, für Art und Umfang der Gemeinschaftsmaßnahme.

IV. Typisierung der Kompetenzen „von außen"

Der noch geltende EG-Vertrag enthält weder einen Kompetenzkatalog (wie z.B. Art. 73 ff. GG) noch eine ausdrückliche Beschreibung von Kompetenztypen (vgl. z.B. Art. 71, Art. 72, Art. 75 Abs. 2 GG). Die Erforderlichkeit einer Ermittlung der EG-Kompetenzen und damit einer Abgrenzung zu den in der Kompetenz der Mitgliedstaaten verbliebenen Zuständigkeiten folgt bereits aus dem Prinzip der begrenzten Ermächtigung. Die Differenzierung nach Kompetenztypen ist schon wegen der Beschränkung des Subsidiaritätsprinzips auf „nicht ausschließliche" EG-Kompetenzen erforderlich. Ferner lassen einzelne Bestimmungen eine abgestufte Kompetenzdichte erkennen, die schon wegen der damit verbundenen Limitierung der Regelungsbefugnis der Systematisierung bedarf. Dieser Systematisierung hat sich die Rechtsprechung nur ansatzweise, die Literatur (insbesondere die deutsche, aber keineswegs nur diese) intensiver angenommen.

Dabei wurde eine Kategorisierung der Rechtsmaterien des EG-Vertrages nach ausschließlichen, konkurrierenden und parallelen Kompetenzen[33] versucht. Auf das Kriterium der zulässigen materiellen Regelungsdichte stellt die (weitere) Kategorisierung in Rahmenkompetenzen sowie, bei ausdrücklicher Beschränkung der Kompetenz der EG auf die Ergänzung der Tätigkeit der Mitgliedstaaten, Beitragskompetenzen ab.[34] Dies ist aber mangels bislang fehlender vertraglicher („verfassungsgesetzlicher") Vorgabe eine Systematisierung „von außen", ein Erkenntnisbehelf[35] mit zum Teil fließenden Abgrenzungen.[36] Dies und die Besonderheiten des „final" strukturierten EG-Vertrags muss man im Auge behalten, wenn man sich am Modell des Grundgesetzes orientiert,[37] was, wie die im Verfassungsvertrag gefundene Lösung zeigt, *mutatis mutandis* durchaus naheliegt. Aber eben nur *mutatis mutandis,* was das Erkennen und Herausarbeiten der Besonderheiten des Gemeinschaftsrechts und entsprechende Ergänzungen und Modifikationen fordert, z.B. die Kategorie der Beitragskompetenz und die Problematisierung des Begriffs der konkurrierenden Kompetenzen.[38]

Hinsichtlich der Regelungstiefe ergeben sich Unterschiede vor allem zwischen den bestehenden verschiedenen „Säulen" des Primärrechts. Anders als im „ver-

---

[33] So *M. Schweitzer,* Rechtsetzung durch die EG und Kompetenzverlust in den Mitgliedstaaten, in: H. A. Kremer (Hrsg.), Die Landesparlamente im Spannungsfeld zwischen europäischer Integration und europäischem Regionalismus, 1988, 20 (29 ff.); *G. Lienbacher,* in: J. Schwarze (Hrsg.), EU-Kommentar, 2000, Art. 5 EGV, Rn. 11.

[34] *R. Streinz,* Europarecht, 6. Aufl. 2003, Rn. 134.

[35] Vgl. auch *Ruffert* (Anm. 11), 190: „behelfen".

[36] Vgl. dazu *R. Streinz,* in: Streinz (Anm. 19), Art. 5 EGV, Rn. 15 m.w.N. Zu den Zuordnungen der Sachmaterien des EG-Vertrags zu den einzelnen Kompetenztypen vgl. ebd., Rn. 16 ff. m.w.N.

[37] So z.B. *P. M. Huber,* Recht der Europäischen Integration, 2. Aufl. 2002, § 16, Rn. 35 ff.; *Streinz,* Europarecht (Anm. 34), Rn. 128 ff.; *H. D. Jarass,* Die Kompetenzverteilung zwischen der Europäischen Gemeinschaft und den Mitgliedstaaten, Archiv des öffentlichen Rechts 121 (1996), 173 (185 ff.); *C. Trüe,* Das System der EU-Kompetenzen vor und nach dem Entwurf eines Europäischen Verfassungsvertrags, Zeitschrift für ausländisches öffentliches Recht und Völkerrecht 64 (2004), 391 ff.

[38] Vgl. dazu *Streinz,* Europarecht (Anm. 34), Rn. 132 ff.; *Nettesheim* (Anm. 7), 445 ff., 449 f.

gemeinschafteten" Bereich der ersten Säule, dem Recht der EG, kann in den operativen Feldern der EU, der GASP und der PJZS, kein die Unionsbürger unmittelbar berechtigendes und verpflichtendes Recht gesetzt werden (keine Durchgriffswirkung). Allerdings verpflichten auch die in diesen Bereichen erlassenen Akte (gemeinsame Standpunkte, gemeinsame Aktionen, Rahmenbeschlüsse, sonstige Beschlüsse, völkerrechtliche Verträge) die Mitgliedstaaten und ihre Organe.[39] Im Bereich der PJZS können die Rahmenbeschlüsse, z.B. zum Straf- und Strafverfahrensrecht, weitreichende Vorgaben enthalten, deren Umsetzung in nationales Recht verbindlich ist und zu erheblichen Eingriffen in die Strukturen der jeweiligen Rechtsordnungen führen kann, mit grundsätzlichen Anpassungs- und Koordinierungsproblemen in einem rechtsstaatlich äußerst sensiblen Bereich. Dessen wurde und wird man sich offenbar erst langsam bewusst.[40] Anders als im Bereich der ersten Säule sind in den Bereichen der PJZS in Art. 30 EUV und der GASP in Art. 17 EUV sogar Kompetenzgrundlagen für echte physische Gewaltbefugnisse für die Einrichtungen der EU gelegt, die allerdings noch nicht realisiert wurden.[41]

E. Die Kompetenzabgrenzung nach dem Verfassungsvertrag

I. Überblick

„Die Zuständigkeiten der Union" sind in Titel III von Teil I des Verfassungsvertrags geregelt. Art. I-11 EV (Art. 9 KonvE) enthält die „Grundprinzipien", beginnend mit dem „Grundsatz der begrenzten Einzelermächtigung". Art. I-6 EV[42] schreibt (erstmals ausdrücklich) den Vorrang des kompetenzgemäß gesetzten Rechts der Union vor dem Recht der Mitgliedstaaten fest. Art. I-12 EV (Art. 11 KonvE) unterscheidet die Arten der Zuständigkeiten unter Einbeziehung der bisherigen operativen Felder der EU (GASP und PJZS), verweist hinsichtlich des Umfangs der Zuständigkeiten der Union und der Einzelheiten ihrer Ausübung aber auf die jeweiligen Bestimmungen zu den einzelnen Bereichen in Teil III des

---

[39] Vgl. *Nettesheim* (Anm. 7), 440.

[40] Vgl. dazu Schünemann (Hrsg.), Alternativentwurf Europäische Strafverfolgung 2004 m.w.N.; ferner z.B. *H. Satzger,* Gefahren für eine effektive Verteidigung im geplanten europäischen Verfahrensrecht, Strafverteidiger 2003, 137 (137 ff.).

[41] Vgl. *Nettesheim* (Anm. 7), 442 f.

[42] Ursprünglich Art. 10 KonvE. In der Vorläufigen konsolidierten Fassung (Anm. 2) wurde dieser Artikel geteilt und in Art. I-5a und Art. I-5 Abs. 2 aufgenommen; jetzt Art. I-6 bzw. Art. I-5 Abs. 2 EV.

Verfassungsvertrags. Art. I-13 bzw. Art. I-14 EV führen die Bereiche mit ausschließlicher bzw. geteilter Zuständigkeit auf, Art. I-17 EV die Bereiche der Unterstützungs-, Koordinierungs- und Ergänzungsmaßnahmen der Union. Art. I-15 EV betrifft die Maßnahmen zur Koordinierung der Wirtschafts- und Beschäftigungspolitik, Art. I-16 EV die Zuständigkeit im Rahmen der Gemeinsamen Außen- und Sicherheitspolitik einschließlich der schrittweisen Festlegung einer gemeinsamen Verteidigungspolitik. Art. I-18 EV enthält als sog. „Flexibilitätsklausel" die bisherige Lückenschließungskompetenz des Art. 308 EGV, ergänzt um prozedurale und klarstellende Bestimmungen. Die Grundfrage der Kompetenz-Kompetenz wird durch die Zielbestimmung in Art. I-3 Abs. 5 EV und die Allgemeine und Schlussbestimmung in Art. IV-443 über die Änderung des Vertrags über die Verfassung (im „Ordentlichen Änderungsverfahren") beantwortet.

II. Die Festschreibung der Kompetenz-Kompetenz der Mitgliedstaaten (Art. I-3 Abs. 5; Art. IV-443 EV)

Nach langem Ringen und entgegen früheren Entwurfsfassungen entschied sich der Konvent gegen eine Begründung der Kompetenz aus dem Verfassungsvertrag selbst.[43] Nicht „die Verfassung begründet", sondern die Mitgliedstaaten „übertragen" in der Verfassung die Kompetenzen an die Union (Art. I-1 Abs. 1; Art. I-3 Abs. 5; Art. I-11 Abs. 2 EV[44]). Dies stimmt zumindest in der Terminologie mit den verfassungsrechtlichen Ermächtigungen der Mitgliedstaaten zur Kompetenzübertragung (vgl. z.B. Art. 23 Abs. 1 Satz 2 GG; Art. 9 Abs. 2 Österreichische Verfassung; Art. 88 Abs. 2 Französische Verfassung: „transferts de compétences"; vgl. auch Art. 93 Spanische Verfassung: „se atribuya … competencias": zuerkennen) überein. Damit wird einem Verständnis der Verbandskompetenz im Sinne emphatischer Theorien der „verfassungsgebenden Gewalt" eine Absage erteilt.[45] Dies wird nicht nur hinsichtlich des vorliegenden Verfassungsvertrags, der nicht nur in der (allerdings uneinheitlichen) Bezeichnung, sondern auch tatsächlich ein Verfassungsvertrag, d.h. ein gemäß Art. 48 EUV von den Mitgliedstaaten gemäß ihren jeweiligen verfassungsrechtlichen Vorschriften zu ratifizierender völkerrechtlicher

---

[43] Vgl. *von Bogdandy/Bast/Westphal* (Anm. 24), 415.

[44] Der Entwurf des Konvents verwendete uneinheitlich die Begriffe „übertragen" und „zuweisen", nach der Vorläufigen konsolidierten Fassung (Anm. 2) war einheitlich von „zugewiesenen" Kompetenzen die Rede, während jetzt der unterzeichnete Verfassungsvertrag einheitlich von „übertragenen" Kompetenzen spricht, vgl. oben Anm. 22.

[45] *Von Bogdandy/Bast/Westphal* (Anm. 24) 415; *C. Möllers,* Verfassungsgebende Gewalt – Verfassung – Konstitutionalisierung, in: A. von Bogdandy (Hrsg.), Europäisches Verfassungsrecht, 2003, 1 (36 ff.).

Vertrag ist (vgl. auch Art. IV-447 EV), sondern auch hinsichtlich künftiger „Verfassungsänderungen" bestätigt: Auch diese bedürfen eines von den Mitgliedstaaten gemäß ihren verfassungsrechtlichen Vorschriften ratifizierten völkerrechtlichen Vertrages (Art. IV-443 EV)[46]. Ungeachtet der Probleme, auf diese Weise die „Verfassung" mit 25 oder noch mehr Mitgliedstaaten fortzuentwickeln – man denke nur an ggf. erforderliche Volksabstimmungen –, wurden Vorschläge, zwischen grundsätzlichen Bereichen und solchen, die eher Durchführungs- und Ausgestaltungscharakter haben, zu unterscheiden und letztere der Union zur autonomen Vertragsergänzung zu überlassen, nicht aufgegriffen.[47]

III. Bestätigung der „Grundprinzipien" (Art. I-11 EV)

Art. I-11 EV (Art. 9 KonvE) bestätigt die bestehenden Grundprinzipien der Kompetenzverteilung und der Kompetenzausübung und präzisiert sie teilweise.

1. Grundsatz der begrenzten Einzelermächtigung

Der in Art. 5 Abs. 1 EGV festgelegte Grundsatz der begrenzten Ermächtigung wird in Art. I-11 Abs. 2 Satz 1 EV nicht nur bestätigt, sondern als „Grundsatz der begrenzten Einzelermächtigung" ausdrücklich genannt und in Art. I-11 Abs. 1 Satz 1 EV als das Prinzip für die Abgrenzung der Zuständigkeiten der Union vorangestellt. Durch die neue Formulierung wird deutlich, dass die Ziele der Union allein nicht zuständigkeitsbegründend, sondern vielmehr zuständigkeitsbegrenzend sind. Art. I-11 Abs. 2 Satz 2 EV bekräftigt, dass alle der Union nicht „in der Verfassung" zugewiesenen Zuständigkeiten bei den Mitgliedstaaten verbleiben.

---

[46] Seit der Vorläufigen konsolidierten Fassung (Anm. 2) im „Ordentlichen Verfahren"; siehe dazu oben Anm. 23. Der Begriff „Vertrag" wird im Verfassungsvertrag überall dort verwendet, wo es juristisch darauf ankommt, so in den Bestimmungen des Teils IV, während im Übrigen von der „Verfassung" (die eben durch diesen Vertrag begründet wird) die Rede ist. Vgl. dazu *R. Streinz,* in: Streinz/Ohler/Herrmann (Anm. 29) § 3, Anm. 137.

[47] Vgl. zu solchen Plänen *Streinz* (Anm. 8), 157. Ansatzweise blieben davon die vereinfachten Änderungsverfahren gemäß Art. IV-444 und Art. IV-445 EV übrig, die allerdings einem Einspruchsrecht eines jeden nationalen Parlaments (Art. IV-444 Abs. 3 EV) bzw. der Zustimmung der Mitgliedstaaten im Einklang mit ihren jeweiligen Verfassungsbestimmungen (Art. IV-445 Abs. 2 UAbs. 2 EV unterliegen.

2. Subsidiaritätsprinzip

Art. I-11 Abs. 1 Satz 2 EV nennt das Subsidiaritätsprinzip ausdrücklich als Kompetenzausübungsschranke, deren Wirkung und Handhabung in Art. I-11 Abs. 3 UAbs. 1 EV festgelegt wird. Die neue Formulierung knüpft zwar an Art. 5 Abs. 2 EGV an, bringt aber erhebliche Verbesserungen. So wird die regionale und lokale Ebene einbezogen.[48] Auf die verbreitete Kritik in der Literatur[49] wurde mit der Ersetzung der wenig sinnvollen Formulierung „und daher" durch „sondern" reagiert. Damit wird eine zweistufige Prüfung anhand materieller Kriterien vorgeschrieben: In einem ersten Schritt ist die mangelnde Problemlösungskapazität auf nationaler, regionaler oder lokaler Ebene der Mitgliedstaaten festzustellen, in einem zweiten Schritt die Lösungskapazität der Union.[50] Gemäß Art. I-11 Abs. 3 UAbs. 2 EV wenden die Organe das Subsidiaritätsprinzip nach dem Protokoll über die Anwendung der Subsidiarität und der Verhältnismäßigkeit im Anhang der Verfassung[51] an, das gemäß Art. IV-442 EV Bestandteil des Verfassungsvertrags ist. Die nationalen Parlamente achten auf die Einhaltung des Subsidiaritätsprinzips nach dem in diesem Protokoll vorgesehenen Verfahren. Letzteres zeigt bereits die Verbesserungen des neuen Subsidiaritätsprotokolls gegenüber dem Subsidiaritätsprotokoll des Amsterdamer Vertrages.[52] Den Vorschlägen der Arbeitsgruppe „Subsidiarität" des Konvents folgend wurde ein „politisches Frühwarnsystem" unter Einbeziehung der einzelstaatlichen Parlamente aufgebaut. Danach können diese Parlamente vor Beginn des eigentlichen Rechtsetzungsverfahrens Stellungnahmen zu Kommissionsvorschlägen hinsichtlich der Subsidiarität abgeben. Bei Einwänden muss die Kommission entweder ihren Vorschlag ausführlich begründen oder überprüfen. Art. 8 Abs. 1 des Subsidiaritätsprotokolls verweist auf die Nichtigkeitsklage gemäß Art. III-365 EV (Art. III-270 KonvE), die „von einem Mitgliedstaat erhoben oder gemäß der jeweiligen innerstaatlichen Rechtsordnung von einem Mitgliedstaat im Namen seines nationalen Parlaments oder einer Kammer dieses Parlaments übermittelt werden" kann. Ein eigenes Klagerecht nationaler Organe wurde somit nicht aufgenommen. Sie bleiben auf den Mitgliedstaat und damit auf die jeweilige Regierung angewiesen, die jedoch durch nationales (Verfassungs-)Recht dazu verpflichtet werden kann, was in Deutschland

---

48 Auf Vorschlag u.a. des baden-württembergischen Ministerpräsidenten *Erwin Teufel* und des britischen MdEP *Duff,* vgl. CONV 724/03, 62.

49 Vgl. dazu *R. Streinz,* in: Streinz (Anm. 19), Art. 5 EGV, Rn. 39 f. m.w.N.

50 *Von Bogdandy/Bast/Westphal* (Anm. 24), 419.

51 Art. 7 Nr. 1 in der Fassung des Entwurfs, ABl. 2003 Nr. C 269/95. Art. 8 Abs. 1 in der in den Verfassungsvertrag als Protokoll Nr. 2 übernommenen Fassung, ABl. 2004 Nr. C 310/207.

52 ABl. 1997 Nr. C 340/105.

in § 7 des Zusammenarbeitsgesetzes zwischen Bund und Ländern in Angelegenheiten der Europäischen Union gegenüber dem Bundesrat geschehen ist. Im Zustimmungsgesetz zum Verfassungsvertrag bietet sich eine entsprechende Ergänzung hinsichtlich des Bundestags an. Der Ausschuss der Regionen erhält durch Art. III-365 Abs. 3 EV ein eigenes Klagerecht zur Wahrung seiner Rechte, auf das Art. 8 Abs. 2 des Subsidiaritätsprotokolls verweist. Die wegen ihrer geringen Direktionskraft wenig effektiven „Leitlinien" des Amsterdamer Subsidiaritätsprotokolls fallen weg. Damit wird auf die Erkenntnis und Forderung der Literatur reagiert, dass die Beachtung des Subsidiaritätsprinzips in erster Linie verfahrens- und organisationsrechtlich zu sichern ist.[53]

3. Grundsatz der Verhältnismäßigkeit

Art. I-11 Abs. 1 Satz 2 EV bestätigt auch den Grundsatz der Verhältnismäßigkeit als (zusätzliche) Kompetenzausübungsschranke. Sie wird in Art. I-11 Abs. 4 Satz 1 EV gegenüber Art. 5 Abs. 3 EGV dahingehend präzisiert, dass die Maßnahmen der Union *inhaltlich wie formal* nicht über das für die Erreichung der Ziele der Verfassung erforderliche Maß hinausgehen. Damit wird auf die Rechtsetzungsform (Richtlinie oder Verordnung, Art. 249 Abs. 2, 3 EGV, d.h. künftig Europäisches Rahmengesetz oder Europäisches Gesetz, Art. I-33 Abs. 1 EV (Art. 32 Abs. 1 KonvE)[54] Bezug genommen. Gemäß Art. I-11 Abs. 4 UAbs. 2 EV wenden die Organe den Grundsatz der Verhältnismäßigkeit im Einklang mit dem Subsidiaritätsprotokoll an, das ja schon in seinem Titel ausdrücklich die Verhältnismäßigkeit einbezieht.

IV. Die Festschreibung des Vorrangs des Rechts der Union (Art. I-6 EV)

Art. I-6 EV (Art. 10 Abs. 1 KonvE)[55] schreibt erstmals – sieht man von der versteckten Erwähnung ausgerechnet im Subsidiaritätsprotokoll des Vertrages von

---

[53] *Von Bogdandy/Bast/Westphal* (Anm. 24), 419. Kritische Bewertung durch *U. Mager*, Die Prozeduralisierung des Subsidaritätsprinzips im Verfassungsentwurf des Europäischen Konvents – Verbesserter Schutz vor Kompetenzverlagerung auf die Gemeinschaftsebene?, Zeitschrift für Europarechtliche Studien (ZEuS) 2003, 471 (480 ff.).

[54] Vgl. die Gegenüberstellung der Rechtsakte in *Streinz*, Europarecht (Anm. 34), Rn. 376a.

[55] Art. 10 KonvE wurde insoweit durch die Vorläufige konsolidierten Fassung (Anm. 2) in Art. I-5a aufgenommen. Jetzt Art. I-6 EV.

Amsterdam ab[56] – den seit langem prinzipiell unbestrittenen Vorrang des Gemeinschaftsrechts, nach der „Fusion“ von EG und EU des Rechts der Union, vor dem Recht der Mitgliedstaaten fest. Dies scheint auf den ersten Blick nicht mehr als eine begrüßenswerte Klarstellung zu sein. Allerdings offenbart ein zweiter Blick die darüber hinausgehende Bedeutung dieser Bestimmung im Zusammenhang mit anderen Regelungen, ferner sogar zumindest potentielle Konfliktbereiche.

Erstens: Der Vorrang war bislang allein für das *Gemeinschafts*recht, nicht für das Unionsrecht, zumindest nicht für alle Bereiche, anerkannt.[57] Art. I-6 EV bezieht sich, der Überwindung des „Säulenmodells“ und der Trennung von EU und EG entsprechend, auf das Unionsrecht insgesamt. Die konkreten Auswirkungen, die eventuelle Erforderlichkeit von Differenzierungen, die bereits in der Verfassung selbst angelegt sind, die unterschiedlichen Lösungsansätze, um den unbestreitbaren *politischen* und in der Folge auch rechtlichen Unterschieden zwischen den bisher auf drei „Säulen“ verteilten Bereichen gerecht zu werden, wären ein eigenes Thema.

Zweitens: Die ausdrückliche Fixierung des Vorrangs wurde in der Literatur einerseits als (notwendiges) Korrektiv zur Festlegung (nach richtiger Ansicht bloß Bestätigung) der Kompetenz-Kompetenz der Mitgliedstaaten, des fortbestehenden Beruhens der Union auf den völkerrechtlichen Verträgen zwischen den Mitgliedstaaten, angesehen.[58] Andererseits wird die unbedingte Formulierung des Vorrangs kritisiert, und dies keineswegs nur in Deutschland und auch nicht allein in der Literatur.[59] Die Zusammenschau der Regelungen des Verfassungsvertrags ergibt jedoch – bzw. lässt sich jedenfalls so interpretieren –, dass sich insoweit am bisherigen Zustand nichts ändert: Der Vorrang des Rechts der Union beruht auf völkerrechtlichen Verträgen, die entsprechende verfassungsrechtliche Ermächtigungen in den einzelnen Mitgliedstaaten erfordern, und damit auch nur im Rahmen dieser verfassungsrechtlichen Ermächtigung. Dieses „Erfordern“ hat eine doppelte

---

[56] Vgl. dazu *R. Streinz,* „Gemeinschaftsrecht bricht nationales Recht“. Verlust und Möglichkeiten nationaler politischer Gestaltungsfreiheit nach der Integration in eine supranationale Gemeinschaft, aufgezeigt am Beispiel des Lebensmittelrechts, insbesondere der sog. Novel Food-Verordnung, in: Festschrift für Söllner, 2000, 1139 (1148 f.).

[57] Vgl. dazu *M. Pechstein/C. Koenig,* Die Europäische Union, 3. Aufl. 2000, Rn. 149, 216 ff.

[58] Vgl. *von Bogdandy/Bast/Westphal* (Anm. 24), 415.

[59] Die Regierungskonferenz des Brüsseler Gipfels vom 17./18. Juni 2004 hielt eine Erklärung zu Art. I-5a für erforderlich (Dokument CIG 86/04 ADD 2, 9: „Die Konferenz stellt fest, dass Artikel I-5a die geltende Rechtsprechung des Gerichtshofs zum Ausdruck bringt“. Ebenso Erklärung zu Art. I-6 (Erklärung Nr. 1 zum Verfassungsvertrag), ABl. 2004 Nr. C 310/420. Vgl. zur Vorrangproblematik nach dem Verfassungsvertrag z.B. aus portugiesischer Sicht *F. de Quadros,* Direito da União Europaia, 2004, 421 f.

Bedeutung: Zum einen ist es erforderlich für eine wirksame Ermächtigung, zum anderen ist es erforderlich, um eine Integrationsgemeinschaft wie die Europäische Union mit eigener Rechtsetzungsbefugnis und einheitlich geltendem Recht zu schaffen. Die Bestimmung des Rahmens der Ermächtigung eröffnet zwangsläufig ein potentielles Konfliktfeld zwischen dem EuGH, dem allein die verbindliche Auslegung des Rechts der Union und damit auch der Kompetenzvorschriften übertragen wurde, und den ausdrücklich so bezeichneten oder funktionellen Verfassungsgerichten der Mitgliedstaaten, die allein über Inhalt und Tragweite der verfassungsrechtlichen Ermächtigungen entscheiden können. Es spricht vieles dafür, sich dieses potentiellen Konflikts bewusst zu bleiben und seine Realisierung tunlichst zu vermeiden, auf eine rechtliche Kollisionslösung, z.B. durch ein Kompetenzgericht, aber zu verzichten.

V. Sog. „eindimensionale Kompetenzzuweisung“

Die Kompetenzzuweisung im Verfassungsvertrag bleibt „eindimensional“[60] dahingehend, dass das Primärrecht allein der Union Kompetenzen zuweist. Eine Fixierung „unionsfester“ Bereiche, die den Mitgliedstaaten verbleiben, erfolgt nicht. Art. I-11 Abs. 2 Satz 2 EV hält allein die Kehrseite des Prinzips der begrenzten Einzelermächtigung fest, nämlich dass alle der Union nicht in der Verfassung zugewiesenen Zuständigkeiten bei den Mitgliedstaaten verbleiben. *Dies* unterscheidet sich im Wesentlichen nicht notwendig von der Verfassung eines Bundesstaats, wie ein Vergleich mit Art. 30, 70 ff. GG zeigt,[61] die zwar im Gegensatz zum Verfassungsvertrag Kompetenz*kataloge* enthalten, aber auch allein für den Bund, nicht für die Länder,[62] deren Zuständigkeit – wie die der Mitgliedstaaten – für „das Übrige“ besteht. Angesichts der Auswirkungen der Grundfreiheiten, aber auch des Gemeinschaftsgrundrechts des Art. 141 EGV auf an sich in der Kompetenz der Mitgliedstaaten verbliebene Bereichen dürfte es auch schwer fallen, wirklich „unionsfeste“ Bereiche festzulegen. Wichtiger wäre es, die – im

[60] So *Nettesheim* (Anm. 7), 432; anders *M. Schröder,* Vertikale Kompetenzverteilung und Subsidiarität im Konventsentwurf für eine europäische Verfassung, Juristenzeitung (JZ) 2004, 8 (8 f.): „dual angelegte Kompetenzzuweisung“ unter Hinweis auf die Kompetenzkategorien, insbesondere die Unterscheidung zwischen ausschließlichen und geteilten Zuständigkeiten.

[61] Unverständlich insoweit *Nettesheim* (Anm. 7), 432.

[62] Im Gegensatz dazu weist die österreichische Verfassung neben der generellen „Verbleibensklausel“ des Art. 15 Abs. 1 B-VG einzelne Materien dem Bund oder den Ländern zu, vgl. Art. 10 ff. B-VG, z.B. die Zuweisung an die Länder in Art. 14 Abs. 4, Art. 14a Abs. 1, Art. 21 B-VG.

Verfassungsvertrag weder positiv noch negativ geregelte – sog. „offene Koordinierung" in die Schranken zu weisen, und zwar sowohl auf Unionsebene, als auch im „Vollzug" in den Mitgliedstaaten (Beispiel: sog. „Bologna-Prozess").[63]

VI. Die Differenzierung nach Kompetenztypen (Art. I-12 EV)

1. Ansatz

Entgegen manchen Forderungen, insbesondere der deutschen Länder, verzichtet der Verfassungsvertrag auf die Festlegung von Kompetenz*katalogen*, wie sie das Grundgesetz für die Kompetenzen des Bundes enthält. Ähnlich wie das Grundgesetz und aufbauend auf entsprechenden Ansätzen in der Literatur differenziert er aber nach Kompetenztypen. Diese treffen zum einen Aussagen über die Kompetenzverteilung zwischen der Union und den Mitgliedstaaten, zum anderen hinsichtlich der Kompetenzdichte, d.h. Art (Handlungsformen) und Inhalt (materielle Limitierungen) der Unionskompetenzen. Die Materien der Unionskompetenz werden diesen Kompetenztypen durch die Nennung einzelner Bereiche zugeordnet, wobei hinsichtlich der konkreten Unionskompetenzen auf Teil III des Verfassungsvertrags verwiesen wird (Art. I-12 Abs. 6 EV).

2. Arten von Zuständigkeiten – Jeweilige Folgen

Art. I-12 EV unterscheidet zwischen ausschließlichen Zuständigkeiten der Union (Abs. 1) und solchen, die sie mit den Mitgliedstaaten teilt (Abs. 2). Letzteres ist der Regelfall (Art. I-14 Abs. 1 EV). Als dritte Kategorie besteht die Kompetenz zu Unterstützungs-, Koordinierungs- und Ergänzungsmaßnahmen bei verbleibender

[63] Basierend auf der Gemeinsamen Erklärung der europäischen (über den Bereich der Europäischen Union hinaus) Bildungsminister vom 19. Juni 1999 „The Bologna Declaration of 19 June 1999. Joint declaration of the European Ministers of Education". Fortgesetzt z.B. durch die Berliner Erklärung vom 18./19. September 2003 „The Bologna Process – Towards the European Higher Education Area – Berlin Summit on Higher Education". Vgl. dazu z.B. einerseits *H. A. Glaser,* Vom alten ins neue Chaos? Die europäische Hochschulreform nach dem Bologna-Modell, Forschung & Lehre 2004, 66 (66 ff.), andererseits *C. Ebel-Gabriel,* Von Berlin nach Bergen. Über zukünftige Perspektiven des Bologna-Prozesses, Forschung & Lehre 2004, 69 (69 f.).

Kompetenz der Mitgliedstaaten (Art. I-12 Abs. 5 EV).[64] In den Bereichen der ausschließlichen Zuständigkeit kann nur die Union gesetzgeberisch tätig werden und rechtlich verbindliche Rechtsakte erlassen. Die Mitgliedstaaten dürfen in einem solchen Fall nur dann tätig werden, wenn sie von der Union dazu ermächtigt worden sind[65] oder um von ihr erlassene Rechtsakte durchzuführen (Art. I-12 Abs. 1 EV). Letzteres macht deutlich, dass die Verwaltungskompetenz grundsätzlich bei den Mitgliedstaaten verblieben ist (vgl. auch Art. I-37 Abs. 1 bzw. Abs. 2 EV). In den Bereichen geteilter Zuständigkeit haben die Union und die Mitgliedstaaten die Befugnis, gesetzgeberisch tätig zu werden und rechtlich bindende Rechtsakte zu erlassen. Allerdings nehmen die Mitgliedstaaten ihre Zuständigkeit nur wahr, sofern und soweit die Union ihre Zuständigkeit nicht ausgeübt hat oder entschieden hat, diese nicht mehr auszuüben (Art. 11 Abs. 2 EV). Ungeachtet der abweichenden Terminologie entspricht dies den konkurrierenden Zuständigkeiten im Sinne des Art. 72 Abs. 1 GG, freilich mit dem wichtigen Unterschied, dass eine Art. 72 Abs. 2 GG vergleichbare Kompetenzsperre nicht besteht, weshalb hier der Kompetenzausübungsschranke des Subsidiaritätsprinzips besondere Bedeutung zukommt.[66] In den Bereichen der Koordinierungs-, Unterstützungs- und Ergänzungskompetenz tritt die Zuständigkeit der Union nicht an die Stelle der Kompetenz der Mitgliedstaaten, die insoweit ungeschmälert bleibt. Vielmehr dürfen die rechtlich bindenden Rechtsakte, die von der Union aufgrund der jeweiligen in Teil III des Verfassungsvertrags dazu enthaltenen Kompetenznormen erlassen werden, keine Harmonisierung der Rechts- und Verwaltungsvorschriften der Mitgliedstaaten beinhalten (Art. I-12 Abs. 5 UAbs. 2 EV[67]). Die Zuständigkeiten der Union zur Koordinierung der Wirtschafts- und Beschäftigungspolitik und der GASP werden in Art. I-12 Abs. 3 und 4 EV nur genannt. Die unter den geteilten Zuständigkeiten aufgeführten Bereiche Forschung, technologische Entwicklung und Raumfahrt sowie Entwicklungszusammenarbeit und humanitäre Hilfe sind eigentlich parallele Zuständigkeiten, da die Ausübung der Gemeinschaftskompetenz hier die Mitgliedstaaten nicht an der Ausübung ihrer Zuständigkeiten hindert (vgl. Art. I-14 Abs. 3 und 4 EV).

---

[64] Vgl. dazu *V. Götz,* Kompetenzverteilung und Kompetenzkontrolle in der Europäischen Union, in: J. Schwarze (Hrsg.), Der Verfassungsentwurf des Europäischen Konvents, 2004, 43 (50 f.).

[65] Vgl. die Regelung (und Formulierung) in Art. 71 GG.

[66] Vgl. auch *Schröder* (Anm. 60), 9.

[67] Art. 16 Abs. 3 KonvE wurde in der Vorläufigen konsolidierten Fassung (Anm. 2) in Art. I-11 Abs. 5 UAbs. 2 übernommen. Nach der „Durchnummerierung" jetzt Art. I-12 Abs. 5 UAbs. 2 EV.

VII. Festlegung von Kompetenz*bereichen* statt Kompetenzkatalogen

Der Verfassungsvertrag enthält, anders als Art. 73 ff. GG, keine Kompetenzkataloge, sondern legt Zuständigkeitsbereiche abschließend (Art. I-13, Art. I-17 Satz 2) oder in den „Hauptbereichen" (Art. I-14 Abs. 2 EV) fest. Der Umfang der Zuständigkeiten der Union und die Einzelheiten ihrer Ausübung ergeben sich aus den jeweiligen Bestimmungen zu den einzelnen Bereichen in Teil III des Verfassungsvertrags (Art. I-12 Abs. 6 EV).

VIII. Das Verhältnis von Teil I zu Teil III des Verfassungsvertrags

Damit stellt sich die Frage nach dem Verhältnis von Teil I zu Teil III des Verfassungsvertrags. Dies ist ein generelles Problem, das zu grundsätzlicher Kritik an der Konzeption des Verfassungsvertrags und der Erfüllung des Auftrags von Laeken, klare, vereinfachte und transparente Vorschriften zu erlassen, geführt hat.[68] Hinsichtlich der Kompetenzen bleibt es dabei, dass die konkrete Zuständigkeit in dem gegenüber dem EG-Vertrag vielleicht noch unübersichtlicheren Teil III des Verfassungsvertrags gesucht und anhand der dortigen Vorgaben präzisiert werden muss.[69] Die Systematisierung in Teil I bringt allerdings immerhin die Zuordnung zu den einzelnen Kompetenztypen und die Anordnung der Rechtsfolgen eines jeden Kompetenztyps. Von einer vollständigen Abstimmung von Teil I und Teil III des Verfassungsvertrags, auch zur Vermeidung von Redundanzen, kann aber keine Rede sein.

IX. Die sog. Flexibilitätsklausel (Art. I-18 EV)

Entgegen den Forderungen der deutschen Länder bleiben sowohl die (allgemeine) Kompetenz zur Rechtsangleichung zur Herstellung des Binnenmarkts (Art. 95 EGV, künftig Art. III-172 EV) als auch die Lückenschließungskompetenz des Art. 308 EGV erhalten. Letztere wurde als „Flexibilitätsklausel" (Art. I-18 EV; Art. 17 KonvE) über den Gemeinsamen Markt hinaus sogar ausgedehnt auf jeden in Teil III des Verfassungsvertrags aufgeführten Politikbereich, allerdings nicht zur Schaffung eines neuen Politikbereichs.[70] Die Beibehaltung und Ausweitung wurde

---

[68] Vgl. dazu z.B. *J. Meyer,* Der Entwurf eines Vertrages über eine Verfassung für Europa, in: Schwarze (Anm. 64), 431 (433).

[69] Zu Recht kritisch *Götz* (Anm. 64), 44 f.

[70] Vgl. dazu *von Bogdandy/Bast/Westphal* (Anm. 24), 417.

vom Konvent für erforderlich gehalten, um die Union in die Lage zu versetzen, unvorhergesehene Entwicklungen und Herausforderungen zu bewältigen. Selbst wenn dies zutrifft, erweist es nur, dass das Bestreben nach einer Systematisierung und strikten Abgrenzung der Kompetenzen zwischen der Union und den Mitgliedstaaten nicht gelungen ist und wohl – auch aus anderen Gründen, insbesondere der Ausstrahlungswirkung der Grundfreiheiten – gar nicht gelingen kann. Die Norm stellt insoweit einen Fremdkörper dar und ist umstritten.[71] Das Festhalten am Einstimmigkeitsprinzip und das im Gegensatz zu Art. 308 EGV eingeführte Zustimmungserfordernis des Europäischen Parlaments wirken sich nicht unbedingt kompetenzschonend aus.[72] Letzteres kann aber immerhin dazu führen, dem sachwidrigen Ausweichen auf andere Rechtsgrundlagen entgegenzuwirken. Art. I-18 Abs. 3 EV stellt immerhin (entgegen der Auffassung der Kommission zu Art. 308 EGV) klar, dass durch den Rückgriff auf die Lückenschließungskompetenz im Vertrag festgelegte ausdrücklichen Limitierungen der Harmonisierung nicht umgangen werden dürfen. Die in Art. I-18 Abs. 2 EV festgelegte ausdrückliche Pflicht der Kommission, die nationalen Parlamente auf ihre auf Art. I-18 EV gestützten Vorschläge im Hinblick auf das Verfahren zur Kontrolle des Subsidiaritätsprinzips nach Art. I-9 Abs. 3 EV aufmerksam zu machen, zeigt, dass der verfahrensmäßige Kontrollansatz letztlich die Methode ist, mit der die Kompetenzwahrung erreicht werden soll.

X. Versuch einer Limitierung der Unionskompetenzen in der modifiziert übernommenen Grundrechtecharta (Art. II-111 EV; Art. II-51 KonvE)

Bei der Erstellung der rechtlich noch nicht verbindlichen Charta der Grundrechte der Europäischen Union,[73] die als Teil II mit einigen Modifikationen[74] in den

---

[71] So zutreffend *Schröder* (Anm. 60), 10 f.; gegen die Beibehaltung z.B. auch *M. Bungenberg*, Dynamische Integration. Art. 308 und die Forderung nach dem Kompetenzkatalog, EuR 2000, 879 (896); *J. Schwarze,* Das schwierige Geschäft mit Europa und seinem Recht, JZ 1998, 1077 (1086); *R. Scholz,* Die Verfassung der Europäischen Union, Zeitschrift für Gesetzgebung – Sonderheft 2002, 6. Dafür z.B. *A. von Bogdandy/J. Bast,* Die vertikale Kompetenzordnung der Europäischen Union, Europäische Grundrechte-Zeitschrift 2001, 441 (453); *V. Götz,* in: V. Götz/J. M. Soria (Hrsg.), Kompetenzverteilung zwischen der Europäischen Union und den Mitgliedstaaten, 2002, 99 f.; *S. Magiera,* in: S. Magiera/P. Sommermann (Hrsg.), Aktuelle Fragen zu Staat und Verwaltung im Europäischen Mehrebenensystem, 2003, 79 f.

[72] *Schröder* (Anm. 60), 11.

[73] ABl. 2000 Nr. C 364/1.

[74] Vgl. dazu *R. Streinz,* in: Streinz (Anm. 19), Vorbem GR-Charta, Rn. 15.

Verfassungsvertrag übernommen wurde, war das Problem einer zumindest schleichenden Kompetenzausweitung der EU bzw. EG ein zentrales Thema. Dem sollte durch Art. 51 Grundrechtecharta entgegengewirkt werden. Danach gilt diese Charta für die Organe und Einrichtungen der Union unter Einhaltung des Subsidiaritätsprinzips und für die Mitgliedstaaten ausschließlich bei der Durchführung des Rechts der Union. Entgegen der Rechtsprechung des EuGH soll letzteres nicht für gemeinschaftsrechtlich zu rechtfertigende mitgliedstaatliche Maßnahmen zur Beschränkung der Grundfreiheiten gelten.[75] Selbst diese Restriktion kann aber die Bindung an das jeweilige Verfassungsrecht und die EMRK nicht ausschließen. Auf beides wird in Art. I-9 Abs. 3 EV (Art. 7 Abs. 3 KonvE) rekurriert, der neben der Grundrechtecharta und dem gemäß Art. I-9 Abs. 2 EV künftig[76] möglichen Beitritt zur EMRK[77] eine dritte Quelle der Grundrechtsbindung der Union vorschreibt. Die gegenüber Art. 51 Abs. 2 Grundrechtecharta erweiterte Formulierung in Art. II-111 Abs. 2 EV (Art. II-51 Abs. 2 KonvE) enthält eine zwar nur deklaratorische, aber grundsätzlich bedeutsame Kompetenzschutzklausel: „Diese Charta dehnt den Geltungsbereich des Unionsrechts nicht über die Zuständigkeiten der Union hinaus aus und begründet weder neue Zuständigkeiten noch neue Aufgaben für die Union, noch ändert sie die in den anderen Teilen der Verfassung festgelegten Zuständigkeiten und Aufgaben".

XI. Die Verwaltungskompetenz

Im Konvent spielte auch die Forderung nach Absicherung der vertikalen Funktionenteilung, die der Union die Legislative in den überlassenen Bereichen, den Mitgliedstaaten grundsätzlich auch in diesen Bereichen die Verwaltungskompetenz überlässt, eine Rolle.[78] Gemäß dem allgemein geltenden Prinzip der begrenzten Einzelermächtigung liegt die Verwaltungskompetenz grundsätzlich bei den Mitgliedstaaten. Gemeinschaftskompetenzen sind und auch Unionskompetenzen bleiben hier die Ausnahme. Eine generelle Absicherung dieser Funktionenteilung

---

[75] Vgl. *R. Streinz*, in: Streinz (Anm. 19), Art. 51 GR-Charta, Rn. 9 m.w.N.

[76] Nach EuGH, Gutachten 2/94 – EMRK, Slg. 1996, I-1763, Rn. 23 ff. ist der Beitritt zur EMRK auf der Basis des bestehenden Gemeinschaftsrechts mangels Kompetenz nicht möglich.

[77] Vgl. dazu auch die Erklärung der Regierungskonferenz (Anm. 59) zu Art. I-7 Abs. 2 (jetzt Erklärung zu Artikel I-9 Absatz 2, Erklärung Nr. 2 zum Verfassungsvertrag, ABl. 2004 Nr. C 310/420), die auf die Wahrung der Besonderheiten der Union und die Vermeidung von Konflikten zwischen dem EuGH und dem Europäischen Gerichtshof für Menschenrechte (EGMR) gerichtet ist.

[78] Vgl. *Götz* (Anm. 64), 56 ff.

kann ansatzweise in der insoweit gegenüber Art. 10 Abs. 1 EGV präziseren Formulierung des Art. I-37 Abs. 1 EV (Art. 36 Abs. 1 KonvE) gesehen werden,[79] ungeachtet dessen, dass dort eine *Pflicht* der Mitgliedstaaten formuliert wird: „Die Mitgliedstaaten ergreifen alle zur Durchführung der rechtlich bindenden Rechtsakte der Union erforderlichen innerstaatlichen Maßnahmen". Dabei dürfen freilich zum einen die Vorgaben des Unionsrechts, die die institutionelle und Verfahrensautonomie der Mitgliedstaaten überlagern und relativieren, zum anderen die Einwirkungsmöglichkeiten der Union, insbesondere der Kommission, auf die mitgliedstaatlichen Verwaltungen, vor allem, aber nicht nur über den „goldenen Zügel", nicht übersehen werden.

F. Die einzelnen Zuständigkeitsbereiche

I. Ausschließliche Zuständigkeiten (Art. I-13 EV)

Gemäß Art. I-13 Abs. 1 EV (Art. 12 Abs. 1 KonvE) hat die Union die ausschließliche Zuständigkeit für die Zollunion,[80] die Festlegung der für das Funktionieren des Binnenmarktes erforderlichen Wettbewerbsregeln sowie die Währungspolitik für die Mitgliedstaaten, deren Währung der Euro ist, die Erhaltung der biologischen Meeresschätze im Rahmen der gemeinsamen Fischereipolitik und die gemeinsame Handelspolitik. Damit wird die bisherige Rechtslage, wie sie sich nach der Rechtsprechung des EuGH ergibt, grundsätzlich festgeschrieben. Freilich bleiben bzw. entstehen Abgrenzungsprobleme, z.B. hinsichtlich der (bislang) parallelen mitgliedstaatlichen Wettbewerbspolitik.[81] Art. I-13 Abs. 2 EV gibt der Union die ausschließliche Zuständigkeit für den Abschluss internationaler Übereinkommen, wenn dieser in einem Rechtsakt der Union vorgesehen ist oder wenn er notwendig ist, damit die Union ihre interne Zuständigkeit ausüben kann, oder wenn er einen internen Rechtsakt der Union beeinträchtigt. Damit wird die Kontroverse über die Tragweite der AETR-Rechtsprechung des EuGH[82] dahinge-

---

[79] So *Götz* (Anm. 64), 57 f. m.w.N.

[80] Art. I-12 Abs. 1 der Vorläufigen konsolidierten Fassung (Anm. 2) stellt die Zollunion, die in Art. 12 Abs. 1 KonvE an dritter Stelle stand, in lit. a an die Spitze.

[81] Vgl. (kritisch) *Götz* (Anm. 64), 53 f.

[82] Vgl. dazu *K. Schmalenbach,* in: C. Calliess/M. Ruffert (Hrsg.), Kommentar zu EU-Vertrag und EG-Vertrag, 2. Aufl. 2002, Art. 300, Rn. 5 ff. m.w.N.; *R. Mögele,* in: Streinz (Anm. 19), Art. 300 EGV, Rn. 24 ff. m.w.N.

hend geklärt, dass es keine nicht-ausschließlichen Außenkompetenzen der Union geben kann.[83]

II. Bereiche mit geteilter Zuständigkeit (Art. I-14 EV)

Die Bereiche der geteilten Zuständigkeit sind als Regelfall nicht erschöpfend aufgeführt. Art. I-14 Abs. 2 EV nennt lediglich die „Hauptbereiche". Die einzelnen Kompetenzen sind ohnehin dem Teil III des Verfassungsvertrags zu entnehmen. Dazu gehören der Raum der Freiheit, der Sicherheit und des Rechts, Landwirtschaft und Fischerei (außer den zur ausschließlichen Kompetenz gehörenden Erhaltungsmaßnahmen), Verkehr und transeuropäische Netze, Energie, Sozialpolitik hinsichtlich der in Teil III genannten Aspekte, wirtschaftlicher, sozialer und territorialer Zusammenhalt, Umwelt, Verbraucherschutz, gemeinsame Sicherheitsanliegen im Bereich des Gesundheitswesens sowie der Binnenmarkt. Letztere Zuordnung ist bedeutsam, da damit eine Kontroverse entgegen der Auffassung der Kommission, die vom Europäischen Parlament und Generalanwalt *Fenenelly* unterstützt worden war, entschieden wird.[84] Die in Art. I-14 Abs. 3 und 4 EV aufgeführten Bereiche betreffen eigentlich keine geteilten, sondern parallele Kompetenzen. Dies ist hinsichtlich der Rechtsetzungsbefugnis der Mitgliedstaaten durchaus praktisch bedeutsam, wird im Verfassungsvertrag aber ausdrücklich geregelt.

III. Bereiche der Unterstützungs-, Koordinierungs- und Ergänzungsmaßnahmen (Art. I-17 EV)

Als Bereiche der Unterstützungs-, Koordinierungs- oder Ergänzungsmaßnahmen nennt Art. I-17 Satz 2 EV Industrie, Schutz und Verbesserung der menschlichen Gesundheit, allgemeine und berufliche Bildung, Jugend und Sport, Kultur und Zivilschutz. Die Bereichsabgrenzung ist wichtig, weil die Ergänzungsmaßnahmen eine europäische Zielsetzung aufweisen müssen und die Harmonisierung der Rechts- und Verwaltungsvorschriften der Mitgliedstaaten ausdrücklich ausgeschlossen ist. Insoweit muss auch einem faktischen Druck entgegengewirkt werden.

---

[83] *Ruffert* (Anm. 11), 189; vgl. auch *Herrmann* (Anm. 29), 101. Kritisch dazu *Götz* (Anm. 64), 54 f.

[84] Vgl. *Götz* (Anm. 64), 55. Zum besonderen Problem einer Zuordnung der Binnenmarktkompetenz vgl. *Streinz,* Europarecht (Anm. 34), Rn. 132.

IV. Koordinierung der Wirtschafts- und Beschäftigungspolitik (Art. I-15 EV)

Die Maßnahmen zur Koordinierung der Wirtschafts- und Beschäftigungspolitik beschränken sich auf die Ausarbeitung von Grundzügen und Leitlinien. Gemäß Art. I-15 Abs. 3 EV kann die Union Initiativen zur Koordinierung der Sozialpolitik der Mitgliedstaaten ergreifen. Wie bereits die Praxis der sog. „offenen Koordinierung" zeigt, darf dieses harmlos klingende Kompetenzpotential nicht unterschätzt werden. Für die Mitgliedstaaten, die den Euro eingeführt haben, gelten besondere Regelungen (Art. I-15 Abs. 1 UAbs. 2 EV), die sich aus dem EG-Vertrag, künftig der Verfassung, und dem Sekundärrecht, z.B. dem Stabilitäts- und Wachstumspakt, ergeben.

V. Gemeinsame Außen- und Sicherheitspolitik (Art. I-16 EV)

Art. I-16 EV greift die Regelungen des Art. 17 Abs. 1 bzw. des Art. 11 Abs. 2 EUV auf und modifiziert sie dahingehend, dass alle Bereiche der Außenpolitik erfasst werden, die schrittweise Festlegung einer gemeinsame Verteidigungspolitik zu einer gemeinsamen Verteidigung führen „kann" und nicht mehr nur „könnte" und die Mitgliedstaaten die Rechtsakte der Union in diesem Bereich „achten".

G. Würdigung des Verfassungsvertrags

I. Bestätigung des bestehenden Grundansatzes

Die Würdigung der Kompetenzvorschriften des Verfassungsvertrags fällt, wie die Würdigung des Gesamtwerks, unterschiedlich aus. Die Bestätigung des bestehenden Grundansatzes wird überwiegend positiv beurteilt. Kritik kommt aus gegensätzlicher Richtung: Während die einen die Bestätigung der Kompetenz-Kompetenz der Mitgliedstaaten, das Beruhen der Union auf diesen, bedauern, vermissen andere eine klare Kompetenzabgrenzung, die Sicherung der Residualkompetenzen der Mitgliedstaaten und das Fehlen jeglicher Rückverlagerung von Kompetenzen, die nach dem Auftrag von Laeken ja zu prüfen war, wohingegen sogar die Unionskompetenzen ausgeweitet worden seien. Während die Harmonisierungskompetenz des Art. 95 EGV (Art. III-172 EV) wohl für unverzichtbar gehalten wird (vgl. die „interstate-commerce"-clause in Art. I Sec. 8 Abs. 3 der

U.S.-Verfassung), wird die Fortführung der von den deutschen Ländern besonders angegriffenen Lückenschließungskompetenz des Art. 308 EGV, einer nicht unüblichen Klausel (vgl. die „necessary and proper"-clause in Art. I Sec. 8 Abs. 18 der U.S.-Verfassung), in der Flexibilitätsklausel des Art. I-18 EV unterschiedlich beurteilt.

II. Was ist neu am Verfassungsvertrag?

Angesichts der Bestätigung des bisherigen Grundansatzes stellt sich die Frage, was am Verfassungsvertrag neu ist. Zum einen werden dogmatische Grundpositionen wie die Kompetenz-Kompetenz und der Vorrang des Rechts der Union ausdrücklich oder inzident festgeschrieben. Die Zuständigkeiten der Union werden in Art. I-12 EV nach verschiedenen Kategorien definiert und in Art. I-13 ff. EV einzelnen Bereichen zugeordnet. Dadurch wird zumindest teilweise eine Klarstellung erreicht. Die einzelnen Kompetenzen ergeben sich aus Titel III des Verfassungsvertrages, der gegenüber den übernommenen Bereichen aus dem EU-Vertrag und dem EG-Vertrag durchaus bedeutsame Änderungen aufweist, mit der Tendenz zu Kompetenzerweiterungen der Union. Dabei ist auch der Übergang vom Einstimmigkeitsprinzip zur Mehrheitsabstimmung zu beachten,[85] dessen Bedeutung nicht zuletzt durch den Streit um die Mehrheitsregeln für den Rat[86] dokumentiert wird.

III. Zurückgewiesene Vorschläge

1. Festlegung von Kompetenzkatalogen

Zurückgewiesen wurde die Forderung nach der Festlegung von Kompetenzkatalogen, im Ergebnis wohl zu Recht. Zwar könnte mit ihnen wohl besser die angestrebte Transparenz erreicht werden, von der vor allem wegen der fehlenden Koordinierung von Teil I und Teil III des Verfassungsvertrags kaum gesprochen werden kann. Allerdings stellt sich die grundsätzliche Frage, ob eine solche Abgrenzung angesichts der notwendigen Verflechtung von Union und Mitgliedstaaten überhaupt möglich ist.[87] Und wenn ja, ob dies nicht zum Gegenteil dessen

[85] Zutreffend *Götz* (Anm. 64), 49 f.

[86] Zur Beilegung des Streits siehe Anm. 2.

[87] Vgl. *von Bogdandy/Bast/Westphal* (Anm. 24), 422 f.

führen würde, was sich die Befürworter erhoffen, nämlich zu einer Ausweitung der Unionskompetenzen.

2. Einrichtung eines Kompetenzgerichts

Nicht aufgegriffen wurde auch der in der Literatur sehr kontrovers diskutierte, überwiegend aber abgelehnte Vorschlag, ein eigenes Kompetenzgericht, zusammengesetzt aus europäischen und nationalen Richtern, neben oder über dem EuGH einzurichten.[88] Dieser Vorschlag würde nur dann den oben aufgezeigten potentiellen Konflikt ausschließen, wenn dadurch zugleich den mitgliedstaatlichen Verfassungsgerichten die Überprüfung der verfassungsrechtlichen Schranken der Integrationsermächtigung, zumindest die Überprüfung des Übertragenen, verwehrt würde. Es ist fraglich, ob dies rechtspolitisch gewollt und rechtlich zulässig ist. Angesichts der Tatsache, dass Konflikte durch gegenseitige Rücksichtnahme vermeidbar sind und bislang auch vermieden wurden, sollte es bei dem gegenwärtigen Zustand bleiben, obwohl dieser keinen rechtlichen Konfliktlösungsmechanismus enthält und nach seiner „Konstruktion“ auch gar nicht enthalten kann. Entscheidend ist, das Bewusstsein des EuGH als „Verfassungsgericht“ mit der Aufgabe der Wahrung der vertikalen Kompetenzordnung und -balance zu schärfen.

IV. Das Problem der Wahrung der Kompetenzordnung

1. Bedeutung

Angesichts vielleicht notwendig unvollkommener materieller Kompetenzregeln kommt den Verfahren zur Wahrung der Kompetenzordnung besondere Bedeutung zu. Dies ist auch der Ansatz des Verfassungsvertrags, der sich bemüht, geeignete Instrumente zur Kontrolle der Einhaltung des Subsidiaritätsprinzips und des Verhältnismäßigkeitsgrundsatzes zu entwickeln. Dabei ist die präventive Kontrolle vorrangig, ohne eine nachträgliche Kontrolle durch den EuGH zu vernachlässigen.

2. Besondere Probleme des Gemeinschaftsrechts/Unionsrechts

Die besonderen Probleme des Gemeinschaftsrechts bzw. künftig des Unionsrechts wurden aufgezeigt: Verflechtung von Union und Mitgliedstaaten und damit

---

[88] Vgl. dazu *C. Ohler*, in: Streinz/Ohler/Herrmann (Anm. 29), 69 (70) m.w.N.

auch ihrer Kompetenzen und ihres Rechts; Ausstrahlung des Rechts der Union, insbesondere der Grundfreiheiten, auch auf in der Kompetenz der Mitgliedstaaten verbliebene Bereiche; Auswirkungen auch auf die grundsätzlich bei den Mitgliedstaaten verbliebenen Verwaltungskompetenzen. Dies legt nahe, die Mitgliedstaaten bzw. ihre Organe präventiv in die Kompetenzwahrnehmung seitens der Union einzuschalten. Dies ist der Ansatz des Subsidiaritätsprotokolls.

3. Organisatorische und prozedurale Vorkehrungen

Diesem Ansatz wird daher in der Literatur zu den Kompetenzregelungen des Verfassungsvertrags besonderes Augenmerk gewidmet. Grundsätzlich wird der Ansatz des Subsidiaritäts- und Verhältnismäßigkeitsprotokolls begrüßt, wenngleich auch Konstruktionsschwächen und Risiken aufgezeigt werden.[89] Von den politisch erreichbaren Lösungen dürfte dies vielleicht das Maximum sein. Die Funktionsfähigkeit und Effizienz hinsichtlich der Wahrung der Kompetenzbalance muss sich in der Praxis erweisen.

4. Der EuGH als „Verfassungsgericht“

Nicht nur wegen des eingeschränkten Anwendungsbereichs des Subsidiaritätsprinzips kommt dem EuGH eine entscheidende Rolle als „Verfassungsgericht“ zu, die Kompetenzordnung der Unionsverfassung zwischen der Union und den Mitgliedstaaten in ihrer Balance zu überwachen. Dabei darf er sich nicht, wie in den Anfangsjahren der Integration mit einer gewissen Berechtigung, als „Motor der Integration“ verstehen. Entscheidend muss vielmehr die Erkenntnis sein, dass nur eine Kompetenzordnung, die die berechtigten Interessen der Mitgliedstaaten wahrt und schützt, auf Dauer die Union als Rechtsgemeinschaft erhalten und weiterentwickeln kann. Dies gilt umso mehr in der erweiterten Union mit Mitgliedstaaten, die auf ihre erst vor kurzem gewonnene nationale Eigenständigkeit bedacht sind und in denen die notwendige Beschränkung nationaler Kompetenzen und nationaler Gestaltungsfreiheit erst vermittelt werden muss. Man weiß aus eigener Erfahrung in und mit den „alten“ Mitgliedstaaten, wie schwierig dies oft ist.

Die bisherige Praxis des EuGH ist insoweit durchaus differenzierter zu sehen, als dies bisweilen geschieht bzw. geschah, auch seitens des BVerfG. Ungeachtet dessen bleibt eine kritische Analyse der Rechtsprechung auch nach dem insoweit

---

[89] Vgl. dazu z.B. *Mager* (Anm. 53), 480 ff.

als bahnbrechend empfundenen Tabakwerbeverbotsurteil des Gerichtshofs[90] geboten. Dieses soll zwar nicht unterschätzt, darf aber auch nicht überschätzt werden.

H. Ausblick

Die Regierungskonferenz konnte sich auf dem „Gipfel" von Brüssel im Dezember 2003 nicht auf einen Verfassungsvertrag einigen. Die Vorstellung von *Giscard d'Estaing* und anderer, die Staats- und Regierungschefs würden den Entwurf des Konvents mehr oder weniger „abnicken", hat sich als illusorisch erwiesen. Die Arbeiten am Verfassungsvertrag gingen aber weiter, sowohl in technischer Hinsicht durch die Gruppe der Rechtsexperten der Regierungskonferenz als auch in politischer Hinsicht durch die irische Ratspräsidentschaft. Tatsächlich wurde, wohl auch unter dem Eindruck der Europawahlen mit in einigen – gerade den neuen – Mitgliedstaaten sehr geringer Wahlbeteiligung und Erfolgen der „Europagegner" bzw. „-skeptiker",[91] eine Einigung noch im Juni 2004 erreicht.[92] Dabei gehörte die Kompetenzordnung als solche zumindest nicht zu den „veröffentlichten" Streitpunkten, sieht man von dem aufgezeigten Zusammenhang mit den Mehrheitsabstimmungen im Rat ab. Nach der Unterzeichnung am 29. Oktober 2004 in Rom bedarf der Verfassungsvertrag noch der Ratifikation durch die Mitgliedstaaten gemäß ihren verfassungsrechtlichen Vorschriften. In vielen Mitgliedstaaten sind dazu Volksabstimmungen obligatorisch bzw. fakultativ.[93] Es wird also noch eine Zeit dauern, bis sich die neuen Kompetenzregeln des Verfassungsvertrags in der Praxis bewähren können.

---

[90] EuGH, Rs. C-376/98 – Deutschland/Kommission und Rat, Slg. 2000, I-8419.

[91] Vgl. zu den Wahlergebnissen EU-Nachrichten Nr. 23/2004, 1 (8 ff.).

[92] Zur Einigung auf dem Gipfel von Brüssel am 17./18. Juni 2004 s. Anm. 2.

[93] Vgl. dazu die Übersicht bei *C. O. Lenz/K.-D. Borchardt,* Vertrag über eine Verfassung für Europa, 2005, 589 f.

Europa als Raum der Freiheit, der Sicherheit und des Rechts

Von Brigitte Zypries

Die Rechtsfragen einer künftigen EU-Verfassung sind jetzt, nachdem sich die Regierungschefs bei ihrer letzten Sitzung am 18. Juni in Brüssel über einen Verfassungsvertrag geeinigt haben, noch aktueller und interessanter geworden. Der Weg zu diesem Verfassungsvertrag war lang und mühsam. Im Herbst soll er unterzeichnet und dann in allen Mitgliedstaaten ratifiziert werden. Am 1. November 2006 soll die künftige EU-Verfassung in Kraft treten.[1]

In einigen Mitgliedstaaten, unter anderem in Großbritannien und Dänemark, wird hierzu ein Referendum nötig sein. Spanien und Portugal planen ebenfalls eine Volksabstimmung. Auch in Deutschland wird über ein Referendum diskutiert.[2] Eine Volksabstimmung über die Europäische Verfassung in Deutschland ist nach dem Grundgesetz in seiner geltenden Fassung allerdings nicht möglich. Eine Änderung des Grundgesetzes erfordert eine Zwei-Drittel-Mehrheit in Bundestag und Bundesrat. Wir sollten allgemein über mehr plebiszitäre Elemente im Grundgesetz diskutieren. Eine punktuelle Grundgesetzänderung allein aus Anlass der Europäischen Verfassung halte ich aber in Übereinstimmung mit einer breiten Mehrheit im deutschen Bundestag[3] nicht für sinnvoll. Bei der Schaffung eines vereinten Europas hat sich unsere repräsentative Demokratie bis heute bewährt. Auch bei der Billigung des europäischen Verfassungsvertrags sollte jeder Mitgliedstaat in der Union seinen eigenen Traditionen und verfassungsrechtlichen

---

[1] Art. IV-447 Abs. 2 Vertrag über eine Verfassung für Europa (EV – die Zitierung richtet sich nach der schließlich am 29. Oktober 2004 unterzeichneten Fassung). Sollten bis zu diesem Zeitpunkt nicht alle Ratifikationsurkunden hinterlegt sein, so tritt die Verfassung am ersten Tag des zweiten Monats nach Hinterlegung der letzten Ratifikationsurkunde in Kraft.

[2] Vgl. hierzu zuletzt den Gesetzesentwurf von Abgeordneten der FDP-Fraktion für eine Änderung des Grundgesetzes (Art. 23) zur Einführung eines Volksentscheides über eine Europäische Verfassung, BT-Drs. 15/2998 vom 29. April 2004, sowie BT-Drs.15/1112 vom 4. Juni 2003.

[3] Vgl. das Ergebnis der Abstimmung im Bundestag über den FDP-Antrag BT-Drs. 15/1112, Plenarprotokoll 15/72 vom 6. November 2003, 6185(A): 50:528:6 Stimmen.

Regelungen folgen. Im Grundgesetz ist die Zustimmung von zwei Dritteln des Bundestags und Bundesrats vorgesehen[4] – in Verbindung mit einer breiten öffentlichen Diskussion meine ich, reicht die Legitimation, zumal es sich in der Sache ja um einen völkerrechtlichen Vertrag[5] handelt.

Ebenso ist über die Frage des Gottesbezuges in der europäischen Verfassung sehr intensiv debattiert worden. Die Bundesregierung hat sich in dieser Frage immer dafür eingesetzt, dass die Verfassung eine Präambel erhält, in der der Bezug zur christlichen Tradition stärker zum Ausdruck kommt, als schließlich erreicht worden ist. Die Präambel der jetzt beschlossenen Verfassung enthält im ersten Satz den Hinweis auf das kulturelle, religiöse und humanistische Erbe Europas. Die Bundesregierung hätte gerne eine weitergehende Formulierung gehabt, eine Formulierung zum Beispiel, die die griechisch-römischen, die jüdisch-christlichen und die humanistischen Traditionen und Überlieferungen unseres Kontinents klarer zum Ausdruck bringt. Dies war weder im Konvent noch in der Regierungskonferenz konsensfähig. Es gibt in Europa ganz besondere laizistische Traditionen, die mit der Geschichte einzelner Länder sehr verwoben sind und auf die Rücksicht zu nehmen ist. Zumal dann, wenn wir, wie bei dem Verfassungstext notwendig, Einstimmigkeit erzielen müssen. Gleichwohl ist die europäische Verfassung, auf die wir uns geeinigt haben, alles in allem ein guter Kompromiss.

Diese europäische Verfassung war von Anfang an ein Projekt, das ganz maßgeblich von Deutschland vorangetrieben worden ist. Die Bundesregierung ist stets dafür eingetreten, die europäische Einigung durch eine Verfassung zu festigen und sie auf dieser Basis fortzuentwickeln. Beharrlich und geduldig haben wir auf dieses Ziel hingearbeitet. Die ersten Schritte wurden bereits während der deutschen Ratspräsidentschaft im ersten Halbjahr 1999 getan. Beim Europäischen Rat in Köln hat Deutschland den Beschluss erreicht, eine Europäische Grundrechtecharta zu erarbeiten.[6] Wir haben uns schon damals dafür eingesetzt, dieser Charta einen rechtsverbindlichen Charakter zu geben. Das ist zunächst am Widerstand einiger Mitgliedstaaten gescheitert. Heute ist diese Grundrechtecharta integraler[7] und rechtsverbindlicher[8] Teil der europäischen Verfassung. Damit sind diese

---

[4] Art. 23 Abs. 1, 3 i.V.m. Art. 79 Abs. 2 GG.

[5] *M. Pechstein,* in: R. Streinz (Hrsg.), EUV/EGV-Kommentar, 2003, Art. 1 EUV, Rn. 28. Dementsprechend ist auch im Verfassungsentwurf selbst weiterhin von „Vertrag" die Rede, vgl. nur Art. IV-446 und IV-448 EV.

[6] Europäischer Rat in Köln vom 3./4. Juni 1999, Schlussfolgerungen des Vorsitzes, Nr. 44 f., abrufbar unter http://ue.eu.int/ueDocs/cms_Data/docs/pressData/de/ec/00150.D9.htm.

[7] Die Grundrechtecharta ist als Teil II in den Verfassungsentwurf eingegliedert.

[8] Vgl. Art. I-9 sowie Art. II-111 Abs. 1 EV.

Grundrechte für jede Bürgerin und jeden Bürger Europas unveräußerlich und auch einklagbar.

In Köln wurde außerdem eine Regierungskonferenz vereinbart,[9] die dann im Dezember 2000 in Nizza ihren Abschluss fand. Dadurch sollte die Europäische Union in die Lage versetzt werden, weitere Mitgliedstaaten aufzunehmen. Es blieben jedoch in Nizza wichtige Fragen nicht zufriedenstellend beantwortet – zum Beispiel: Wie sollten die Kompetenzen zwischen den nationalen und der europäischen Ebene abgegrenzt werden? Wie muss die Macht zwischen den Brüsseler Institutionen verteilt werden? Welche Rolle kommt den nationalen Parlamenten in einer erweiterten Union zu? Schließlich ging es um die Frage nach der politischen Führbarkeit einer Union mit 25 und bald mehr Mitgliedstaaten.

Durch eine gemeinsame deutsch-italienische Initiative ist es im Dezember 2000 in Nizza gelungen, die Diskussion über die Zukunft Europas in Gang zu setzen;[10] der Europäische Rat von Laeken vom 14./15. Dezember 2001 hat dann den Verfassungskonvent ins Leben gerufen.[11] Die Einrichtung eines Konvents, der sich aus Abgesandten der Regierungen und der Parlamente zusammensetzt, hat sich bewährt. Deswegen sollte diese Methode demokratischer Konsultationen auch bei künftigen Vertragsänderungen, soweit sie nötig werden, angewandt werden.[12] Mehrere wichtige, vor allem deutsch-französische Initiativen, haben die Arbeiten des Konvents geprägt.[13] Am Ende haben wir einen Interessenausgleich erreicht, der dem hohen Anspruch, dem eine Verfassung genügen muss, gerecht wird.

Dies gilt auch für Europa als Raum der Freiheit, der Sicherheit und des Rechts. Die Mitgliedstaaten drücken damit ihr Ziel aus, diesen Werten im Rechtsraum Europa zur Durchsetzung zu verhelfen – durch ganz konkrete gemeinsame Rechtsregeln und durch verbesserte Zusammenarbeit. Diesen Raum zu etablieren ist schon seit 1997 erklärtes Programmziel der Europäischen Union; denn seit dem Vertrag von Amsterdam wird die europäische Justiz- und Innenpolitik als Raum der Freiheit, der Sicherheit und des Rechts bezeichnet. Fünf Jahre zuvor war mit dem Vertrag von Maastricht der Themenbereich Justiz- und Innenpolitik in die europäischen Verträge aufgenommen worden, damals als so genannte „Dritte

---

[9] Schlussfolgerungen (Anm. 6), Nr. 52 ff.

[10] Erklärung (Nr. 23) der Regierungskonferenz von Nizza zur Zukunft der Union, ABl. Nr. C 80 vom 10. März 2003, 85.

[11] Europäischer Rat in Laeken vom 14./15. Dezember 2001, Schlussfolgerungen des Vorsitzes, Rn. 3 ff., abrufbar unter http://ue.eu.int/ueDocs/cms_Data/docs/pressData/de/ec/68829.pdf.

[12] Vgl. Art. IV-443 EV.

[13] Vgl. insbesondere den deutsch-französischen Beitrag zum institutionellen Aufbau der Union vom 16. Januar 2003, CONV 489/03.

Säule“ der Union[14] – so genannt, weil diese Säule zu den bisherigen Gemeinschaftsaufgaben hinzukam[15] und hier die Zusammenarbeit im Wesentlichen völkerrechtlichen Charakter[16] hatte.

Seit mehr als einem Jahrzehnt wird also am europäischen Raum der Freiheit, der Sicherheit und des Rechts gebaut, und wir haben hier schon vieles erreicht. Vor allem im Bereich der zivilrechtlichen Zusammenarbeit brachte der Vertrag von Amsterdam 1997 entscheidende Fortschritte. Denn die Zusammenarbeit in Zivilsachen wurde aus der dritten Säule herausgelöst und in das Gemeinschaftsverfahren der Europäischen Union überführt.[17] In der dritten Säule verblieben die polizeiliche und die justizielle Zusammenarbeit in Strafsachen.[18] Allerdings wurde 1997 auch die Zusammenarbeit innerhalb dieser dritten Säule verstärkt, indem dort das Instrument des Rahmenbeschlusses eingeführt wurde.[19] Damit konnten nun die Mitgliedstaaten und ihre Parlamente direkt verpflichtet werden, bestimmte Regelungen einzuführen.

Bei der Zusammenarbeit in Zivilsachen gab es sodann im Jahre 2001 eine weitere wichtige Neuerung: Im Vertrag von Nizza wurde geregelt, dass bei der Zusammenarbeit in Zivilsachen das Europäische Parlament mit zu entscheiden hat und dass hier eine Mehrheit im Rat erforderlich ist.[20]

Der Europäische Rat hat 1999 in Tampere ein umfangreiches Fünfjahresarbeitsprogramm für den Raum der Freiheit, der Sicherheit und des Rechts aufgestellt.[21] Diese fünf Jahre sind nun um, und bevor ein neues Fünfjahresprogramm festgelegt wird, wurde Bilanz gezogen. Wir haben festgestellt: Im Justizbereich gibt es inzwischen auf europäischer Ebene einen umfangreichen Gesetzgebungsbestand. In nahezu allen Bereichen sind substantielle Fortschritte erzielt worden.

In Zivilsachen ist beispielsweise eine Verordnung über die gerichtliche Zuständigkeit erlassen worden sowie eine über die Anerkennung und Vollstreckung

---

[14] Zur Entwicklungsgeschichte der Dritten Säule vgl. *H. Satzger,* in: Streinz (Anm. 5), Art. 29 EUV, Rn. 1 ff.

[15] Zum Verhältnis der Dritten Säule zur EG vgl. *Satzger* (Anm. 14), Rn. 18 ff.

[16] *H. Satzger,* in: Streinz (Anm. 5), Art. 34 EUV, Rn. 2.

[17] Art. 61 ff. EGV (Titel IV).

[18] Art. 29 ff. EUV (Titel VI).

[19] Art. 34 Abs. 2, 2 lit. b) EUV.

[20] Nach Art. 65 Abs. 5 EGV i.d.F. des Vertrags von Nizza kommt im Bereich der justitiellen Zusammenarbeit in Zivilsachen nunmehr – weitestgehend – das Mitentscheidungsverfahren des Art. 251 EGV zur Anwendung.

[21] Europäischer Rat von Tampere vom 15./16. Oktober 1999, Schlussfolgerungen des Vorsitzes, abrufbar unter http://ue.eu.int/ueDocs/cms_Data/docs/pressData/de/ec/00200-r1.d9.htm.

in Zivil- und Handelssachen.[22] Ebenso gibt es eine entsprechende Verordnung in Ehesachen und in Verfahren betreffend die elterliche Verantwortung.[23] Wichtig ist auch die Verordnung über den europäischen Vollstreckungstitel.[24]

In Strafsachen wurden zur Bekämpfung des organisierten Verbrechens Rahmenbeschlüsse verabschiedet. Zweck dieser Rahmenbeschlüsse sollte die Harmonisierung von Tatbeständen und Sanktionen für verschiedene Kriminalitätsformen sein, vor allem Schleuserkriminalität,[25] Drogen- und Menschenhandel[26] sowie sexuelle Ausbeutung von Kindern.[27] Außerdem wurden in Reaktion auf die Terroranschläge vom 11. September 2001 und vom 11. März 2004 der Rahmenbeschluss über den europäischen Haftbefehl[28] und der Rahmenbeschluss zur Terrorismusbekämpfung[29] gefasst. Trotz dieser eindrucksvollen Bilanz bedarf es noch weiterer erheblicher Anstrengungen, bis das politisch-programmatische Ziel, Europa als Raum der Freiheit, der Sicherheit und des Rechts zu etablieren, vollendet werden kann. Um dies zu gewährleisten und insbesondere um noch besser funktionierende institutionellen Grundlagen für diesen Rechtsraum zu schaffen, beinhaltet auch der Verfassungsvertrag neue Regelungen für diesen Bereich.[30]

---

[22] Verordnung (EG) Nr. 44/2001 des Rates vom 22. Dezember 2000 über die gerichtliche Zuständigkeit und die Anerkennung und Vollstreckung von Entscheidungen in Zivil- und Handelssachen, ABl. Nr. L 012 vom 16. Januar 2001, 1.

[23] Verordnung (EG) Nr. 2201/2003 des Rates vom 27. November 2003 über die Zuständigkeit und die Anerkennung und Vollstreckung von Entscheidungen in Ehesachen und in Verfahren betreffend die elterliche Verantwortung und zur Aufhebung der Verordnung (EG) Nr. 1347/2000, ABl. Nr. L 338 vom 23.12.2003, 1.

[24] Vorschlag für eine Verordnung des Rates zur Einführung eines europäischen Vollstreckungstitels für unbestrittene Forderungen, KOM/2002/0159 endg. – CNS 2002/0090, Amtsblatt Nr. C 203 E vom 27. August 2002, 86.

[25] Rahmenbeschluss 2002/946/JI des Rates vom 28. November 2002 betreffend die Verstärkung des strafrechtlichen Rahmens für die Bekämpfung der Beihilfe zur unerlaubten Ein- und Durchreise und zum unerlaubten Aufenthalt, ABl. Nr. L 328 vom 05. Dezember 2002, 1.

[26] Rahmenbeschluss 2002/629/JI des Rates vom 19. Juli 2002 zur Bekämpfung des Menschenhandels, ABl. Nr. L 203 vom 1. August 2002, 1.

[27] Rahmenbeschluss 2004/68/JI des Rates vom 22. Dezember 2003 zur Bekämpfung der sexuellen Ausbeutung von Kindern und der Kinderpornografie, ABl. Nr. L 13 vom 20. Januar 2004, 44.

[28] Rahmenbeschluss 2002/584/JI des Rates vom 13. Juni 2002 über den Europäischen Haftbefehl und die Übergabeverfahren zwischen den Mitgliedstaaten, ABl. Nr. L 190 vom 18. Juli 2002, 1.

[29] Rahmenbeschluss des Rates vom 13. Juni 2002 zur Terrorismusbekämpfung, ABl. Nr. L 164 vom 22. Juni 2002, 3.

[30] Kapitel IV, Art. III-257 ff. EV.

Ich möchte Ihnen die Neuerungen vorstellen, die der Verfassungsentwurf für dieses Politikfeld mit sich bringt. Ich werde mich auf meinen Zuständigkeitsbereich, die Justiz, konzentrieren.

Ein ganz wichtiger Punkt ist, dass sowohl die strafrechtliche als auch die polizeiliche Zusammenarbeit in die sogenannte erste Säule einbezogen werden. Das ist aus mehreren Gründen zu begrüßen: Dadurch, dass die dritte Säule künftig wegfällt, wird die Gemeinschaftsstruktur vereinfacht und für die Bürgerinnen und Bürger transparenter. Auch für den Justizbereich gilt dann das neue Instrumentarium von Gesetzen und Rahmengesetzen.[31] Das bringt viele Vorteile: Rahmengesetze können zu Gunsten des Bürgers, wenn sie nicht fristgemäß umgesetzt werden, unmittelbare Anwendbarkeit entfalten.[32] Umsetzungsdefiziten, wie sie in der dritten Säule bestanden, kann künftig mit dem Mittel des Vertragsverletzungsverfahrens vor dem Europäischen Gerichtshof entgegengewirkt werden.[33]

Um den Übergang von der dritten zur ersten Säule für die strafrechtliche und polizeiliche Zusammenarbeit zu erleichtern, sieht der Verfassungsentwurf allerdings eine Besonderheit vor.[34] Für die Gesetzgebung soll es neben dem Initiativrecht der Kommission ein gemeinsames Initiativrecht mehrerer Mitgliedstaaten geben. Vorgesehen ist, dass ein Viertel der Mitgliedstaaten entsprechende Vorschläge machen kann. Ich finde dies sehr sinnvoll, denn das Erfahrungswissen auf dem Gebiet von Justiz und Polizei liegt überwiegend in den Mitgliedstaaten.

Stichwort Gesetzgebungskompetenzen: Die Kompetenzverteilung ist eine zentrale Frage jeder Verfassung. Sie war auch eines der Kernanliegen, die diesen Verfassungsprozess überhaupt erst ausgelöst haben. Für den Raum der Freiheit, der Sicherheit und des Rechts soll künftig gelten: Er ist ein Fall der geteilten Kompetenz.[35] Um dies besser einordnen zu können: Die Verfassung unterscheidet drei Zuständigkeitsarten – ausschließliche Zuständigkeiten, geteilte Zuständigkeiten und unterstützende Maßnahmen.[36] Zu den geteilten Zuständigkeiten gehören die meisten Gebiete europäischer Tätigkeit. Das bedeutet konkret: Sofern und soweit die Union in diesen Materien von ihrer Zuständigkeit Gebrauch macht, dürfen die Mitgliedstaaten keine Regelungen mehr erlassen.[37] Diese Zuständigkeitsart ent-

---

31 Art. III-269 ff. EV.

32 Das Europäische Rahmengesetz nach Art. I-33 Abs. 1 UAbs. 3 EV entspricht der heutigen Richtlinie nach Art. 249 EGV.

33 Art. III-360 EV.

34 Art. III-264 EV.

35 Art. I-14 Abs. 2 lit. j) EV.

36 Art. I-12 EV.

37 Art. I-12 Abs. 2 EV.

spricht auf europäischer Ebene also dem, was nach unserem Grundgesetz die so genannte konkurrierende Kompetenz[38] ist.

Für den Bereich Justiz und Inneres wird die Kompetenz der EU in der Verfassung inhaltlich genauer umschrieben, und das ist entscheidend. Ich möchte Ihnen darlegen, was das im Einzelnen bedeutet.

Da ist zunächst der Bereich der justitiellen Zusammenarbeit in Zivilsachen. Diese Zusammenarbeit umfasst die Verfahren der zwischenstaatlichen Kooperation und des Zivilprozessrechts.[39] Dafür gibt es im EG-Vertrag schon jetzt eine zufriedenstellende Rechtsgrundlage.[40] Auf dieser Basis wurden, ich hatte das eben ausgeführt, die Verordnungen zur gegenseitigen Anerkennung und Vollstreckung[41] erlassen, aber auch Verordnungen zur Zustellung,[42] zur Beweisaufnahme[43] und zur Prozesskostenhilfe.[44] Auch das europäische Mahnverfahren[45] kann auf dieser Grundlage realisiert werden. Der Verfassungsentwurf ändert an diesem System daher kaum etwas und ergänzt es lediglich. Die EU wird künftig im Rahmen der geteilten Zuständigkeit auch für den Zugang zum Recht, für alternative Methoden der Beilegung von Streitigkeiten sowie die Unterstützung bei der Weiterbildung von Richtern und Justizbediensteten zuständig sein.[46] Anders als bisher sollen die im Verfassungsentwurf genannten Fallgruppen allerdings nun die Zuständigkeit abschließend umgrenzen.[47] Das bereits 2001 eingeführte Prinzip der Mitent-

---

[38] Art. 72 Abs. 1 GG.

[39] Art. III-269 EV.

[40] Art. 61 lit. c), 65, 67 Abs. 1, 2 EGV.

[41] s.o. Anm. 22.

[42] Verordnung (EG) Nr. 1348/2000 des Rates vom 29. Mai 2000 über die Zustellung gerichtlicher und außergerichtlicher Schriftstücke in Zivil- oder Handelssachen in den Mitgliedstaaten ABl. Nr. L 160 vom 30. Juni 2000, 37.

[43] Verordnung (EG) Nr. 1206/2001 des Rates vom 28. Mai 2001 über die Zusammenarbeit zwischen den Gerichten der Mitgliedstaaten auf dem Gebiet der Beweisaufnahme in Zivil- oder Handelssachen, ABl. Nr. L 174 vom 27. Juni 2001, 1.

[44] Richtlinie 2002/8/EG des Rates vom 27. Januar 2003 zur Verbesserung des Zugangs zum Recht bei Streitsachen mit grenzüberschreitendem Bezug durch Festlegung gemeinsamer Mindestvorschriften für die Prozesskostenhilfe in derartigen Streitsachen, ABl. Nr. L 026 vom 31. Januar 2003, 41.

[45] Vgl. den Vorschlag der Kommission für eine Verordnung des Europäischen Parlaments und des Rates zur Einführung eines Europäischen Mahnverfahrens, KOM (2004) 173 endg.

[46] Art. III-269 Abs. 2 lit. e), g), h) EV.

[47] Das ergibt sich daraus, dass in der nunmehr unterzeichneten Fassung die im ursprünglichen Konventsentwurf noch enthaltenen Worte „unter anderem" in Art. III-269 Abs. 2 EV gestrichen wurden.

scheidung durch das Parlament und der Mehrheitsentscheidung gilt weiterhin, allerdings mit einer Ausnahme: Bei familienrechtlichen Angelegenheiten der justitiellen Zusammenarbeit muss nach wie vor eine Einstimmigkeit im Rat erzielt werden, wenn dieser nichts anderes beschließt.[48]

Beim Thema Zusammenarbeit in Strafsachen wurde in der Vergangenheit lebhaft diskutiert, wie weit die Zuständigkeit der Union gehen soll. Vor dem Hintergrund von Terrorismus und organisierter Kriminalität gibt es zum einen die Erwartung der Bevölkerung an das gemeinsame Handeln Europas und ein großes Bedürfnis der Staaten nach gemeinsamer Bekämpfung. Zum anderen befürchten manche Mitgliedstaaten aber auch zu weitgehende Einbußen an Souveränität. Der Verfassungsentwurf enthält nunmehr genauere Angaben über die Kompetenzen der EU und der Mitgliedstaaten auf dem Gebiet der Zusammenarbeit in Strafsachen.[49] Wir sind damit schon einen guten Schritt weiter auf dem Weg zu einer sehr präzisen Kompetenzordnung.

In der zukünftigen Verfassung soll neben die allgemeine Zuständigkeitsnorm für die justizielle Zusammenarbeit in Strafsachen nun jeweils eine spezielle Rechtsgrundlage für das Strafverfahrensrecht,[50] für die Harmonisierung des materiellen Strafrechts[51] und für die Prävention[52] treten.

Lassen Sie mich dazu vorab eines bemerken: Ich meine, dass der Grundsatz der gegenseitigen Anerkennung für die Zusammenarbeit in Strafsachen ebenso wie in Zivilsachen zentrale Bedeutung hat. Dieser Grundsatz der gegenseitigen Anerkennung wird jetzt schon praktiziert. Ein Beispiel ist etwa der Rahmenbeschluss über die gegenseitige Anerkennung von Geldstrafen und Geldbußen.[53] Darin haben wir vereinbart, EU-weit neben Kriminalstrafen etwa auch Verkehrsstrafmandate oder sonstige Bußgeldbescheide aus anderen Mitgliedstaaten ohne größere Formalitäten anzuerkennen. Wenn Deutsche zukünftig also beim Einkaufen in Frankreich falsch parken oder Franzosen in Deutschland zu schnell fahren, können sie den Strafzettel nicht mehr – wie bisher – einfach wegwerfen. Der fällige Betrag wird auf unserem Territorium und durch unsere Behörden beigetrieben und umge-

---

[48] Art. III-269 Abs. 3 EV.

[49] Art. III-270 ff. EV (Abschnitt 4).

[50] Art. III-270 EV.

[51] Art. III-271 EV.

[52] Art. III-272 EV.

[53] Politische Einigung im Rat, noch nicht formalisiert. Ausgangspunkt: Initiative des Vereinigten Königreichs, der Französischen Republik und des Königreichs Schweden im Hinblick auf die Annahme eines Rahmenbeschlusses über die Anwendung des Grundsatzes der gegenseitigen Anerkennung von Geldstrafen oder Geldbußen durch den Rat, ABl. Nr. C 278 vom 02. Oktober 2001, 4, bzw. Ratsdok. Nr. 8889/03.

kehrt.[54] Dieser Grundsatz der gegenseitigen Anerkennung wird nun auch in der Verfassung verankert,[55] und ich begrüße das ausdrücklich.

Angesichts des unterschiedlichen Niveaus und der unterschiedlichen Strukturen der Rechtsordnung in den verschiedenen Mitgliedstaaten setzt Anerkennung aber oft eine Grundharmonisierung von Mindeststandards voraus. Ich denke dabei etwa an die einheitliche Definition der terroristischen Straftaten, für die dann ein einheitlicher Haftbefehl ausgestellt werden kann. Der Verfassungsentwurf unterscheidet zwischen der Harmonisierung im Strafprozessrecht und der Harmonisierung im materiellen Strafrecht.[56]

Generell kann nach dem Verfassungsentwurf in beiden Bereichen, also sowohl im Strafrecht als auch im Strafprozessrecht, die Harmonisierung nur durch Rahmengesetze erfolgen. Diese eröffnen, wie die derzeitigen Richtlinien der Gemeinschaft, den Mitgliedstaaten Umsetzungsspielräume.[57] Eine Harmonisierung erfolgt also nicht durch unmittelbar geltendes EU-Strafrecht oder Strafprozessrecht. Doch darüber hinaus gibt es Unterschiede in beiden Bereichen.

Im Strafverfahrensrecht enthält der Verfassungsentwurf eine Liste von Harmonisierungsgegenständen.[58] Sie umfasst die Zulässigkeit von Beweismitteln, die Definition der Rechte des Einzelnen im Strafverfahren und die Rechte der Opfer. Damit sind die richtigen Akzente gesetzt. Nachdem bereits ein Rahmenbeschluss[59] und eine Richtlinie[60] zu den Rechten der Opfer beschlossen worden sind, beginnt jetzt im Rat die Diskussion über den Vorschlag der Kommission über Verfahrensgarantien.[61] Die Liste der Harmonisierungsgegenstände in strafprozessualen Materien soll nach der Verfassung einstimmig vom Rat mit Zustimmung des Parlaments erweitert werden können.[62] Dies sichert einerseits Flexibilität und gewährleistet andererseits eine genaue Prüfung, ob Kompetenzerweiterungen

---

[54] Art. 3 des Rahmenbeschlusses.

[55] Art. III-270 Abs. 1 EV.

[56] Art. III-270 EV einerseits und Art. III-271 EV andererseits.

[57] Art. I-33 Abs. 1 UAbs. 3 EV.

[58] Art. III-270 Abs. 2 EV.

[59] Rahmenbeschluss 2001/220/JI des Rates vom 15. März 2001 über die Stellung des Opfers im Strafverfahren, ABl. Nr. L 082 vom 22. März 2001, 1.

[60] Politische Einigung im Rat, noch nicht formalisiert. Ausgangspunkt: Vorschlag einer Richtlinie des Rates zur Entschädigung für Opfer von Straftaten, ABl. Nr. C 045 E vom 25. Februar 2003, 69.

[61] Vorschlag für einen Rahmenbeschluss des Rates über bestimmte Verfahrensrechte in Strafverfahren innerhalb der Europäischen Union (SEK(2004) 491), KOM/2004/0328 endg. – CNS 2004/0113.

[62] Art. III-270 Abs. 2 lit. d) EV.

sinnvoll sind. Kompetenzerweiterungen kommen nur in Betracht, wenn sie mit dem Grundsatz der Subsidiarität[63] in Einklang zu bringen sind. Aus diesem Grundsatz folgt, dass im Strafverfahrensrecht eine Kompetenz der EU nur bei einem grenzüberschreitenden Bezug besteht.[64] Denn für rein nationale Sachverhalte kann jeder Mitgliedstaat selbst Regelungen treffen.

Auch die Vorschriften des Verfassungsentwurfs zur Harmonisierung im Bereich des materiellen Strafrechts knüpfen an das Merkmal „grenzüberschreitende Dimension" an.[65] So ist hier eine EU-Kompetenz für Rahmengesetze für besonders schwere Kriminalitätsformen mit grenzüberschreitender Dimension vorgesehen. Zu diesen Delikten mit typisch grenzüberschreitender Dimension gehören zum Beispiel Terrorismus, illegaler Drogen-, Waffen- und Menschenhandel, sexuelle Ausbeutung von Frauen und Kindern und Geldwäsche. Die Kriminalitätsformen werden in einer abschließenden Liste[66] aufgezählt, die der Rat mit Zustimmung des Parlaments nur einstimmig erweitern kann.[67]

Die Verfassung sieht eine weitere Möglichkeit vor, um eine Harmonisierung im Bereich des materiellen Strafrechts zu ermöglichen. Sie betrifft den Bereich der so genannten strafrechtlichen Annexkompetenz. Das bedeutet: Wo eine einheitliche strafrechtliche Sanktionierung erforderlich ist, damit bestimmte sachliche Regelungen der Europäischen Union wirksam sein können, gibt es auch eine Kompetenz der EU, die Strafbewehrung anzuordnen.[68] Diese strafrechtliche Annexkompetenz war bisher zwischen der Kommission und den Mitgliedstaaten streitig. Die Verfassung bereinigt insoweit diesen Streit und sieht eine vernünftige und sinnvolle Lösung vor; denn wenn eine Politik der Union wirksam durchgesetzt werden soll, die bereits Gegenstand von Harmonisierungsmaßnahmen ist, dann macht es auch Sinn, dass die EU die Strafrechtsnormen angleichen kann.

Die Europäische Union muss schnell entscheiden können, ob und welche gemeinsamen Maßnahmen sie ergreifen will. Entscheidungsprozesse in der Europäischen Union müssen effizient sein. Dies gilt ganz besonders für Strafsachen. Die Vergangenheit hat aber gezeigt, dass dies oft nicht der Fall war. Insbesondere das Erfordernis der Einstimmigkeit im Rat hat die Effizienz behindert. Deshalb muss die Einstimmigkeit gerade in Strafsachen weitgehend zurückgedrängt werden und durch die qualifizierte Mehrheit ersetzt werden. Gerade in der jetzt erweiterten Union mit 25 Mitgliedstaaten ist dies von entscheidender Bedeutung, denn sonst

---

[63] Das Subsidiaritätsprinzip ist in Art. I-11 Abs. 3 EV verankert.

[64] Art. III-270 Abs. 2 EV.

[65] Vgl. Art. III-271 Abs. 1 UAbs. 1 EV.

[66] Art. III-271 Abs. 1 UAbs. 2 EV.

[67] Art. III-271 Abs. 1 UAbs. 3 EV.

[68] Art. III-271 Abs. 2 EV.

drohen Unbeweglichkeit und Ineffizienz. Der Konvent hat daher folgerichtig vorgeschlagen, dass nach der neuen Verfassung zukünftig auch in Strafsachen die Mehrheitsentscheidung gelten soll.

In der Regierungskonferenz war dieser Punkt allerdings bis zuletzt umstritten. Die Regelung im Verfassungsentwurf ist daher ein Kompromiss. Sie folgt dem Vorschlag des Konvents, aber es musste eine Art „Notbremse" eingebaut werden, um die Zustimmung aller Regierungschefs zum Verfassungstext zu erhalten.[69] Diese „Notbremse" sieht folgendermaßen aus: Wenn ein Mitgliedstaat der Auffassung ist, dass durch einen Rechtsakt auf dem Gebiet des Straf- oder Strafverfahrensrechts grundlegende Aspekte seiner Rechtsordnung berührt werden, kann er damit den Europäischen Rat befassen. Dieser muss dann entscheiden, ob das normale Verfahren mit Mehrheitsentscheidung im Ministerrat fortgeführt werden soll oder ob ein neuer Vorschlag vorgelegt werden muss. Zusätzlich gibt es noch eine Art Untätigkeitsregelung:[70] Wenn der Europäische Rat diese Entscheidung nicht innerhalb von vier Monaten trifft, so hat auch dies rechtliche Konsequenzen. Die Nicht-Entscheidung gilt automatisch als Ermächtigung zur verstärkten Zusammenarbeit, wenn mindestens ein Drittel der Mitgliedstaaten untereinander weitergehende Regelungen treffen wollen.

Sie sehen, das Verfahren ist recht kompliziert. Aus meiner Sicht wird es entscheidend darauf ankommen, wie diese Regelung in der Praxis gehandhabt wird. Wenn sie häufig genutzt wird, würde sie den Ministerrat wahrscheinlich blockieren und den Europäischen Rat verstopfen. Es bleibt daher zu hoffen, dass diese Regelung wirklich eine Notlösung bleibt und nicht zur Regel wird. Salopp gesagt: Man kann hoffen, dass die Scheu, die Chefs zu behelligen, auch in Zukunft eine disziplinierende Wirkung entfaltet.

Europa als Raum der Freiheit, der Sicherheit und des Rechts erfordert vor allem auch eine effektive Strafverfolgung und deshalb auch auf diesem Gebiet eine noch bessere Zusammenarbeit. Deutschland hat daher gemeinsam mit Frankreich schon in der Initiative von 2002 auch die Idee einer europäischen Staatsanwaltschaft unterstützt.[71] Derzeit gibt es zwar schon die Stelle für justitielle Zusammenarbeit Eurojust.[72] Staatsanwältinnen und Staatsanwälte aus allen Mitgliedstaaten sind dort

---

[69] Art. III-270 Abs. 3 und III-271 Abs. 3 EV.

[70] Art. III-271 Abs. 4 EV.

[71] Beitrag des Mitglieds des Konvents Herrn *Joschka Fischer* und Herrn *Dominique de Villepin*: „Deutsch-französische Vorschläge für den Europäischen Konvent zum Raum der Freiheit, der Sicherheit und des Rechts" vom 28. November 2002, Punkt I.1., CONV 435/02.

[72] Errichtet durch den Beschluss 2002/187/JI des Rates vom 28. Februar 2002 über die Errichtung von Eurojust zur Verstärkung der Bekämpfung der schweren Kriminalität,

vertreten, um die Ermittlungen in Fällen grenzüberschreitender Kriminalität zu koordinieren. Eurojust dient aber vorrangig dem Informationsaustausch und hat unterstützende Funktionen. Mit eigenen Untersuchungs- und Anklagebefugnissen ist die Stelle nicht ausgestattet. Wir sind daher dafür eingetreten, dass man aus Eurojust heraus eine neue europäische Staatsanwaltschaft schaffen sollte, die bei grenzüberschreitenden Verbrechen ermitteln soll.

Ob in der künftigen EU-Verfassung eine Rechtsgrundlage für eine europäische Staatsanwaltschaft enthalten sein sollte, war zunächst heiß umstritten. Doch letztlich konnten sich die Befürworter einer europäischen Staatsanwaltschaft durchsetzen. Infolge dessen entbrannte jedoch der Streit um ihren Umfang. Welche Befugnisse sollte eine europäische Staatsanwaltschaft nach dem Verfassungsvertrag haben? Sie können sich vorstellen, dass auch in dieser Sache ein Kompromiss gefunden wurde.[73]

Er sieht wie folgt aus: Grundsätzlich ist der Anwendungsbereich der Rechtsgrundlage auf den Schutz der finanziellen Interessen der Union begrenzt.[74] Der Europäische Rat kann aber durch einstimmigen Beschluss mit Zustimmung des Parlaments und nach Anhörung der Kommission die möglichen Befugnisse der europäischen Staatsanwaltschaft auf die Bekämpfung schwerer Kriminalität mit grenzüberschreitender Dimension ausdehnen.[75] Dafür bedarf es dann keiner Ratifikation durch die nationalen Parlamente. Aus meiner Sicht ist es sinnvoll, die Befugnisse einer europäischen Staatsanwaltschaft auch auf die Bekämpfung schwerer Kriminalität mit grenzüberschreitender Dimension auszudehnen; denn auf diesem Gebiet sind grenzüberschreitende Ermittlungen aus einer Hand mindestens genauso wichtig wie beim Schutz der finanziellen Interessen der Union, etwa beim Betrug mit Gemeinschaftssubventionen.

Ich bin also sehr zufrieden, dass der Verfassungsentwurf eine Rechtsgrundlage für die Einrichtung einer europäischen Staatsanwaltschaft vorsieht. Ob und wann sich die Mitgliedstaaten dann in der Praxis auf die Einrichtung einer solchen gemeinsamen Anklagebehörde verständigen, bleibt abzuwarten; denn die Verfassung sieht vor, dass dazu ein europäisches Gesetz einstimmig im Ministerrat verabschiedet werden und vom Parlament gebilligt werden muss.[76] Es wird daher noch viel Überzeugungsarbeit bedürfen, um alle Mitgliedstaaten von der Verwirklichung der Idee zu überzeugen. Auch die Ausgestaltung wird mit Sicherheit

ABl. Nr. L 063 vom 6. März 2002, 1, und im Verfassungsentwurf jetzt verankert in Art. III-273.

[73] Art. III-274 EV.

[74] Art. III-274 Abs. 1 EV.

[75] Art. III-274 Abs. 4 EV.

[76] Art. III-274 Abs. 1 EV.

noch viele Detailprobleme aufwerfen. Aber ich bin froh, dass in der Verfassung jedenfalls die Möglichkeit einer solchen gemeinsamen Staatsanwaltschaft verankert worden ist. Das ist ein wichtiger Schritt auf dem Weg zu einer noch besseren und effektiveren Strafverfolgung in Europa.

Der Verfassungsentwurf bringt für den Raum der Freiheit, der Sicherheit und des Rechts eine weitere wichtige Neuerung. Sie betrifft die Entscheidungszuständigkeit der europäischen Gerichtsbarkeit. Die Rolle des Europäischen Gerichtshofs war ja auch schon Thema einer eigenen Veranstaltung in dieser Vortragsreihe. Bisher war im Bereich Justiz und Inneres die Zuständigkeit des Europäischen Gerichtshofs eingeschränkt.[77] Dies leuchtete noch nie ein, denn gerade in diesem Bereich müssen die Grundrechte besonders gut geschützt sein. Künftig fallen die bestehenden Einschränkungen weg, mit einer Ausnahme: Sie betrifft die Gültigkeit und Verhältnismäßigkeit von Maßnahmen der Polizei oder anderer Strafverfolgungsbehörden eines Mitgliedstaates. Diese darf der Europäische Gerichtshof weiterhin nicht überprüfen.[78] Man mag dies bedauern, doch hier haben wir ja bereits einen hohen Rechtsschutz durch nationale Gerichte. Ich begrüße daher die Entscheidung für die gerichtliche Überprüfbarkeit des Handelns europäischer Institutionen auch im Bereich der strafrechtlichen und polizeilichen Zusammenarbeit. Wo europäische Institutionen durch Eingriffsbefugnisse die Rechte der Bürgerinnen und Bürger verletzen können, bekommen nun auch hier die Einzelnen das Recht, sich solcher Rechtsverletzungen vor dem EuGH zu erwehren.

---

[77] Seit dem Vertrag von Amsterdam sind die im Rahmen der Polizeilichen und Justitiellen Zusammenarbeit in Strafsachen gefassten Rechtsakte zwar nach Art. 35 EUV grundsätzlich der Kontrolle des EuGH unterworfen. Jedoch bleibt der Umfang der dem Gerichtshof in diesem Bereich zur Verfügung stehenden Kontrollbefugnisse hinter den im Gemeinschaftsrecht vorhandenen zurück. So wurde in Art. 35 Abs. 2, 3 EUV die Zuständigkeit für Vorabentscheidungen von der vorherigen Anerkennung durch die Mitgliedstaaten abhängig gemacht. Diese können darüber hinaus regeln, welche nationalen Gerichte vorlageberechtigt sein sollen, mithin deren Zahl begrenzen. Fraglich ist auch, ob der Gerichtshof nach Art. 35 Abs. 6 EUV im Rahmen seiner Zuständigkeit zur Kontrolle der Rechtmäßigkeit der Rahmenbeschlüsse und Beschlüsse auch befugt ist, als Rechtsfolge die Nichtigkeit des angegriffenen Rechtsakts auszusprechen. Auch die in Art. 35 Abs. 7 EUV enthaltene Verpflichtung der Mitgliedstaaten, vor Anrufung des Gerichtshofs bei Streitigkeiten über Auslegung und Anwendung der nach Art. 34 Abs. 2 EUV angenommenen Rechtsakte zunächst auf ein außergerichtliches Streitbeilegungsverfahren zurückzugreifen, zeugt von der Zögerlichkeit der Mitgliedstaaten, den EuGH im Bereich der Dritten Säule mit vollen Kompetenzen auszustatten. Die im Bereich der Ersten Säule dem Einzelnen unter bestimmten Voraussetzungen eingeräumte Möglichkeit, den Gerichtshof direkt anzurufen (vgl. Art. 230 Abs. 4 EGV), fehlt in der Dritten Säule gänzlich.

[78] Art. III-377 EV.

In Zukunft kann zudem auch im Bereich Justiz und Inneres jedes Gericht aus jedem Mitgliedstaat im Vorabentscheidungsverfahren dem Europäischen Gerichtshof europarechtliche Zweifelsfragen vorlegen[79] – ähnlich wie dies auch in unserer Verfassung nach Artikel 100 Grundgesetz für Vorlagen zum Bundesverfassungsgericht vorgesehen ist. In diesem Zusammenhang möchte ich auch erwähnen, dass nach dem Verfassungsentwurf die Anfechtungsmöglichkeit allgemeiner Rechtsakte erweitert worden ist, und zwar für die ganze Bandbreite der Unionstätigkeit. Das heißt: Gegen Rechtsakte mit Verordnungscharakter kann ein Einzelner in Zukunft klagen, wenn er unmittelbar betroffen ist und der Rechtsakt keine Durchführungsmaßnahmen nach sich zieht.[80]

Von fundamentaler Bedeutung für den Raum der Freiheit, der Sicherheit und des Rechts sind die Grundrechte. Die Grundrechte sind ein Wesenselement jeder Rechtsstaatlichkeit, und ihre Verankerung ist daher auch für die Kompetenzen im Justizbereich von besonderer Bedeutung. Es ist daher ein großer Fortschritt, dass die EU-Grundrechtecharta in die Verfassung aufgenommen wurde. Damit wird sie rechtlich verbindlich. Bürgerinnen und Bürger können sich vor Gericht auf die darin verbrieften Rechte berufen. Die prominente Stellung des Grundrechtekatalogs als Teil II der Verfassung macht deutlich, dass die Rechte des einzelnen Menschen im Mittelpunkt des Handels der Union stehen. Ich bin ganz sicher, dass dies auch die Identifikation der Bürgerinnen und Bürger mit ihrer Europäischen Union fördern wird.

Ich habe schon mehrfach darauf hingewiesen: Auch im Bereich der strafrechtlichen Zusammenarbeit werden in Zukunft Mehrheiten ausreichen, um eine Beschlussfassung herbeizuführen. Wie aber kommen nun Mehrheitsentscheidungen nach der EU-Verfassung überhaupt zustande? Dies war eine Frage, die die Regierungschefs bis zuletzt beschäftigt hat. Mit dem System der doppelten Mehrheit[81] konnte ein einleuchtendes Grundprinzip für die Beschlussfassung im Rat gefunden werden, das im Detail weitere Verästelungen aufweist. Ich möchte Ihnen das Prinzip der Mehrheitsentscheidung nach dem Verfassungsentwurf daher so einfach wie möglich schildern. Eine qualifizierte Mehrheit im Rat ist dann gegeben, wenn 55 % der Mitgliedstaaten und zugleich 65 % der Bevölkerung erreicht sind. Um Kritikern entgegenzukommen, ist eine weitere Schwelle eingebaut worden. Das heißt: Eine Mehrheit kommt nur zustande, wenn mindestens 15 Mitgliedstaaten zustimmen. Solange die Union 25 Mitgliedstaaten hat, müssen demnach im Ergebnis doch 60 % der Mitgliedstaaten zustimmen. Und bei ablehnenden Entscheidungen kann die Schwelle der Bevölkerung auch niedriger als 65 % sein, weil eine

[79] Art. III-369 EV.

[80] Art. III-365 Abs. 4 EV.

[81] Art. I-25 Abs. 1 UAbs. 1 EV.

Sperrminorität von mindestens vier Mitgliedstaaten vorgesehen ist.[82] Ein Beispiel dafür: Selbst wenn die drei größten Mitgliedstaaten – also Deutschland, Frankreich und Großbritannien – gegen einen Beschluss stimmen, dann reicht das zur Ablehnung nicht aus, sondern es müsste ein weiterer Mitgliedstaat hinzukommen.

Die Verfassung sieht noch weitere Feinheiten vor, die ich hier nicht alle ausführen möchte. Ungeachtet all dieser Details bin ich jedoch davon überzeugt, dass wir mit dieser Regelung in der Praxis zu einem Abstimmungsverfahren kommen werden, das effizienter und repräsentativer sein wird als das geltende.

Durch die Verfassung wird zudem das Europäische Parlament wesentlich gestärkt: Das Mitentscheidungsverfahren wird zum ordentlichen Gesetzgebungsverfahren der Gemeinschaft.[83] Dies gilt auch für den Raum der Freiheit, der Sicherheit und des Rechts. Das begrüße ich sehr, auch wenn Deutschland nach der neuen Regelung nicht mehr ganz so zahlreich im Europäischen Parlament vertreten sein wird wie bisher. Bisher – vor der EU-Osterweiterung – hatten wir 99 von 626 Abgeordneten. Nach den Europa-Wahlen im Juni werden es 99 Abgeordnete von 732 sein. Nach der Verfassung wird Deutschland zukünftig mit 96 von höchstens 750 Parlamentariern vertreten sein.[84] Das bedeutet einen Verlust an Repräsentativität für die deutschen Wählerinnen und Wähler, aber ich denke, dass dieser noch hinnehmbar ist.

Manche meinen, dass der Titel „Europäische Verfassung“ zu hoch greift und dass er deswegen vielleicht auch unnötig Widerspruch oder Ablehnung provoziert.[85] Ich bin nicht dieser Meinung. Denn das Dokument bezeichnet sich ja ganz ehrlich als Vertrag über eine Verfassung für Europa. Es handelt sich um einen völkerrechtlichen Vertrag, der von einer Regierungskonferenz vereinbart wird und von allen Mitgliedstaaten als internationales Übereinkommen ratifiziert werden muss.[86] Vom Inhalt her betrachtet aber ist es eine Verfassung im Sinne einer rechtlichen Grundordnung der Union. Ich halte es daher für richtig, dass wir von einer europäischen Verfassung sprechen. Denn mit dem Wort „Verfassung“ wird der politische Anspruch dokumentiert, die rechtliche Grundordnung des europäischen Gemeinwesens legen zu wollen.

Mit dem Entwurf einer europäischen Verfassung sind wir auf dem Weg zu einem Europa als einem Raum der Freiheit, der Sicherheit und des Rechts ein

---

[82] Art. I-25 Abs. 1 UAbs. 2 EV.

[83] Art. I-34 und III-396 EV.

[84] Art. I-20 Abs. 2 UAbs. 1 EV.

[85] Vgl. zur Problematik allgemein *Pechstein* (Anm. 5), Rn. 27 ff.; *D. Grimm,* Braucht Europa eine Verfassung?, Juristenzeitung 1995, 581 (590 f.).

[86] Art. IV-447 Abs. 1 EV.

gutes Stück weiter vorangekommen. Die Kompromisse, die geschlossen werden mussten, damit sich alle Regierungschefs auf einen gemeinsamen Verfassungstext einigen konnten, sind annehmbar. Europa als Raum der Freiheit, der Sicherheit und des Rechts erhält durch die sich abzeichnende Verfassung entscheidende und wertvolle Impulse. Allein schon die Einführung des Gemeinschaftsverfahrens, aber auch die Präzisierung der strafrechtlichen Rechtsgrundlagen und der Übergang zur Mehrheitsentscheidung als Regel für die Beschlussfassung im Rat werden einen erheblichen Effizienzschub bewirken.

Mir ist daher sehr an der Ratifikation des Verfassungsvertrags gelegen. Die Fortschritte, die der Entwurf im heute hier vorgestellten Kapitel vorsieht, müssen so bald wie möglich Wirklichkeit werden. Wir brauchen verbesserte Handlungsgrundlagen zur Lösung der vielfältigen Aufgaben, die auf dem Gebiet der Rechtspolitik nur auf überstaatlicher Ebene gelöst werden können. Europa als Raum der Freiheit, der Sicherheit und des Rechts bekommt deutlichere Konturen. Nun geht es daran, diese Konturen weiter mit Leben zu füllen.

Die Rolle des Gerichtshofs im Entwurf der Europäischen Verfassung

Von Jörn Axel Kämmerer

Inmitten der Kontroversen um den Vertrag über eine Verfassung für Europa bilden die Vorgaben für die Gewährung von Rechtsschutz durch den Europäischen Gerichtshof gleichsam einen Fels in der Brandung. Die betreffenden Normen der Europäischen Verfassung (EV), vornehmlich Art. I-29 und Art. III-353 ff., transponieren vorwiegend Bewährtes, über welchem eine Mehrzahl kleinerer Innovationen jedoch nicht übersehen werden sollte. Schon der Vertrag von Nizza ging mit judikativen Reformen auf breiter Front einher,[1] die in den Grundzügen auch als gelungen gelten können, weswegen insoweit auf der Verfassung kein hoher Reformdruck mehr lastete. Da von einigen der durch Nizza eingeführten Vorschriften noch nicht Gebrauch gemacht worden ist und die Verfassung auf diesen Änderungen in mehrfacher Hinsicht aufbaut, soll im Folgenden auch auf sie eingegangen werden. Die Untersuchung orientiert sich dabei an der Leitfrage, ob dem EuGH dank dem Nizza-Vertrag und der Europäischen Verfassung ein grundlegender Funktionswandel attestiert werden kann.

A. Nizza: Vorwiegend institutionelle Reformen

In institutioneller, weniger in kompetenzieller Hinsicht, trug der Vertrag von Nizza für signifikante Änderungen am gemeinschaftlichen Justizapparat Sorge, auch wenn sie noch nicht sämtlich Wirkung entfaltet haben.[2] So ist, obschon alle Spruchkörper weiterhin als Teile des Gesamtorgans Gerichtshof gelten, die unvollkommene Zweigliedrigkeit des Gerichtssystems aus dem Europäischen Gericht

---

[1] Ausführlich die Beiträge in: Everling/Müller-Graff/Schwarze (Hrsg.), Die Zukunft der Europäischen Gerichtsbarkeit nach Nizza, Europarecht (EuR) – Beiheft 1 – 2003; darin weiterführende Literaturhinweise v.a. bei *U. Everling*, Grundlagen der Reform der Gerichtsbarkeit der EU durch Nizza, 7 (17), sowie bei *J. Azizi,* Direktklagen und Sonderbereiche beim Gericht erster Instanz, 87 (89).

[2] Vgl. dazu auch *B. Wegener,* in: Calliess/Ruffert (Hrsg.), Kommentar zu EU-Vertrag und EG-Vertrag, 2. Aufl. 2002, Art. 225 EGV, Rn. 1, sowie Art. 225a EGV, Rn. 1.

erster Instanz (EuG) und dem Europäischen Gerichtshof (EuGH) zu einem regelrechten Instanzenzug ausgebaut worden. Erstmals verfügt das EuG über einen Katalog aus vertraglich verankerten Kompetenzen und ist insoweit funktional dem EuGH angeglichen. Neu eröffnet wird die Möglichkeit zur Einrichtung gerichtlicher Kammern.[3] Anders als jene Kammern, die lediglich als Spruchkörper des EuGH fungieren,[4] können „gerichtliche Kammern" als selbstständige Organe erstinstanzliche Entscheidungen fällen. In diesen nach dem Wortlaut des Vertrags dem EuG „beigeordneten" Institutionen (Art. 220 II EGV) findet sich die Keimzelle einer künftigen Fachgerichtsbarkeit;[5] ihre Umbenennung in „Fachgerichte" durch die Verfassung ist insoweit konsequent. Gerichtliche Kammern werden durch einstimmigen Ratsbeschluss errichtet und verfügen nur über die ihnen im Beschluss ausdrücklich zugewiesenen Kompetenzen. Bislang sind solche Einrichtungsakte nicht erfolgt.[6]

Mit den gerichtlichen Kammern *alias* Fachgerichten präsentiert sich das im Aufbau begriffene gemeinschaftliche Rechtsschutzsystem als dreigliedriges, wobei jedoch stets maximal zwei Rechtszüge zur Verfügung stehen. Die Verlagerung von Kompetenzen auf EuG und Kammern trägt zur Entlastung des EuGH bei, der seine Funktion als Verfassungsgericht, als Kompetenzgericht insbesondere, effizienter wahrnehmen kann. Zugleich nimmt die Spezialisierung zu. Dies ist auch deshalb begrüßenswert, weil die multiplen Funktionen des Gerichtshofs – Verfassungs- und Verwaltungsgericht, Berufungsinstanz, Zivilgericht, Schiedsgericht etc.[7] – in einem tendenziell universalistischen Binnenmarkt von einem einzigen Rechtsprechungskorpus nur noch um den Preis abnehmender Qualität der Judikate wahrgenommen werden könnten. Die Ausdifferenzierung der Befugnisse erlaubt

---

[3] *Id.,* Art. 225 a, Rn. 1, qualifiziert dies gerade wegen der Offenheit der Ermächtigung als „potentiell weitreichendste Neuerung im Rechtsschutzsystem der Gemeinschaft".

[4] Dazu *P. Karpenstein/O. Langner,* in: Grabitz/Hilf (Hrsg.), Das Recht der Europäischen Union, Kommentar, Art. 221 EGV, Rn. 13 ff. (22. EL Aug. 2003).

[5] Zu den Vorteilen einer Spezialisierung vgl. *K. Hopt,* Reform der Europäischen Gerichtsbarkeit – Überlegungen zur aktuellen Reformdiskussion, Rabels Zeitschrift 66 (2002), 589 (597 f.); *H. Kötz,* Alte und neue Aufgaben der Rechtsvergleichung, Juristenzeitung 2002, 257.

[6] Ausführlich zu den Kriterien für die Schaffung gerichtlicher Kammern und zu den für die Errichtung in Diskussion stehenden Rechtsmaterien *Azizi* (Anm. 1), 99 ff.; ferner *H. Jung,* in: von der Groeben/Schwarze (Hrsg.), Kommentar zum Vertrag über die Europäische Union und zur Gründung der Europäischen Gemeinschaft, 6. Aufl. 2004, Art. 224–225a EG, Rn. 63 ff.

[7] Zur Funktion des EuGH als Verfassungsgericht sowie zu seinen sonstigen Funktionen siehe *A. Middeke,* in: Middeke/Rengeling/Gellermann (Hrsg.), Handbuch des Rechtsschutzes in der Europäischen Union, 2. Aufl. 2003, § 4, Rn. 18 ff.; ferner *I. Pernice/F. C. Mayer,* in: Grabitz/Hilf (Anm. 4), Art. 220 EGV, Rn. 13 ff. (20. EL Aug. 2002).

auch, die besondere Fachqualifikation der für ein Richteramt in Betracht kommenden Persönlichkeiten stärker als bisher in Ansatz zu bringen. Der EuGH zieht sich mehr auf seine Rolle als Verfassungsgericht zurück:[8] Er ist zuständig für Nichtigkeits- und Untätigkeitsklagen, die von Mitgliedstaaten, Gemeinschaftsorganen oder der Europäischen Zentralbank (EZB) erhoben werden, also quasi für Organstreitigkeiten (Art. 225 I 1 letzter Hs. EGV i.V.m. Art. 51 Satzung des Gerichtshofs), und stets für Vertragsverletzungsklagen und Vorabentscheidungsanträge, funktional gesehen also Normenkontrollen.[9] Dieser Funktion ist die Beschränkung des Rechtswegs auf eine Instanz angemessen. Generalanwälte agieren, wie bisher auch schon, ausschließlich vor dem EuGH.[10] In die Zuständigkeit des EuG fallen vorbehaltlich der eventuell an gerichtliche Kammern abzugebenden Kompetenzen: Untätigkeits- und Nichtigkeitsklagen von Individuen, Schadensersatzklagen und dienstrechtliche Streitigkeiten.[11] Gegen die vom EuG erlassenen Urteile verwaltungsrechtlicher oder zivilrechtlicher Prägung kann Rechtsmittel mit Devolutiveffekt erhoben werden.[12] Dieses hat den Charakter einer Revision, ist also auf die Überprüfung von Rechtsfragen beschränkt (Art. 225 I Uabs. 2 EGV).[13] Fungiert eine gerichtliche Kammer als erste fachgerichtliche Instanz, kann der EuGH nicht mehr mit dem Rechtsstreit befasst

---

[8] Diese Tendenz betonen *H.-W. Rengeling/A. Middeke,* in: Middeke/Rengeling/Gellermann (Anm. 7), § 1, Rn. 9.

[9] Zu diesem weiten, materiellen Verständnis der verfassungsgerichtlichen Funktion des Gerichtshofes vgl. *Middeke* (Anm. 7), § 4, Rn. 18; *G. C. Rodríguez Iglesias,* Der Gerichtshof der Europäischen Gemeinschaften als Verfassungsgericht, 1992, 7 ff.

[10] Der Vorschlag, dem EuG die Unterstützung durch ständige Generalanwälte zukommen zu lassen, wurde von der Regierungskonferenz in Nizza nicht aufgenommen.

[11] Ausgeklammert aus der nach Art. 225 Abs. 1 EGV generell vorgesehenen Zuständigkeit des EuG in diesen Bereichen wurden durch Art. 51 Satzung des Gerichtshofs die von den Mitgliedstaaten, den Gemeinschaftsorganen sowie die von der Europäischen Zentralbank erhobenen Klagen, so dass sich im Bereich direkter Klagen keine Erweiterung der Zuständigkeit des EuG ergeben hat. Art. 12 der von der Regierungskonferenz angenommenen Erklärung sieht jedoch eine baldige Überprüfung der Zuständigkeitsverteilung zwischen EuGH und EuG, insbesondere in Bezug auf direkte Klagen vor.

[12] Rechtsmittel können nach Art. 225 I Uabs. 2 EGV i.V.m. Art. 58 Satzung des Gerichtshofs nur auf die Unzuständigkeit des Gerichts, auf einen Verfahrensfehler, durch den die Interessen des Rechtsmittelführers beeinträchtigt werden, sowie auf eine sonstige Verletzung des Gemeinschaftsrechts durch das EuG gestützt werden; vgl. dazu mit Nachweisen der Rechtsprechung *Wegener* (Anm. 2), Art. 225 EGV, Rn. 11; *Jung* (Anm. 6), Rn. 128–196.

[13] Zu der in der Praxis des EuGH schwierigen Unterscheidung zwischen Rechts- und Tatsachenfragen vgl. *B. Wägenbaur,* Die Prüfungskompetenz des EuGH im Rechtsmittelverfahren, Europäische Zeitschrift für Wirtschaftsrecht (EuZW) 1995, 199 ff.; *Jung* (Anm. 6), Rn. 166.

werden.[14] Gegen die Entscheidung der Kammer kann lediglich Rechtsmittel zum EuG eingelegt werden. Auch dieses ist auf die Überprüfung von Rechtsfragen beschränkt, wenn nicht der Beschluss über die Bildung der Kammern etwas anderes vorsieht (Art. 225a III EGV).[15]

Auch innerhalb des EuGH (i.e.S.) führte der Nizza-Vertrag strukturelle Änderungen herbei, die im Zeichen der Effizienzsteigerung standen. Eröffnete der Amsterdamer Vertrag lediglich die Möglichkeit, Kammern zu bilden – als Ausnahme zum Grundsatz der Plenumsentscheidung –, ist nunmehr die Entscheidung durch Kammern oder die Große Kammer nach Maßgabe der Satzung zur Norm erhoben (Art. 221 II EGV). Nur wenn die Satzung es vorsieht,[16] so Art. 221 III EGV, „kann der Gerichtshof auch als Plenum tagen". Diese Verkleinerung der Spruchkörper ist auch vor dem Hintergrund der wachsenden Zahl von Richtern zu sehen. Die Begrenzung auf 15 ist seit Nizza durch einen Mechanismus dynamischen Wachstums[17] ersetzt: Jeder Mitgliedstaat stellt einen,[18] beim EuG gar „mindestens" einen Richter.

Dem institutionellen Umbau steht, wie bereits erwähnt, nur eine bescheidene Erweiterung des Zuständigkeitsrahmens durch „Nizza" gegenüber. Das Europäische Parlament wurde in den Rang eines privilegierten Klageberechtigten bei der

---

[14] Anderes ergibt sich auch nicht aus der in Absatz 2 des Art. 225 EGV „in Ausnahmefällen" vorgesehenen Überprüfung der Rechtsmittelentscheidungen des Gerichts erster Instanz (betreffend Entscheidungen der gerichtlichen Kammern) durch den Gerichtshof. Dieses nur durch Initiative des Ersten Generalanwaltes auslösbare Verfahren dient anders als herkömmliche Rechtsmittelverfahren nicht dem Interesse der Parteien, sondern ausschließlich der Wahrung der Einheit und Kohärenz des Gemeinschaftsrechts; dazu *Jung* (Anm. 6), Rn. 200.

[15] Diese Möglichkeit dürfte vor allem mit Blick auf die Errichtung einer gerichtlichen Kammer für patentrechtliche Streitigkeiten zwischen Privaten vorgesehen worden sein; dazu *Jung* (Anm. 6), Rn. 70.

[16] Eine Plenumsentscheidung ist nach Art. 16 Abs. 4 der Satzung des Gerichtshofs nur in Verfahren der Amtsenthebung oder in Verfahren der Aberkennung von Ruhegehaltsansprüchen oder sonstigen Vergünstigungen vorgesehen, die Mitglieder der Kommission bzw. des Rechnungshofes oder den Bürgerbeauftragten betreffen; nach Abs. 5 kann eine Verweisung ferner dann erfolgen, wenn der Gerichtshof eine Sache als außerordentlich bedeutsam einstuft; dazu *Karpenstein/Langner* (Anm. 4), Art. 221 EGV, Rn. 25 ff.; ferner *S. Hackspiel,* in: von der Groeben/Schwarze (Anm. 6), nach Art. 245 EG, Satzung des Gerichtshofs – Art. 16, Rn. 7 f.

[17] *Karpenstein/Langner* (Anm. 4), Art. 221 EGV, Rn. 12.

[18] Im Gegensatz zur Regelung über die Kommission ist für die Richter weder ausdrücklich vorgeschrieben, dass sie die Staatsangehörigkeit eines Mitgliedstaates besitzen müssen, noch ist die Zahl der Richter, die demselben Mitgliedstaat angehören dürfen, begrenzt; vgl. dazu *S. Hackspiel,* in: von der Groeben/Schwarze (Anm. 6), Art. 221 EG, Rn. 8.

Vertragsverletzungsklage erhoben (Art. 230 II, III EGV). Neu eingefügt wurde Art. 229a EGV, der dem Rat die Möglichkeit eröffnet, dem Gerichtshof eine Entscheidungszuständigkeit im Zusammenhang mit der Anwendung gemeinschaftlicher Rechtsakte zu verschaffen, „mit denen gemeinschaftliche Titel für den gewerblichen Rechtsschutz geschaffen werden".[19] Hinter dieser etwas gewundenen Formulierung verbirgt sich die Kompetenz des Rates, den Gerichtshof auch zum Patentgericht i.e.S. auszubauen.[20] Hinsichtlich binnenmarktrechtlicher Aspekte der Patentvergabe bzw. -ausübung agiert er bei genauer Betrachtung schon heute als solches. Da die spezifisch patentrechtlichen Gewährleistungen, auch Fragen der Patentverletzung und ihrer Folgen – u.a. Schadensersatz – sowie solche der Nichtigkeit,[21] durch zwischenstaatliche Übereinkommen geregelt sind, kamen Vorlagen an den EuGH gemäß Art. 234 EGV nicht in Betracht.[22] Die Novelle eröffnet nunmehr die Möglichkeit, auch im Bereich des gewerblichen Rechtsschutzes eine einheitliche höchstrichterliche Rechtsprechung zu erwirken.[23] Materialiter ist das Verfahren nach Art. 229a als Vertragsänderung anzusehen, die Satz 2 den Mitgliedstaaten zur Ratifikation „empfiehlt". Diese Bestimmung ist so zu interpretieren, dass die Wirksamkeit des Ratsbeschlusses auf die Ratifikanten beschränkt bleibt. Eine materielle Vergemeinschaftung des gewerblichen Rechts-

---

[19] Gefordert wurde eine solche Möglichkeit etwa von *H. Jung,* Gemeinschaftsmarke und Rechtsschutz, in: Due/Lutter/Schwarze (Hrsg.), Festschrift Everling, 1995, Band 1, 611 (626 ff.); zu dem mit der Aufnahme dieses Artikels verfolgten Ziel, die Einrichtung eines Sondergerichts für Rechtsstreitigkeiten über gemeinschaftliche Rechtstitel auf dem Gebiet des gewerblichen Rechtsschutzes zu verhindern, vgl. *C. Gaitanides,* in: von der Groeben/Schwarze (Anm. 6), Art. 229a EG, Rn. 1.

[20] Die weitere Entwicklung des gemeinschaftlichen Rechtsschutzsystems im Bereich des gewerblichen Rechtsschutzes ist damit indes noch nicht zwingend vorgezeichnet, betont doch die Regierungskonferenz in einer gemeinsamen Erklärung zu Art. 229a EGV ausdrücklich, dass der Wahl des hierfür zu schaffenden gerichtlichen Rahmens nicht vorgegriffen werden solle (Nr. 17 der von der Konferenz angenommenen Erklärungen).

[21] Vgl. zum Diskussionsstand über die Zuständigkeit eines europäischen Patentgerichts *A. Sedemund-Treiber,* Braucht ein europäisches Patentgericht den technischen Richter?, Gewerblicher Rechtsschutz und Urheberrecht (GRUR) 2001, 1004 (1004); *S. Luginbühl,* Streitregelungsübereinkommen vs. Gemeinschaftspatent, GRUR Int. 2004, 357 (360); *J. Schade,* Das Streitregelungssystem zum Gemeinschaftspatent nach dem Verordnungs-Vorschlag der Kommission, GRUR 2000, 827 (829 f.); frühzeitig bereits *D. Stauder,* Auf dem Weg zu einem europäischen Patentgericht, GRUR Int. 1979, 173 (180).

[22] Anders etwa im Markenrecht, dazu *W. Berlit,* Die Europäisierung des Markenrechts durch die Rechtsprechung des Europäischen Gerichtshofs, Europäisches Wirtschaft- & Steuerrecht 2004, 113 ff.

[23] *K.-B. Borchardt,* in: Lenz/Borchardt (Hrsg.), EU- und EG-Vertrag, Kommentar, 3. Aufl. 2003, Art. 229a EGV, Rn. 1.

schutzes erfolgt also nicht; vielmehr weist die Einschaltung des EuGH Züge der Organleihe auf.

Seit dem 23.12.2003 liegt ein Kommissionsvorschlag für die Errichtung eines Gemeinschaftspatentgerichtes vor.[24] Die Kommission regt darin einen „Doppelbeschluss" unter Rekurs sowohl auf Art. 229a als auch 225a EGV an, m.a.W. also nicht die Betrauung des EuGH mit Patentangelegenheiten, sondern die Einrichtung des Patentgerichtes als gerichtliche Kammer. Die Gründe dafür liegen auf der Hand: Individualstreitigkeiten werden vom EuGH ferngehalten; vergemeinschafteter Rechtsschutz ist gewährleistet; eine Rechtsmittelinstanz in Gestalt des EuG wird eröffnet. Bei diesem möchte die Kommission eine „spezielle Rechtsmittelkammer für Patentsachen" ansiedeln, wie sie angesichts des besonderen technischen Sachverstandes, der dessen Richtern abverlangt wird, auch auf nationaler Ebene üblich ist.[25]

B. Verfassung: Vorwiegend Zuständigkeitserweiterung

Der institutionellen Reform durch Nizza lässt die Europäische Verfassung nunmehr Änderungen der Zuständigkeiten des Gesamtorgans folgen. Ihrem moderaten Umfang wird das Wort Arrondierung eher gerecht als das der Reform. An den Grundstrukturen des Gerichtshofs ändert die Verfassung, wie zu zeigen sein wird, kaum etwas.

I. Institutionelle Änderungen

Die Verfassung folgt dem Ansatz, die „Grunddaten" der EU-Organe, so in Art. I-28 EV auch des Gerichtshofs, „vor die Klammer" zu ziehen, ohne dass damit eine Änderungen der Rechtsgrundlagen intendiert würde. Die Zahl der EuGH-Richter entspricht auch in Zukunft derjenigen der Mitgliedstaaten. Für das EuG gibt Art. III-356 (1) EV diesen bereits durch „Nizza" aufgeweichten Grundsatz dagegen vollends auf und verfügt nur mehr, dass die Zahl der Richter in der Satzung des Gerichtshofs der EU festgelegt wird. Die Ernennung von Richtern und Generalanwälten erfolgt wie bisher durch die Regierungen der Mitgliedstaaten; doch werden diese künftig durch einen beratenden Ausschuss aus sieben Juristen-

---

[24] Vorschlag für einen Beschluss des Rates zur Errichtung eines Gemeinschaftspatentgerichts und betreffend das Rechtsmittel vor dem Gericht erster Instanz vom 23.12.2003, KOM 2003 (828) endg.

[25] Vgl. dazu insb. *Sedemund-Treiber* (Anm. 21), 1010 f.

persönlichkeiten bei der Auswahl sekundiert (Art. III-357, III-355 (1), III-356 (2) EV). Damit soll offenbar an die mitgliedstaatliche Verantwortung gegenüber dem Gemeinschaftsinteresse bei der Richterwahl appelliert werden, aber auch personelle Kontinuität erzeugt werden. Wie der Ausschuss konstituiert wird, legt der Vertrag nicht fest, sondern überlässt dies dem Rat, der einen Europäischen Beschluss auf Initiative des EuGH-Präsidenten zu fällen hat.

Andere Änderungen auf institutionellem Gebiet sind lediglich terminologischer Art: Die gerichtlichen Kammern werden zu „Fachgerichten" erhoben. Deren Verselbstständigung wird dadurch illustriert, dass von einer Beiordnung zum EuGH nicht mehr die Rede ist. Auch ist ihre Einrichtung künftig nicht mehr durch Ratsbeschluss, also bloßen Organisationsakt, möglich, sondern erfordert ein Europäisches Gesetz (Art. III-359 (1) EV). Angesichts dieser Aufwertung der Fachgerichte konnte der Zusatz „erster Instanz" für das EuG keinen Fortbestand haben. Der Vertrag bezeichnet das EuG lapidar als „das Gericht", während die englische Textfassung von „High Court", die französische von „Tribunal de grande instance" und die niederländische immerhin noch von „Rechtbank" spricht. Der Unterscheidung zwischen den Rechtsprechungsinstanzen wird ein solches Übermaß an Vereinfachung, das offenbar auf einen Änderungsvorschlag *Joschka Fischers* zurückgeht, nicht förderlich sein. Trotz der Aufwertung der beiden unteren Instanzen hält der europäische Verfassungsgeber an der Organeinheit fest:[26] Fachgerichte, Gericht und Europäischer Gerichtshof fügen sich zum bisherigen Gemeinschafts- und künftigen Unionsorgan mit Namen „Gerichtshof", im vollen Wortlaut: Gerichtshof der Europäischen Union. Da die Organeigenschaft hauptsächlich für den Rechtsschutz – also die Anrufung des Gerichtshofs – maßgeblich ist, kommt der Frage nach dessen *eigener* Organnatur kaum praktische Bedeutung zu. Eher wird Verwirrung gestiftet, wenn weiter zwischen dem „Gerichtshof" einerseits, der sich selbst als „Gerichtshof der Europäischen Union" präsentiert, und dem „Europäischem Gerichtshof" unterschieden werden muss.

II. Änderungen im Verfahrensrecht

Bei der Würdigung der neuen verfahrensrechtlichen Rolle des Gerichtshofs ist zu unterscheiden zwischen Änderungen des den Gerichtshof betreffenden Verfas-

---

[26] Zur Organeinheit zwischen EuGH und EuG vgl. *U. Everling,* Zur Fortbildung der Gerichtsbarkeit der Europäischen Gemeinschaften durch den Vertrag von Nizza, in: Cremer/Giegerich/Richter/Zimmermann (Hrsg.), Tradition und Weltoffenheit des Rechts, Festschrift für Helmut Steinberger, 2002, 1103 (1105); *H. Jung,* Das Gericht erster Instanz der Europäischen Gemeinschaften, EuR 1990, 228 (249); *Karpenstein/Langner* (Anm. 4), Art. 224 EGV, Rn. 23.

sungsabschnitts und Neuerungen in anderen Bereichen, die auf die Position des Gerichtshofs ausstrahlen.

1. Modifizierte Sachentscheidungsvoraussetzungen

a) Vertragsverletzungsklage

Art. III-362 EV führt beim Vertragsverletzungsverfahren mehrere Verfahrensvereinfachungen herbei: Der bisherige Art. 228 II EGV, wonach die Kommission bei Nichtbefolgung eines gegen einen Mitgliedstaat verhängten EuGH-Urteils wegen Vertragsverletzung eine begründete Stellungnahme zur Frage abzugeben hat[27] und erst dann beim Gerichtshof die Verhängung eines Pauschalbetrags oder Zwangsgeldes beantragen kann,[28] entfällt; das neue Recht verlangt nur noch die Anhörung des betroffenen Staates vor der Anrufung des Gerichtshofes. Wo Gegenstand des Verfahrens die (Nicht-)Umsetzung Europäischer Rahmengesetze ist, erlaubt Art. III-362 (3) EV gar die Verbindung beider Verfahrensschritte. Für die doppelte Verurteilung im gleichen Verfahrenszug genügt, dass der Mitgliedstaat die Maßnahmen zur Umsetzung des Rahmengesetzes nicht notifiziert hat. Erst recht muss dann die Nichtumsetzung in materieller Hinsicht ein einheitliches Verfahren legitimieren. In bestimmten Fällen ist bei Klagen durch die Kommission oder den Mitgliedstaat ein „Warnschuss" entbehrlich, wenn die Auffassung geltend gemacht wird, dass ein Mitgliedstaat seine Befugnisse missbraucht. Dies ist so vorgesehen bei der Abweichung von Harmonisierungsvorgaben (Art. III-172 (9) EV) und wenn Dienstleistungen der Daseinsvorsorge und Beschränkungen des freien Dienstleistungsverkehrs Streitgegenstand sind (Art. III-132 EV). Auf das solchermaßen beschleunigte Verfahren kann die Kommission auch bei Verstößen gegen das Beihilfenverbot rekurrieren (Art. III-168 (2) Uabs. 2 EV).

b) Nichtigkeits- und Unterlassungsklage

Bei der Nichtigkeits- sowie der Unterlassungsklage setzt die Verfassung deutliche eigene Akzente. Hierzu zählt die Erweiterung des Kreises potenzieller

[27] Zum Sanktionsverfahren *P. Karpenstein/U. Karpenstein,* in: Grabitz/Hilf (Anm. 4), Art. 228 EGV, Rn. 18 ff. (14. EL Okt. 2003); *C. Gaitanides,* in: von der Groeben/Schwarze (Anm. 6), Art. 228 EG, Rn. 11 ff.

[28] Dazu *S. Heidig,* Die Verhängung von Zwangsgeldern und Pauschalbeiträgen gegen die Mitgliedstaaten der EG. Das Sanktionsverfahren nach Art. 228 Abs. 2 EGV, 2001.

Beklagter. Der gerichtlichen Überprüfung im Wege der Nichtigkeitsklage unterliegen künftig auch Handlungen der „Einrichtungen oder sonstigen Stellen der Union", vorausgesetzt, sie entfalten Rechtswirkung gegenüber Dritten (Art. III-365 (1) 2 EV). Gleiches gilt nach Art. III-367 (1) 2 EV für die Unterlassungsklage. Der Wortlaut dieses Passus, dessen ursprüngliche Textfassung sich auf „Einrichtungen, Ämter und Agenturen" bezog, ist nunmehr etwas besser mit Teil I, Titel IV, Kapitel II der Verf. abgestimmt, in dessen ursprünglicher Fassung Ämter und Agenturen überhaupt nicht aufgeführt waren. Zu den „sonstigen Organen und Einrichtungen" gehört auch die EZB,[29] die jedoch schon durch Art. III-365 (1) 1 und III-367 (1) 1 EV ausdrücklich zur möglichen Antragsgegnerin erhoben wird. Wenig Bedeutung werden diese Vorschriften für den Rechnungshof entfalten, den Art. I-31 EV als „Organ" deklariert, der jedoch grds. keine rechtsverbindlichen Akte mit Außenwirkung setzt.[30] Nach Art. III-365 (3) kommt er jedoch als (nicht privilegierter) Antragsteller in Betracht. Der Wirtschafts- und Sozialausschuss (WSA) könnte als „beratende Einrichtung" (Art. I-32 EV) zwar unter Art. III-365 (1) 2 EV subsumiert werden, doch fallen ihm lediglich Beratungsaufgaben zu.[31]

Was „Einrichtungen oder sonstige Stellen" betrifft, tritt an die Stelle der bisherigen Rechtszersplitterung – Individualrechtsschutz wird nur gewährt, soweit dies ausdrücklich vorgesehen ist[32] – der widerlegliche Grundsatz der Anfechtbarkeit. Art. III-365 (5) EV eröffnet die Möglichkeit, die Gründungsakte der Einrichtungen oder sonstige Stellen der Union mit Bedingungen für die Klageerhebung natürlicher und juristischer Personen gegen diese Institutionen zu versehen. Die Wendung „Einrichtungen oder sonstige Stellen" scheint an vielen Stellen der Verfassung auf, doch werden die Begriffe weder definiert noch einzelne Entitäten ihnen zugeordnet. Ohne weiteres lassen sich Gemeinschaftsagenturen darunter subsumieren, die in der ursprünglichen Textfassung ausdrückliche Erwähnung gefunden hatten. Die EG selbst will als „Gemeinschaftsagentur" eine nicht mit den Gemeinschaftsinstitutionen zusammenhängende Einrichtung „des europäischen öffentlichen Rechts" verstanden wissen, die mit eigener Rechtspersönlichkeit ausgestattet ist und durch einen Rechtsakt des sekundären Gemeinschaftsrechts

---

[29] Die EZB wird nunmehr in Teil I, Titel IV, Kapitel II, Art. 29 (3) EV ausdrücklich als Organ bezeichnet, während ihr nach Art. 8 EG nur eine organähnliche Stellung zukommt (dazu *U. Häde,* in: Calliess/Ruffert (Anm. 2), Art. 8 EGV, Rn. 4).

[30] Zu den fehlenden Exekutivbefugnissen des Rechnungshofes *A. Kallmayer,* in: Calliess/Ruffert (Anm. 2), Art. 246 EGV, Rn. 2.

[31] Zur Selbstbeschreibung des WSA als „Forum" und „Sprachrohr" der „organisierten Zivilgesellschaft" vgl. die Stellungnahme des WSA zum Thema „Regierungskonferenz 2000 – Die Rolle des WSA", ABl. EG 2000 Nr. C 117/28.

[32] Dazu das Arbeitsdokument 9 des Sekretariats des Europäischen Konvents vom 10. März 2003, einsehbar unter: http://european-convention.eu.int/docs/wdcir1/8684.pdf.

gegründet worden ist.[33] Hierunter fallen etwa das Europäische Zentrum für die Förderung der Berufsausbildung, die Europäische Umweltagentur, das Harmonisierungsamt für den Binnenmarkt, die Europäische Agentur für die Sicherheit des Seeverkehrs oder die Europäische Agentur für Flugsicherheit nebst 10 weiteren Einrichtungen dieser Art. Die Ablösung der Trias „Einrichtungen, Ämter und Agenturen" durch die Version „Einrichtungen und sonstige Stellen" darf als Hinweis darauf gelten, dass auch Eurojust oder Europol dem Anwendungsbereich des Art. III-365 (5) EV unterliegen sollen.[34] Da es sich bei allen oben genannten Einheiten um Fachbehörden handelt, ist wahrscheinlich, dass die Einbeziehung ihrer Handlungen in den Kreis der überprüfbaren Rechtsakte die Errichtung der bereits erwähnten Fachgerichtsbarkeit erheblich beschleunigen wird. Erwähnung verdient, dass diese Verwaltungseinheiten ihrerseits nicht klagebefugt sind.

Auch die aktive Beteiligtenfähigkeit erfährt durch die Verfassung Erweiterungen. Auf den Sonderfall der Antragstellung nationaler Parlamente wegen Verletzung des Subsidiaritätsprinzips im Rahmen des Art. III-365 EV nach Maßgabe des neuen Subsidiaritätsprotokolls soll an späterer Stelle eingegangen werden. Hinsichtlich der Antragsbefugnis von Individuen bei der Nichtigkeitsklage weicht Art. III-365 (4) EV vom Wortlaut des Art. 230 IV EGV deutlich ab. Nach der letztgenannten Norm kann jede natürliche oder juristische Person Klage erheben (a) gegen die an sie direkt ergangenen Entscheidungen, (b) gegen an andere Personen gerichtete Entscheidungen, die sie aber unmittelbar und individuell betreffen, und (c) gegen Verordnungen, also abstrakt-generelle Rechtsnormen, wenn diese sie ebenfalls unmittelbar und individuell betreffen. Die unmittelbare Betroffenheit wird bei Verordnungen meist ausgelöst. Für sie soll genügen, dass es der mitgliedstaatlichen Vollziehung nicht mehr bedarf oder das Ermessen des Mitgliedstaates so weit reduziert ist, dass der Vollzug zur rein technischen Angelegenheit wird.[35] Hinzu muss jedoch die individuelle Betroffenheit kommen. Nach der ständigen Rechtsprechung des EuGH liegt sie nur vor, wenn der Einzelne durch einen Gemeinschaftsakt wegen bestimmter persönlicher Eigenschaften oder besonderer, ihn aus dem Kreis aller übrigen Personen heraushebender Umstände berührt wird (sog.

---

[33] Zur Definition vgl. die Definition auf der Homepage der Union unter: http://europa.eu.int/agencies/agencies_de.pdf; ausführlich zu Definition und Typologie europäischer Agenturen *D. Fischer-Appelt,* Agenturen der Europäischen Gemeinschaft, 1999, 38 ff.

[34] Art. 29 EUV versteht Europol bis jetzt nur als „Amt", Eurojust nur als „Stelle". Hierzu *W. Brechmann,* in: Calliess/Ruffert (Anm. 2), Art. 30 EUV, Rn. 11 ff., u. Art. 31 EUV, Rn. 12. Ausführlich zu Europol/Eurojust etwa *T. Mille,* Europol und Eurojust, 2003; *G. Aschmann,* Europol aus Sicht der deutschen Länder, 2000.

[35] Hierzu m.w.N. *D. Booß,* in: Grabitz/Hilf (Anm. 4), Art. 230 EGV, Rn. 50 ff. (15. EL Jan. 2000); ferner *W. Cremer,* in: Calliess/Ruffert (Anm. 2), Art. 230 EGV, Rn. 46; *C. Gaitanides,* in: von der Groeben/Schwarze (Anm. 6), Art. 230 EG, Rn. 63 ff.

Plaumann-Formel).[36] Dem Gerichtshof wurde vorgeworfen, er reiße eine Rechtsschutzlücke, wo ein die Einzelperson belastender Akt für sie mangels einer innerstaatlichen Durchführungsmaßnahme nicht wirksam werde. Es sei dem Einzelnen nicht zumutbar, wissentlich Gemeinschaftsrecht zu verletzen, um einen Individualakt zu erlangen und diesen im Wege des Art. 234 EGV anzugreifen.[37] Einen Versuch, den Primärrechtsschutz durch Senken der Hürde zu erweitern, hat das EuG in der Rechtssache *Jégo-Quéré*[38] unternommen, indem es von der unmittelbaren auf die individuelle Betroffenheit schloss und damit die Klagebefugnis von Individuen praktisch generalisierte. Der EuGH wies diese faktische Erweiterung des Klägerkreises zurück und bekräftigte seine bisherige Rechtsprechungslinie: Der vom EuG eingeschlagene Kurs sei mit dem Wortlaut des Art. 230 IV EGV nicht mehr vereinbar.[39]

Ist Art. III-365 (4) EV als Votum des europäischen Verfassungsgebers zugunsten einer Erweiterung des Individualrechtsschutzes vor dem Gerichtshof zu verstehen? Die Bestimmung unterscheidet drei Typen von Rechtsakten: solche, die an natürliche oder juristische Personen ergangen sind und daher die erforderliche Individualisierung in sich tragen; Handlungen, die sie unmittelbar und individuell betreffen, wie bisher auch; und schließlich „Rechtsakte mit Verordnungscharakter", die sie unmittelbar, nicht aber individuell betreffen und „keine Durchführungsmaßnahmen nach sich ziehen".[40] Mit Rechtsakten, die „keine Durchführungsmaßnahmen" nach sich ziehen, soll ausweislich der Konventsdokumente nicht etwa eine Beschränkung herbeigeführt werden – etwa in dem Sinne, dass nur

---

[36] EuGH, Rs. 25/62 – *Plaumann/Kommission* –, Slg. 1963, 211, 237; seitdem st. Rspr.: s. nur EuGH, Rs. 169/84 – *COFAZ/Kommission* –, Slg. 1986, 391, Rn. 22; EuG, Rs. T-2/93 – *Air France/Kommission* –, Slg. 1994, II-323, Rn. 42; zur Kritik im Schrifttum vgl. *A. Arnull,* Private applicants and the action for annulment under article 173 of the EC Treaty, Common Market Law Review (CMLR) 1995, 7 (25 ff.); ders., Private applicants and the action for annulment since Codorniu, in: CMLR 2001, 7 (30 ff.); *L. Allkemper,* Der Rechtsschutz des einzelnen nach dem EG-Vertrag: Möglichkeiten seiner Verbesserung, 1995, 39 f.

[37] Deutlich *C. Calliess,* Konvergenz und Kohärenz beim europäischen Individualrechtsschutz – Der Zugang zum Gericht im Lichte des Grundrechts auf effektiven Rechtsschutz, Neue Juristische Wochenschrift (NJW) 2002, 3577 (3580 ff.); gegen die Erweiterung individuellen Rechtsschutzes mit weiteren Nachweisen *C. Gaitanides,* in: von der Groeben/Schwarze (Anm. 6), Art. 230 EG, Rn. 68 ff; *M. Burgi,* in: Rengeling/Middeke/Gellermann (Anm. 7), § 7, Rn. 49.

[38] EuG, Rs. T-177/01 – *Jégo-Quéré* –, Slg. 2002, II-2365 (2380 ff.).

[39] EuGH, Rs. C-50/00P – *Unión de Pequeños Agricultores/Rat* –, Slg. 2002, I-6677, sowie jetzt EuGH, Rs. C-263/02 P – *Jégo-Quéré* –, Urt. v. 1.4.2004 = NJW 2004, 2006 (2007) = EuZW 2004, 343 (344).

[40] Vgl. *J. Meyer/S. Hölscheidt,* Die Europäische Verfassung des Europäischen Konvents, EuZW 2003, 613 (619) m.w.N.

„self-executing"-Normen erfasst werden sollen. Im Gegenteil sollte der Kritik Rechnung getragen werden, der Einzelne dürfe nicht, um Rechtsschutz zu erlangen, zum Verstoß gegen Rechtsvorschriften getrieben werden.[41] In der Wahl der Formulierung folgte der Konvent einer unter fünf Varianten, die von der „Reformfraktion" in die Diskussion eingebracht worden waren.[42] Hinreichende Klarheit über die Grenzen der Klagebefugnis Einzelner aber führt auch Art. III-365 (4) EV nicht herbei. Es ist nicht einmal gesichert, dass Art. III-365 (4) EV im Ergebnis überhaupt zu einer Erweiterung des Rechtsschutzes führen wird. Die Beantwortung der Frage, inwieweit Individualkläger unter neuem Recht über die unmittelbare Betroffenheit hinaus ein persönliches Rechtsschutzinteresse geltend machen müssen, wird durch die kryptische Formel „Rechtsakte mit Verordnungscharakter" erschwert. Im Verfassungsentwurf sucht man diese Kategorie sonst vergeblich;[43] in der Typologie der Art. I-33 ff. EV scheinen nur Rechtsakte mit und ohne Gesetzescharakter sowie „delegierte Europäische Verordnungen" auf.

Das Schlagwort „Verordnungscharakter" lässt sich auf drei verschiedene Weisen verstehen:

Die erste These, wonach es sich um ein Redaktionsversehen handelt, entbehrt der Grundlage. Zwar kam die Formulierung „Rechtsakte mit Verordnungscharakter" erst ganz am Ende der Diskussionsphase auf. Schon frühzeitig jedoch hatte sich der Diskussionskreis des Konvents zum Thema Gerichtshof von der überkommenen Typik und Terminologie des EG-Vertrages gelöst. Ein – bewusster oder unbeabsichtigter – Rekurs auf Art. 249 II EGV muss daher ausgeschlossen werden.

Näher liegt die These, „Verordnungscharakter" müsse im Sinne der im Konvent vorgeschlagenen Formulierung „Rechtsakte von allgemeiner Geltung" verstanden werden. „Verordnungscharakter" müsste dann als „Rechtsnormcharakter" gelesen werden und jeden abstrakt-generellen Rechtsakt erfassen. Der Anwendungsbereich der zweiten Variante des Absatzes („die sie unmittelbar und individuell betreffenden Handlungen") würde sich dann auf an Dritte gerichtete Einzelentscheidungen beschränken. Unter dieser Prämisse brächte Art. III-365 (4) EV eine deutliche Senkung der Rechtsschutzschwelle mit sich. Für diese Interpretation können die

---

[41] Problembeschreibung im Arbeitsdokument 1 des Arbeitskreises betreffend den Gerichtshof vom 26.2.2003, einsehbar unter: http://european-convention.eu.int/docs/wdcir1/8563.pdf.

[42] Vgl. den Schlussbericht des Arbeitskreises über den Gerichtshof (CONV 636/03) vom 25.3.2003, Nr. 19, einsehbar unter: http://register.consilium.eu.int/pdf/de/03/cv00/cv00636de03.pdf; Stellungnahme des Präsidiums für den jetzigen Wortlaut in CONV 734/03 vom 2.5.2003, einsehbar unter: http://register.consilium.eu.int/pdf/de/03/cv00/cv00734de03.pdf.

[43] Vgl. auch *Meyer/Hölscheidt* (Anm. 40), 619.

französische und die englische Textfassung angeführt werden, wo von „regulatory acts" bzw. „actes réglementaires" die Rede ist, die enge sprachliche Anlehnung an einen bestimmten Typus von Rechtsakt also nicht gesucht wird. Gegen sie sprechen jedoch, wie sogleich zu zeigen sein wird, eindeutige Stellungnahmen des Konvents.

Nach einer dritten These erfasst der Passus „Rechtsakte mit Verordnungscharakter" nur (delegierte) Europäische Verordnungen i.S.d. Art. I-33 (1) Uabs. 4, I-36 EV . Nach Art. I-33 (1) Uabs. 4 S. 1 EV ist die Europäische Verordnung „ein Rechtsakt ohne Gesetzescharakter mit allgemeiner Geltung". Da kennzeichnend für das Europäische Gesetz nach Art. I-33 (1) Uabs. 2 S. 1 EV gerade die allgemeine Geltung der Norm ist, kommt es für die Unterscheidung der Typen darauf an, dass die Verordnung der Durchführung eines Gesetzes dient. Kraft des Suffixes „Charakter" wird nicht an die Bezeichnung, sondern an die materielle Natur des Rechtsaktes angeknüpft.[44] Daher ist Rechtsakten, die als Europäische Gesetze deklariert worden sind, obwohl sie tatsächlich der Konkretisierung eines anderen Gesetzes dienen, in diesem Sinne Verordnungscharakter beizumessen. Dieser fehlt umgekehrt Rechtsakten, die fälschlicherweise als Verordnung erlassen worden sind, aber eines übergeordneten Gesetzes entbehren; anfechten kann der Einzelne diese Rechtsakte mit Gesetzescharakter nur unter den Voraussetzungen, die auch für ein Europäisches Gesetz gelten.

Folgt man der dritten Interpretationsvariante, vermag Art. III-365 (4) EV die Zulässigkeitsschwelle im Verhältnis zur Plaumann-Formel nicht zu senken. Diese Interpretation entspricht offenbar auch den Intentionen der Konventsmehrheit. Insbesondere der frühere EuGH-Präsident *G. C. Rodríguez Iglesias* plädierte dafür, für Europäische Gesetze (die bisherigen Verordnungen) den strengen Ansatz beizubehalten und nur bei untergesetzlichen Rechtsakten großzügiger zu verfahren.[45] In einem Übermittlungsvermerk des Konventspräsidenten vom 2.5.2003 ist von „Durchführungsrechtsakten" die Rede. Die beigegebene Erläuterung stellt klar, dass dies als Entscheidung des Präsidiums gegen die von einigen Konvents-

---

[44] Insofern unscharf Art. I-33 (1) Uabs. 4 S. 1, wo es heißt: „Die Europäische Verordnung ist ein Rechtsakt [...] ohne Gesetzescharakter." Tatsächlich wird ein Rechtsakt ohne Gesetzescharakter, wenn er als Europäisches Gesetz oder Rahmengesetz erlassen worden ist, nicht schon deswegen zur Europäischen Verordnung, sondern verliert nur seinen Gesetzescharakter (und nimmt Verordnungscharakter an).

[45] Vgl. die Stellungnahme gegenüber der Arbeitsgruppe „Gerichtshof" des Konvents von *Rodríguez Iglesias* vom 20.3.2003 (CONV 572/03), Nr. 4, einsehbar unter: http://register.consilium.eu.int/pdf/fr/03/cv00/cv00572fr03.pdf; darauf Verweis im Schlussbericht des Schlussbericht des Arbeitskreises über den Gerichtshof (CONV 636/03) vom 25.3.2003, Nr. 22, einsehbar unter: http://register.consilium.eu.int/pdf/de/03/cv00/cv00636de03.pdf.

mitgliedern gewünschte erleichterte Anfechtbarkeit aller Rechtsakte mit allgemeiner Geltung verstanden werden müsse.[46] Im Ergebnis ist somit festzuhalten: Rechtsakte mit Verordnungscharakter können zwar angefochten werden, ohne dass es des Nachweises der individuellen Betroffenheit bedarf. Ziehen sie jedoch noch Durchführungsmaßnahmen nach sich (so Art. III-365 (4) EV a.E.[47]), kommt eine Nichtigkeitsklage nicht in Betracht. Wie dieser Schlusspassus zu deuten ist, bleibt unklar: Handelte es sich um ein Subsidiaritätserfordernis ähnlich wie bei der Individualverfassungsbeschwerde, hätte der Einzelne über den Umweg der Darlegung, dass Durchführungsmaßnahmen nicht erforderlich seien, letztlich doch seine individuelle Betroffenheit nachzuweisen. Umgekehrt wird die Maßgabe der Entbehrlichkeit von Durchführungsmaßnahmen aber auch nicht als bloße Bekräftigung des „Verordnungscharakters" zu deuten sein; hiergegen spricht die syntaktische Stellung des Passus ebenso wie die Textfassung, die von „Durchführungsmaßnahmen" und nicht „Durchführungsrechtsakten" spricht. Ändert sich nach alledem beim Rechtsschutz gegen Durchführungsrechtsakte (die künftigen Europäischen Verordnungen) kaum etwas, bleibt bei Akten mit Gesetzescharakter (der Sache nach Verordnungen im bisherigen Sinn) alles beim Alten: Sie fallen unter Art. III-365 (4) Var. 2 EV, so dass der Einzelne sowohl seine unmittelbare als auch seine individuelle Betroffenheit darlegen muss.

Dass der Gerichtshof, der seine deutliche Präferenz für die Beschränkung des Individualrechtsschutzes zu erkennen gegeben hat, sich der dritten und nicht der immerhin vertretbaren zweiten Interpretationsvariante anschließt, ist sehr wahrscheinlich. An dieser Stelle zeigt sich auch, welche Bedeutung dem Umstand, dass die travaux préparatoires anders als beim EWG-Vertrag veröffentlicht worden sind, für die Interpretation von Verfassungsnormen zukommt. Im Ergebnis ist bestenfalls mit einer marginalen Erweiterung des Individualrechtsschutzes zu rechnen, der weit hinter der *Jégo-Quéré*-Rechtsprechung des EuG zurückbleibt.

Inwieweit Richtlinien bzw. die an ihre Stelle tretenden Europäischen Rahmengesetze angefochten werden können, wird ebenfalls von der Deutung des Art. III-365 (4) EV determiniert.[48] Muss für Art. 230 IV EGV noch ein Analogieschluss

---

[46] Sekretariat des Europäischen Konvents vom 2.5.2003, CONV 734/03, 18, 20, einsehbar unter: http://register.consilium.eu.int/pdf/de/03/cv00/cv00734de03.pdf.

[47] Die Verfassung lässt offen, wie eine als Verordnung bezeichnete Norm zu kategorisieren ist, die einem Europäischen Gesetz untergeordnet ist, jedoch ihrerseits weitere Durchführungsakte erfordert. Für delegierte Verordnungen gemäß Art. I-36 EV ist dieser Fall nicht vorgesehen; zu ihrem Erlass können nur Europäische Gesetze und Rahmengesetze, nicht aber Europäische Verordnungen ermächtigen.

[48] Zum aktuellen Diskussionsstand vgl. nur *M. Burgi,* in: Rengeling/Middeke/Gellermann (Anm. 7), § 7, Rn. 50; *C. Gaitanides,* in: von der Groeben/Schwarze (Anm. 6), Art. 230 EG, Rn. 95, sowie *W. Cremer,* in: Calliess/Ruffert (Anm. 2), Art. 230 EGV, Rn. 37 ff.

gezogen werden, um auch sie in bestimmten Konstellationen in den Geltungsbereich der Norm einzubeziehen,[49] ist dies nach neuem Recht, das nur auf die Charakteristika, nicht jedoch die Bezeichnung von Rechtsakten abstellt, nicht mehr erforderlich. Die Anfechtung von Rahmengesetzen kommt nur in Betracht, wo diese unmittelbare Wirkungen für Einzelne erzeugen. Praktisch wird dies bei „Scheinrahmengesetzen", d.h. Normen, die, obwohl als Rahmengesetz ergangen, materialiter Einzelentscheidungen oder Europäische Gesetze darstellen.[50]

c) Vorabentscheidungsverfahren

Moderaten Änderungen wird auch das Vorabentscheidungsverfahren unterworfen. Der bisherige Art. 234 I lit. c EGV, wonach der Gerichtshof über die Auslegung der Satzungen der durch den Rat geschaffenen Einrichtungen entscheidet, entfällt.[51] Allerdings wird diese Konstellation von Art. III-369 (1) lit. b EV mit umfasst, wonach der EuGH über die Gültigkeit und Auslegung der Handlungen der Organe der Union (wozu nun auch die EZB zählt) judiziert. Für den Fall, dass die Vorlagefrage des einzelstaatlichen Gerichts eine „inhaftierte Person" betrifft, statuiert ein neuer Absatz ein Beschleunigungsgebot, das dem effektiven Grundrechtsschutz dient und vor allem mit Art. II-107 EV korreliert: Der Gerichtshof entscheidet dann, so der Wortlaut, „innerhalb kürzester Zeit". In der Praxis wird dies bedeuten, dass der Gerichtshof diesem Verfahren zeitliche Priorität einzuräumen hat und es so zügig wie möglich abschließen muss. Ein derart beschleu-

---

[49] Verweis auf die umfangreiche Rechtsprechung des EuGH/EuG zur individuellen Betroffenheit durch eine Richtlinie, in der jedenfalls die Anfechtbarkeit von Scheinrichtlinien bejaht wird, bei *C. Gaitanides,* in: von der Groeben/Schwarze (Anm. 6), Art. 230 EG, Rn. 96. In der Regel aber scheitern Klagen an der fehlenden unmittelbaren oder individuellen Betroffenheit des Klägers durch Richtlinien (dazu *M. Burgi,* in: Rengeling/Middeke/Gellermann (Anm. 7), § 7, Rn. 50).

[50] Unmittelbar durch das Rahmengesetz betroffen ist ein Einzelner auch, soweit ein Rahmengesetz mangels ordnungsgemäßer Umsetzung unmittelbare Wirkung erzeugt; gemäß Art. IV-438 EV gilt der „acquis communautaire" insoweit fort. Allerdings fehlt es hier, da die unmittelbare Wirkung sich auf die Rechtsgewährleistung zu Gunsten Einzelner beschränkt, der Klage zumeist an einem Rechtsschutzinteresse.

[51] Zur derzeit fehlenden praktischen Bedeutung (keine entsprechende Kompetenzübertragung an den Gerichtshof) dieser Vorschrift *Wegener* (Anm. 2), Art. 234 EGV, Rn. 8, sowie *C. Gaitanides,* in: von der Groeben/Schwarze (Anm. 6), Art. 234 EG, Rn. 25. Die Beschränkung erfasst nicht vom Rat selbst festgesetzte Satzungen (diese sind Handlungen der Organe i.S. von Art. 234 Abs. 1 lit. b EG) oder Satzungen der vom Vertrag selbst errichteten Einrichtungen (z.B. EZB), die unter Art. 234 Abs. 1 lit. a EG fallen (*id.,* Rn. 25).

nigtes Verfahren ist auch der lex lata nicht unbekannt. So misst das EuG schon jetzt Verfahren zur Überprüfung von fusionskontrollrechtlichen Entscheidungen der Kommission zeitliche Priorität gegenüber anderen Verfahren bei.[52]

2. *Insbesondere die Subsidiaritätskontrolle*

Gegenstand lebhafter Diskussion war bereits bei der Entstehung des Nizza-Vertrages die Frage, auf welche Weise sich die Justiziabilität des Subsidiaritätsprinzips erhöhen ließe.[53] Der Gerichtshof hat bis jetzt in keinem Fall auf Verletzung des Art. 5 EGV entschieden,[54] was die Mitgliedstaaten in Sorge versetzte, der in Maastricht zur Kompetenzwahrung der Mitgliedstaaten errichtete Schutzwall könnte sich als porös erweisen. Dass der EuGH, wie jedes Verfassungsgericht, dazu neigt, organisationsfreundlich zu entscheiden, also die Zuständigkeit der EG anzunehmen,[55] nimmt nicht Wunder; die „effet utile"-Rechtsprechung[56] akzentuiert diese Gemeinschaftsfreundlichkeit noch. Kritiker dieser Praxis unterbreiteten den Vorschlag, dem Gerichtshof ein Europäisches Kompetenzgericht zur Seite zu stellen, das als „neutrale und sachbezogene Kontrollinstanz" agieren solle.[57] Hierzu

---

[52] Vgl. dazu *S. Völcker,* Das beschleunigte Verfahren in EU-Wettbewerbssachen. Effektiver Rechtsschutz in der Fusionskontrolle?, Wirtschaft und Wettbewerb 2003, 6 (7 ff.).

[53] Zweifel an der Justizibialität etwa bei *D. Grimm,* Subsidiarität ist nur ein Wort, FAZ vom 17.9.1992, 38; ders., Effektivität und Effektivierung des Subsidiaritätsprinzips, Kritische Vierteljahresschrift für Gesetzgebung und Rechtswissenschaft 1994, 6 (8); Nachweise zum Streitstand bei *W. Hilz,* Subsidiaritätsprinzip und EU-Gemeinschaftsordnung: Anspruch und Wirklichkeit am Beispiel des Maastricht-Prozesses, 1998, 129 ff.; *F. Ronge,* Legitimität und Subsidiarität: Der Beitrag des Subsidiaritätsprinzips zur Legitimität einer überstaatlichen politischen Ordnung in Europa, 1998, 167 ff.; *C. Calliess,* in: Calliess/Ruffert (Anm. 2), Art. 5 EGV, Rn. 63 ff.

[54] Vgl. auch *R. Streinz,* in: Streinz (Hrsg.), EUV/EGV, 2003, Art. 5 EGV, Rn. 31 m.w.N.; *M. ter Steeg,* Eine neue Kompetenzordnung für die EU – Die Reformüberlegungen des Konvents zur Zukunft Europas, EuZW 2003, 325 (327).

[55] Dies geschieht namentlich durch Zubilligung eines Ermessens- und Beurteilungsspielraumes an die Gemeinschaftsorgane; dazu *M. Zuleeg,* in: von der Groeben/Schwarze (Anm. 6), Art. 5 EG, Rn. 35.

[56] Dazu mit Nachweisen *Streinz* (Anm. 54), Art. 10 EGV, Rn. 17, 26, 31.

[57] *U. Goll/M. Kenntner,* Brauchen wir ein europäisches Kompetenzgericht?, EuZW 2002, 101 (insbes. 105); *U. Everling,* Qui custodiet custodes ipsos? Zur Diskussion über die Kompetenzordnung der Europäischen Union und ein europäisches Kompetenzgericht, EuZW 2002, 357 ff.; *ter Steeg* (Anm. 54), 327; *U. di Fabio,* FAZ Nr. 28 v. 2.2.2001; *N. Reich,* Brauchen wir eine Diskussion um ein europäisches Kompetenzgericht, EuZW 2002, 257 ff.

solle seine Zusammensetzung aus Richtern mitgliedstaatlicher Verfassungs- und Obergerichte mit allenfalls ergänzender Präsenz von EuGH-Repräsentanten beitragen. Allerdings würde durch ein solches Kompetenzgericht oder Court of Review der EuGH faktisch unter Kuratel gestellt, weil sich die Frage nach der Innehabung der Kompetenz von der nach ihrer ordnungsgemäßen Wahrnehmung, von den Tatbestandsvoraussetzungen und der Auslegung einzelner Tatbestandsmerkmale[58] nicht lösen lässt. Ebenso wenig kann zwischen Subsidiarität und Verhältnismäßigkeit eine klare Trennungslinie gezogen werden.[59] Überdies müsste ein Kompetenzgericht schon angesichts der Vielzahl der vor dem EuGH verhandelten Rechtssachen ständig tagen, was mit dem Ideal seiner Zusammensetzung aus mitgliedstaatlichen Verfassungsrichtern kollidiert. Ein vornehmlich mitgliedstaatlich besetztes Kompetenzgericht liefe zudem Gefahr, zum bloßen Vertretungsorgan eigener Interessen zu degenerieren. Das nur mäßig europafreundliche Bundesverfassungsgericht würde gleichsam als Cherub vor dem Tor zum EuGH postiert.

Mit guten Gründen durchgesetzt hat sich die Erkenntnis, dass allein der EuGH berufen ist, die Rolle eines europäischen Kompetenzgerichtes wahrzunehmen.[60] Dies gilt umso mehr, als es auch seinen Kritikern nicht gelungen ist, dem Gerichtshof regelmäßige und offenkundige Fehlentscheidungen in Kompetenzangelegenheiten nachzuweisen. Urteile wie das zur *Tabakwerberichtlinie*[61] zeigen, dass der Gerichtshof nicht automatisch gemeinschaftsfreundlich entscheidet, sondern dem weiten Kompetenzzuschnitt des materiellen Rechts angemessen Rechnung trägt. Die Verfassung sucht daher dem Interesse der Mitgliedstaaten, die Erosion ihrer Kompetenzen aufzuhalten, auf andere Weise gerecht zu werden.

Die Hoffnung, die Kompetenzaufteilung zwischen Union und Mitgliedstaaten würde durch einen Zuständigkeitskatalog festgeschrieben,[62] erfüllt sich mit der Verfassung nur in Ansätzen. Die Kataloge ausschließlicher und geteilter Zuständigkeiten (Art. I-12 f. EV) geben nur Bekanntes wieder, so dass dem Subsidiaritätsprinzip (Art. 11 (3) EV) als Abgrenzungskriterium weiterhin eine bedeutende Rolle zufällt. Das Protokoll über die Anwendung der Grundsätze der Subsidiarität

---

[58] Beispiele bei *Everling* (Anm. 57), 360; gegen die Schaffung eines europäischen Kompetenzgerichts auch *N. Colneric,* Der Gerichtshof der Europäischen Gemeinschaften als Kompetenzgericht, EuZW 2002, 709 ff.

[59] So auch *M. Zuleeg,* in: von der Groeben/Schwarze (Anm. 6), Art. 5 EG, Rn. 37 (m.w.N. in Anm. 196).

[60] Vgl. nur *Everling* (Anm. 57), 363.

[61] EuGH, Rs. C-376/98 – *Tabakwerberichtlinie* –, Slg. 2000, I-8419; dass dieses Urteil keine Trendwende in der Rechtsprechung des EuGH begründet, erläutert *Colneric* (Anm. 58), 711.

[62] Zur Diskussion vgl. *ter Steeg* (Anm. 54), 326.

und der Verhältnismäßigkeit hält an der Kompetenzgerichtsbarkeit des EuGH fest, beschreitet jedoch prozessual einen neuen Pfad. Die nationalen Parlamente werden durch Art. 8 des Protokolls gar mit Aktivlegitimation vor dem Gerichtshof ausgestattet.[63] Danach können Nichtigkeitsklagen wegen Verstoßes gegen das Subsidiaritätsprinzip „von einem Mitgliedstaat erhoben oder entsprechend der jeweiligen innerstaatlichen Rechtsordnung von einem Mitgliedstaat im Namen seines nationalen Parlaments oder einer Kammer dieses Parlaments übermittelt werden." Das Begriffspaar „erhoben – übermittelt" zeigt an, dass im zweiten Fall nicht der Mitgliedstaat, sondern das Parlament bzw. die Parlamentskammer prozessbeteiligt ist,[64] die prozessuale Vertretung einschließlich der Einleitung des Verfahrens jedoch durch die nationalen Regierungen erfolgt. Insoweit weicht Art. 8 Abs. 1 des Protokolls von Art. III-365 (2) EV ab. Gleiches gilt für den zweiten Absatz der Bestimmung. Darin ist für den Fall, dass der Ausschuss der Regionen ein Anhörungsrecht beim Erlass des Rechtsaktes hatte, vorgesehen, dass auch der Ausschuss Nichtigkeitsklage erheben kann.[65] Da die Klage nicht auf die Verletzung eines eigenen Rechtes – desjenigen auf Anhörung – gestützt zu werden braucht, wird der Ausschuss einem privilegierten Klageberechtigten angenähert. Nur ist seine Berechtigung funktional eng beschränkt: Rügen darf auch der Ausschuss nur Verstöße gegen das Subsidiaritätsprinzip. Man darf allerdings annehmen, dass der Gerichtshof als Verfassungsgericht die Gültigkeit des Rechtsakts auf der Grundlage der präsentierten Fakten unter allen rechtlichen Gesichtspunkten untersuchen wird.[66]

Mit ihrer funktional beschränkten Klagebefugnis zählen die nationalen Parlamente, unionsrechtlich gesehen, zu den nichtprivilegierten Klageberechtigten, wenn auch mit einer Besonderheit, sofern das Gemeinwesen föderal gegliedert ist: Dort erlaubt die subsidiaritätsbedingte Unzuständigkeit der EU nicht ohne weiteres den Schluss auf die Kompetenz des gesamtstaatlichen Parlaments; denn handlungsbefugt könnten auch gliedstaatliche Parlamente sein. Die Formulierung „von

[63] Hinzu kommen gem. Art. 7 des Protokolls Konsultationspflichten, Stellungnahmebefugnisse und das Recht, nach einem dort niedergelegten Stimmenverteilungsschlüssel mit qualifizierter Minderheit von einem Drittel die interne Überprüfung des Kommissionsvorschlags zu verlangen.

[64] A.A. *ter Steeg* (Anm. 54), 328; wie hier *Meyer/Hölscheidt* (Anm. 40), 621: „Briefträger ihrer nationalen Parlamente".

[65] Zur strittigen Frage, ob der Ausschuss der Regionen nach derzeitigem Recht selbst eine Nichtigkeitsklage geltend machen kann, vgl. *O. Suhr,* in: Calliess/Ruffert (Anm. 2), Art. 265 EGV, Rn. 8–10; *M. Burgi,* in: Streinz (Anm. 54), Art. 265 EGV, Rn. 3.

[66] EuGH, Rs. 14/59 – *SFPM/Hohe Behörde der Europäischen Gemeinschaft* –, Slg. 1959, 215 (229); EuG, Rs. T-182/94 – *Esser u.a./Kommission* –, Slg. 1997, II-1209, Rn. 44; *K. Lemaerts/D. Arts,* Procedural Law of the European Union, 1999, Rn. 7-092.

einem Mitgliedstaat im Rahmen seines nationalen Parlaments" schließt die Klage durch Länder- oder Provinzparlamente jedoch aus. Insoweit macht der Bundestag, wenn er gestützt auf Art. 8 Abs. 1 des neuen Subsidiaritätsprotokolls Klage erhebt, aus mitgliedstaatlicher Sicht gerade nicht die Verletzung eigener Rechte geltend, wie dies bei nichtprivilegierten Klageberechtigten typisch ist, sondern nimmt eine Art Prozessstandschaft wahr.

Wo Zweikammerparlamente bestehen, ist jede dieser Kammern gleichermaßen antragsbefugt. Die bislang rein akademische, „unnütze Diskussion"[67] um die Kammereigenschaft des Bundesrates hat durch Art. 8 des Subsidiaritätsprotokolls, eine übrigens auf deutschen Druck hin aufgenommene Bestimmung, auf einmal rechtliche Brisanz und neuen Auftrieb erhalten. In der Staatsrechtslehre ist die Kammereigenschaft des Bundesrates umstritten.[68] Der Terminologie des Grundgesetzes ist der Begriff der parlamentarischen Kammer fremd. Das Bundesverfassungsgericht hat die Deutung des Bundesrates als zweite Kammer jedenfalls zurückgewiesen und betont, dass Gesetze im Bund „durch den Bundestag" und allenfalls „mit Zustimmung des Bundesrates" beschlossen würden.[69] Andererseits ist der Begriff der „zweiten Kammer" europarechtlich zu deuten. Kann sich der EuGH auch nicht gegen die Prärogative der Mitgliedstaaten zur Ausgestaltung ihrer staatlichen Ordnung wenden, hat er die Interpretation der des Art. 8 Abs. 1 doch am Telos der Bestimmung auszurichten. Diese soll nicht so sehr den mitgliedstaatlichen Legislativorganen als den Gebietskörperschaften selbst ein Instrument an die Hand geben, um ihre Zuständigkeiten gegen Europa zu verteidigen. Mit „klassischen" zweiten Kammern hat der Bundesrat gemein, dass er regionale Interessen vertritt, denen hier gar Gesetzgebungsbefugnisse entsprechen; folgerichtig ist er auch in die Kompetenzübertragung auf die EG bzw. EU nach Art. 23 GG eingebunden.[70] Seine Befugnisse reichen weiter als die des lediglich beratenden britischen Oberhauses, wenn auch weniger weit als etwa die des italienischen, des französischen und des spanischen Senates, welche der Abgeordnetenkammer bzw. der Nationalversammlung oder dem Kongress der Abge-

---

67 *S. Korioth,* in: von Mangoldt/Klein/Starck (Hrsg.), Bonner Grundgesetz, Kommentar, Bd. 2, 4. Aufl. 2000, Art. 50, Rn. 24.

68 Jedenfalls die Stellung einer faktischen parlamentarischen Zweiten Kammer bejahend *D. Wyduckel,* Der Bundesrat als Zweite Kammer. Zur verfassungsrechtlichen Stellung des Bundesrates im Gesetzgebungsverfahren, Die Öffentliche Verwaltung 1989, 181 (191); *H.-J. Vonderbeck,* Der Bundesrat – ein Teil des Parlaments der Bundesrepublik Deutschland?, 1964, 110; eine lediglich terminologische Bedeutung bescheinigt hingegen *W. Krebs,* in: von Münch/Kunig (Hrsg.), Grundgesetz-Kommentar, 5. Aufl. 2001, Art. 50, Rn. 8; zum Streitstand *H. Bauer,* in: Dreier (Hrsg.), Grundgesetz-Kommentar, Bd. 2, 1998, Art. 50, Rn. 21.

69 BVerfGE 37, 363 (380 f.).

70 Ausführlich *I. Pernice,* in: Dreier (Anm. 68), Art. 23, Rn. 107 ff.

ordneten in jeder Hinsicht gleichgestellt sind (vgl. Art. 72 ItalVerf, Art. 34 ff. FrzVerf, Art. 66 ff. SpanVerf). Man wird dem Bundesrat damit das Recht zuerkennen müssen, Klage zu erheben, auch wenn es sich aus verfassungsrechtlicher Sicht bestenfalls um eine „hinkende zweite Kammer" handelt.[71]

3. „Fernwirkung" anderer Systemänderungen

Nicht nur Art. III-353 ff. EV bestimmen die künftige Rolle des Gerichtshofs, sondern auch Änderungen bei der Funktionszuweisung und -verteilung in den einzelnen Politikbereichen. Mit der Verschmelzung der drei Säulen der Europäischen Union zu einer einzigen werden die bisherigen Bereiche intergouvernementaler Zusammenarbeit „vergemeinschaftet". Insofern fallen im Grundsatz auch die Außen- und die Sicherheitspolitik in die Zuständigkeit des EuGH, der nach Art. I-28 (2) EV für die Wahrung des Rechts bei der Auslegung und Anwendung der Verfassung Gewähr bieten soll; allerdings unterliegt, wie zu zeigen sein wird, diese Kompetenz massiven Schranken. Auch die Integration der Grundrechtecharta in das Vertragsdokument könnte den vom EuGH vermittelten Grundrechtsschutz nicht unberührt lassen.

a) „Vergemeinschaftung" der zweiten und dritten Säule

Das Schlagwort der „Vergemeinschaftung" ist begrifflich der EG verbunden, die nach dem Willen der Verfassungseltern in der EU aufgehen soll. Dennoch soll dieser eingeführte Begriff hier zur Umschreibung der Abkehr von der völkerrechtlichen, intergouvernementalen Zusammenarbeit und Hinwendung zu einem supranationalen Ansatz auch weiter Verwendung finden. Sie vollzieht sich auf unterschiedliche Weisen: Während die justizielle Zusammenarbeit in Zivil- und Strafsachen als Teil des Kapitels IV („Raum der Freiheit, der Sicherheit und des Rechts") dem dritten Titel des dritten Verfassungsteils (Interne Politikbereiche und Maßnahmen) zugeordnet worden ist und damit einer der bisherigen „gemeinsamen Politiken" entspricht, wurde der GASP ein eigener Titel V (Auswärtiges Handeln der Union) zugedacht, was auf eine geringere Integrationstiefe deutet. Es wird sich zeigen, dass Kontrollumfang und -dichte des EuGH hier dementsprechend beschränkt sind.

Nach geltendem Recht (Art. 7 (1) EGV) fungiert der Gerichtshof als Organ der EG, nicht der EU. Wo der EU-Vertrag ihm Zuständigkeiten einräumt – sie finden

---

[71] Im Ergebnis ebenso, aber ohne Begründung *Meyer/Hölscheidt* (Anm. 40), 621.

sich in Art. 46 EUV enumeriert[72] –, handelt es sich um eine Variante der Organleihe. Für Rechtsakte, die im Rahmen der PJZS erlassen werden, weist Art. 35 EUV dem Gerichtshof neben der Zuständigkeit für Vertragsverletzungsverfahren (Abs. 6) und Streitigkeiten zwischen Mitgliedstaaten und Kommission (Abs. 7) eine Vorabentscheidungszuständigkeit zu (Abs. 1 ff.). Die Vorlagepflicht mitgliedstaatlicher Gerichte hängt allerdings von der Anerkennung der Zuständigkeit des Gerichtshofs durch den jeweiligen Mitgliedstaat ab – typisch für den souveränitätswahrenden Ansatz des Völkerrechts.[73] Keine Zuständigkeit des Gerichtshofs besteht demgegenüber für die GASP. Im Sanktionsverfahren ist die Zuständigkeit des Gerichtshofs auf die Einhaltung der „reinen Verfahrensbestimmungen" beschränkt;[74] der Vertrag erachtet die schwerwiegende Verletzung der in Art. 6 I EUV genannten Grundsätze also als eine politische Frage, die der Überprüfung durch den Gerichtshof entzogen sein soll. An diesem Politikvorrang ändert auch die Verfassung nichts (Art. III-276 EV).

Mit dem In-Kraft-Treten der Verfassung entfallen die Beschränkungen für die Überprüfung von Rechtsakten in den genannten Bereichen nur zum Teil. Bei der bisher schon zum Teil der Kontrolle des Gerichtshofs unterliegenden justiziellen Zusammenarbeit findet sich nur noch in Art. III-283 EV eine Einschränkung: Die Zuständigkeit des EuGH im Bereich „Raum der Freiheit, der Sicherheit und des Rechts" erstreckt sich nicht auch auf polizeiliche oder strafprozessuale Maßnahmen, soweit die entsprechenden Handlungen dem innerstaatlichen Recht unterstehen. Keine Zuständigkeit besteht nach wie vor für die GASP (Art. III-376 (1) EV[75]).

Die rudimentäre oder zumindest unvollkommene Vergemeinschaftung der erwähnten Bereiche traf bei vielen Mitgliedern des Verfassungskonvents auf

---

[72] Zu dem teils lediglich deklaratorischen Charakter von Art. 46 EUV vgl. *H.-J. Cremer,* in: Calliess/Ruffert (Anm. 2), Art. 46 EUV, Rn. 1 ff.

[73] Zur Anlehnung der Regelung an die fakultative Erklärung der obligatorischen Gerichtsbarkeit des IGH gem. Art. 36 Abs. 2 IGH-Statut vgl. *W. Brechmann,* in: Calliess/Ruffert (Anm. 2), Art. 35 EUV, Rn. 3. Zur strittigen Frage, ob eine nach Art. 35 Abs. 2 EUV abgegebene Erklärung nach allgemeinen völkerrechtlichen Grundsätzen für die Zukunft einseitig widerruflich ist, vgl. *M. Wasmeier,* in: von der Groeben/Schwarze (Anm. 6), Art. 35 EU, Rn. 9.

[74] Vgl. zu der entsprechenden Regelung in Art. 46 e EUV nur *Cremer* (Anm. 72), Rn. 9; *H. Krück,* in: von der Groeben/Schwarze (Anm. 6), Art. 46 EU, Rn. 16.

[75] Worauf sich die Ausnahmebestimmung in Satz 2 bezieht, wird nicht hinreichend klar, da sich in der Referenznorm – Art. III-292 EV – ausdrückliche Ratszuständigkeiten überhaupt nicht finden.

harsche Kritik.[76] Gemildert wird der Befund allerdings dadurch, dass die hochpolitische Natur namentlich der außenpolitischen Beschlüsse der gerichtlichen Überprüfung in der Natur der Materie liegende Grenzen setzt.

b) Der Gerichtshof als Grundrechtsinstanz?

Inwieweit die Inkorporation der Grundrechtscharta den Gerichtshof zu einem „Grundrechtsgericht" aufwerten wird, das es mit dem EGMR aufnehmen kann, erscheint zweifelhaft. Rechtswirkung wurde durch Teil II der Verfassung nur der Grundrechtscharta[77] zuteil, die den Bestand an Gemeinschaftsgrundrechten lediglich kodifizierte und damit neben die bereits durch Art. 6 II EUV inkorporierte EMRK trat. Gleichwohl darf man sich, soweit Unionshandeln betroffen ist, hiervon eine funktionale Aufwertung der Grundrechte in der Rechtsprechung des Gerichtshofs erhoffen. Anders verhält es sich, was die Bindung der Mitgliedstaaten an Grundrechte betrifft.[78] Insoweit wird es dem Gerichtshof nicht nur schwer fallen, den dogmatischen Vorsprung des EGMR aufzuholen. Auch macht es ihm der Wortlaut des Verfassungsentwurfes eher schwerer als bisher, die Unionsgrundrechte gegenüber den Mitgliedstaaten durchzusetzen. So verfügt Art. II-111 (1) 1 EV, die Charta gelte für die Mitgliedstaaten „ausschließlich bei der Durchführung des Rechts der Union". Damit wird nicht nur ein Spannungsverhältnis zu den Grundfreiheiten aufgebaut, die unabhängig von der Umsetzung von Unionsrecht Anwendung finden, sondern nach dem Wortlaut der Bestimmung bleibt auch jeder Rekurs auf Unionsgrundrechte zur Beschränkung grundfreiheitlicher Verbürgungen verwehrt.[79]

---

[76] Zur Kritik an den Einschränkungen der gerichtlichen Kontrolle siehe den Schlussbericht der Arbeitsgruppe „Freiheit, Sicherheit und Recht" des Konvents (CONV 426/02) vom 2.12.2002, 24 f., einsehbar unter: http://register.consilium.eu.int/pdf/de/02/cv00/00426d2.pdf.

[77] Zur systematisierenden Wirkung der Grundrechtscharta trotz aktuell fehlender Rechtsverbindlichkeit siehe *C. Walter,* Geschichte und Entwicklung der Europäischen Grundrechte und Grundfreiheiten, in: Ehlers (Hrsg.), Europäische Grundrechte und Grundfreiheiten, 2003, § 1, Rn. 32.

[78] Zur Bindung der Mitgliedstaaten an die Gemeinschaftsgrundrechte, insbesondere bei der Vollziehung von Gemeinschaftsrechts sowie bei der Beschränkung von Grundfreiheiten durch nationales Recht vgl. *D. Ehlers,* Die Grundrechte der Europäischen Gemeinschaften – Allgemeine Lehren, in: Ehlers (Anm. 77), § 13, Rn. 30.

[79] Dazu ausführlich m.w.N. *W. Cremer,* Der programmierte Verfassungskonflikt: Die Bindung der Mitgliedstaaten an die Charta der Grundrechte der Europäischen Union nach dem Konventsentwurf für eine europäische Verfassung, Neue Zeitschrift für Verwaltungsrecht 2003, 1452 ff.

Solange der EU-Grundrechtsschutz auch in prozessualer Hinsicht hinter dem des Europarates zurückbleibt, wäre mit der Ausdehnung des Anwendungsbereiches der Unionsgrundrechte auch nicht viel erreicht. Wo nationale Grundrechte Platz greifen, kann der Einzelne vielerorts selbst das jeweilige nationale Verfassungsgericht anrufen. Die von vielen geforderte Individualverfassungsbeschwerde[80] hat hingegen nicht Eingang in den Verfassungsentwurf gefunden. Auch dies geht nicht zuletzt auf die Intervention des Gerichtshofs zurück, dessen Präsident erstens auf die Schwierigkeit abhob, die Verletzung von Grundrechten und sonstigem Gemeinschaftsrecht systematisch zu trennen, und zweitens auf den subsidiaritätsbedingten Vorrang der nationalen Gerichte beim Grundrechtsschutz.[81] Die kaum erleichterte Nichtigkeitsklage sowie das praktisch unverändert übernommene Vorabentscheidungsverfahren können dieses Defizit nicht völlig ausgleichen. So könnte sich ausgerechnet der EGMR à la longue zum Sachwalter der Gemeinschaftsgrundrechte aufschwingen. In jüngeren Entscheidungen, in denen Gemeinschaftsakte in gemeinsame Handlungen aller Mitgliedstaaten umgedeutet worden sind, zeichnet sich solches bereits ab.[82]

C. Resümee

Die Änderungen, welche die Europäische Verfassung in Vollendung des Nizza-Vertrages am Gerichtshof und den in seine Zuständigkeit fallenden Verfahren vornimmt, sind moderat und tragen Sachnotwendigkeiten vielfach Rechnung. Die Verfassung wird, wie vor ihr der EG-Vertrag, vorerst ein ausreichendes Maß an

[80] Zu diesem Vorschlag *B. Beutler,* in: von der Groeben/Schwarze (Anm. 6), Art. 6 EU, Rn. 194; *T. Kingreen,* in: Calliess/Ruffert (Anm. 2), Art. 6 EUV, Rn. 210 mit Anm. 597.

[81] Vgl. die Stellungnahme gegenüber der Arbeitsgruppe „Gerichtshof" des Konvents von *Rodríguez Iglesias* (Anm. 45). Soweit es sich um Grundrechtsschutz gegen Gemeinschaftsrechtsakte und nicht gegen Vollzugsakte der Mitgliedstaaten handelt, überzeugt dieser Einwand nicht. Zum Verhältnis von gemeinschaftlichem und nationalem Grundrechtsschutz vgl. *B. Beutler,* in: von der Groeben/Schwarze (Anm. 6), Art. 6 EU, Rn. 184.

[82] Vgl. etwa EGMR, Urteil vom 18.2.1999 – *Denise Matthews/Vereinigtes Königreich* –, abgedruckt in EuZW 1999, 308 ff., sowie die Zustellungsentscheidung im Verfahren *DSR-Senator Lines GmbH,* Beschwerde-Nr. 56672/00, abgedruckt in Europäische Grundrechte-Zeitschrift 2000, 334. Zum zunehmenden Kontrollanspruch der Organe der EMRK siehe *B. Beutler,* in: von der Groeben/Schwarze (Anm. 6), Art. 6 EU, Rn. 185; deutlich auch *D. Ehlers,* Die Europäische Menschenrechtskonvention – Allgemeine Lehren, in: Ehlers (Anm. 77), § 2, Rn. 24, mit der Feststellung, dass sich der EGMR die Letztentscheidungskompetenz über die Übereinstimmung jeglicher Form der Ausübung hoheitlicher Gewalt in Europa mit der EMRK vorbehält.

gerichtlicher Kontrolle gewährleisten, doch ein Durchbruch zu neuen Ufern gelingt ihr auch hier nicht. Die Chance, eine Individualverfassungsbeschwerde einzuräumen, wurde vergeben; viele Verfahrensvorschriften sind mit Auslegungszweifeln behaftet. Positiv ist zu werten, dass der Konvent dem Ansinnen widerstand, dem Gerichtshof zugunsten der nationalen Verfassungsgerichte Befugnisse zu entziehen. Auch wird der Vergemeinschaftung von Sachbereichen durch die eingeleitete Ausdifferenzierung der Gerichtszweige angemessen Rechnung getragen. Eines bleibt aber sicher: Der Gerichtshof muss sich auch in Zukunft gegen seine zahlreichen Kritiker verteidigen, die um ihre Hausmacht besorgten nationalen Verfassungsgerichte und auch den EGMR, der den Konflikt mit Höchstgerichten nicht scheut. Unangefochten wird der Gerichtshof auch künftig nicht sein.

Die Gemeinsame Außenpolitik nach dem Verfassungsvertrag

Von Stefan Kadelbach

A. Einleitung

Mindestens sieben Mal betont der Vertrag über eine Verfassung für Europa (EV) im Zusammenhang mit der Gemeinsamen Außen- und Sicherheitspolitik (GASP) die Pflicht der Mitgliedstaaten zur Solidarität, die sich bereits aus der allgemeinen Unionstreue (Art. I-5 Abs. 2) ergeben sollte.[1] Offensichtlich liegt hier ein Problem. Im März 2003 war die Gemeinsame Außen- und Sicherheitspolitik der Europäischen Union in eine tiefe Krise geraten.[2] Erste Anzeichen gab es im Sommer 2002, als sich der deutsche Bundeskanzler einseitig auf eine bestimmte Irak-Politik festgelegt und damit in Widerspruch zur Loyalitätspflicht des Art. 11 Abs. 2 EUV gesetzt hatte. Gleiches gilt für die einseitig beschlossene britische Beteiligung an der Intervention der USA, die eine andere gemeinsame Position letztlich ausschloss.[3] Das in der Folge entstandene Zerwürfnis zwischen dem Vereinigten Königreich, Spanien und Italien einerseits, Deutschland, Frankreich und Belgien andererseits machte endgültig deutlich, dass es in dieser Frage keine gemeinsame Außenpolitik gab.

Die Nachrufe auf die GASP waren hingegen verfrüht. Der Patient lebt noch, wie sich zuletzt im Zusammenhang mit jüngeren Ereignissen auf dem Balkan erwiesen hat. Die Irak-Krise ist noch nicht beendet, eine Rückbesinnung auf eine Gemeinsame Politik ist selbst hier noch möglich. Der Verfassungsvertrag zeigt, dass versucht wird, aus den Fehlern zu lernen.

---

[1] Art. I-16 Abs. 2, I-40 Abs. 1 und 5 S. 4, I-43, III-294 Abs. 2 S. 1 und 2, III-300 Abs. 1 UAbs. 2 S. 2, III-231, nicht gerechnet Art. I-2, I-3 Abs. 4. Zugrunde gelegt wird im Folgenden die Fassung vom 29. Oktober 2004, ABl. C 310/1. Artikel ohne Zusatzbezeichnung beziehen sich auf den EV.

[2] *R. Crowe,* A common European foreign policy after Iraq?, International Affairs 3/2003, 533 ff.

[3] *W. Kaufmann-Bühler,* in: Grabitz/Hilf (Hrsg.), Das Recht der Europäischen Union, Art. 11, Rn. 7 (Kommentierungsstand 22. Lfg. 2003); *F. Mayer,* Angriffskrieg und europäisches Verfassungsrecht, Archiv des Völkerrechts (AVR) 41 (2003), 394 (400 ff.).

Im Folgenden soll zunächst in groben Zügen die derzeitige Struktur der Gemeinsamen Außenpolitik skizziert werden, um die rechtlichen Voraussetzungen zu klären, von denen die Arbeiten im Verfassungskonvent auszugehen hatten (B.). In einem zweiten Schritt ist auf Defizite und Probleme hinzuweisen, deren Lösung zu einer Stärkung der Gemeinsamen Außenpolitik beitragen sollte (C.). Hiervon ausgehend sollen dann die neuen Regelungen vorgestellt (D.) und bewertet (E.) werden.

B. Bestandsaufnahme

I. Institutionelle Bedingungen

Das außenpolitische Handeln der Union steht unter zwei Bedingungen, die seine Struktur unübersichtlich und konfliktanfällig machen: die Aufteilung zwischen erster und zweiter Säule und das Verhältnis zu den Mitgliedstaaten. Die Kompetenzverteilung zwischen erster und zweiter Säule ist Folge eines zweispurig verlaufenen Integrationsprozesses. Eine Reihe von im weitesten Sinne wirtschaftlich orientierten Außenkompetenzen ist den Europäischen Gemeinschaften zugewiesen. Die globale Politikgestaltung beruht dagegen, vereinfachend gesagt, auf intergouvernementaler Zusammenarbeit der Mitgliedstaaten. Daraus ergibt sich die Notwendigkeit einer horizontalen Abgrenzung der Zuständigkeiten und mit ihr ein gewisses Potenzial für konkurrierende Vorstellungen zwischen der mit Wahrnehmung der Kompetenzen des EG-Vertrages vor allem betrauten Kommission einerseits und dem für die GASP verantwortlichen Europäischen Rat und dem Ministerrat andererseits.

Die intergouvernementale Zusammenarbeit in der GASP steht wiederum mit mitgliedstaatlichen Eigeninteressen in ständiger Spannung. Für die Entwicklung der GASP seit ihren Anfängen in den 70er Jahren ist typisch, dass zwar immer wieder auf das Erfordernis eines koordinierten Zusammenwirkens der Mitgliedstaaten gedrungen wird, diese aber nicht bereit sind, auf substantielle Kompetenzen zu verzichten. Diese beiden Strukturmerkmale sollen im Folgenden noch etwas näher betrachtet werden.

II. Vertragliche Architektur der GASP

1. Europäische Gemeinschaften

Die Europäischen Gemeinschaften besitzen in den supranational integrierten Bereichen eine Reihe von Zuständigkeiten. Für das außenpolitische Handeln der

Union besonders bedeutsam sind die Gemeinsame Zoll- und Handelspolitik (Art. 133 Abs. 3 und 4 EGV), die Entwicklungspolitik (Art. 181 EGV) und die Assoziierung mit dritten Staaten oder Organisationen (Art. 310 EGV). Daneben besitzt die EG ausdrücklich oder sachnotwendig unbestrittene externe Zuständigkeiten für die Agrarpolitik (Art. 34, 37 EGV), die Fischereipolitik (Art. 102 Beitrittsakte 1972), den Kapitalverkehr (Art. 57 Abs. 1 EGV), die Verkehrspolitik (Art. 71 Abs. 1 EGV), die Bildungspolitik (Art. 151 Abs. 3 EGV), die Gesundheitspolitik (Art. 152 Abs. 3 EGV), die Forschung und technologische Entwicklung (Art. 170 EGV) und die Umweltpolitik (Art. 174 Abs. 4 EGV). Die Euratom-Gemeinschaft trägt auch im Außenverhältnis für die Versorgung mit Kernbrennstoffen (vgl. Art. 73, 103 EAGV) Sorge. Ferner stehen der Gemeinschaft ungeschriebene Außenkompetenzen nach der sog. *AETR*-Rechtsprechung des Europäischen Gerichtshofs zu.[4] Danach verfügt die EG überall dort über implizite Zuständigkeiten, wo eine Binnenkompetenz so ausgestaltet ist, dass die EG sinnvoller Weise auch nach außen nur als Einheit auftreten kann.[5]

Die auswärtige Seite der Zuständigkeiten der EG hat zu einer beständigen Stärkung ihrer Rolle auf der internationalen Bühne geführt. Die EG unterhält 128 diplomatische Vertretungen in aller Welt, wirkt an globalen Verhandlungsprozessen (OSZE, UNCTAD) und Konferenzen mit[6] und ist an der Arbeit diverser Internationaler Organisationen beteiligt, teils als Mitglied,[7] teils als ständiger oder nicht-ständiger Beobachter.[8]

Dementsprechend umfasst die Völkerrechtssubjektivität der EG (Art. 281 EGV) die meisten Fähigkeiten, die zum Auftreten auf internationaler Ebene erforderlich sind, wie die Fähigkeit zur Abgabe von Erklärungen aller Art, insbesondere zum Abschluss völkerrechtlicher Verträge (Art. 300 EGV) und zur Wahrnehmung von Rechten in Internationalen Organisationen (Art. 302 EGV), das aktive und passive Gesandtschaftsrecht und die Kompetenz zur Umsetzung

---

[4] EuGH, Slg. 1971, 263, Rn. 15/19 – *AETR* (Straßenverkehr); s. ferner Slg. 1976, 1279, Rn. 19/20, 30/33 – *Kramer;* Slg. 1977, 741, Rn. 3 f. – *Stilllegungsfonds.*

[5] Voraussetzung war lange, dass auf der Basis dieser Zuständigkeit auch Rechtnormen erlassen worden sind, EuGH, Slg. 1994, I-5267, Rn. 77 – *WTO*; Slg. 1995, I-521, Rn. 31 – *OECD.* Neuere Rechtsprechung zeigt an, dass diese Einschränkung nun dahin gelockert werden soll, dass „sich die betreffende Situation nach dem Gemeinschaftsrecht bestimmt", s. EuGH, Slg. 2002, I-9427, Rn. 41 – Kommission/Großbritannien u.a. („*Open Skies*").

[6] Etwa an der UN-Seerechtskonferenz 1973–82, *M. Ederer,* Die Europäische Wirtschaftsgemeinschaft und die Seerechtskonvention der Vereinten Nationen, 1986; *R. Wolfrum,* Die EG und das Meer, AVR 42 (2004), 67 (69).

[7] So in FAO, WTO sowie einigen Rohstoff- und Fischereiorganisationen.

[8] So in ICAO, IMO, ILO, IBRD, IWF, OECD und im Europarat.

von Sanktionen im Handel (Art. 301 EGV) sowie im Kapital- und Zahlungsverkehr (Art. 60 EGV).

Die interne Kompetenzzuweisung folgt in diesen Bereichen einem für die auswärtigen Angelegenheiten modifizierten Schema des Gemeinschaftsverfahrens (Art. 300 EGV). Danach legt zunächst die Kommission Empfehlungen vor und führt nach Ermächtigung durch den Rat die Verhandlungen. Der förmliche Abschluss erfolgt durch den Rat nach Beteiligung des Parlaments.[9] Abweichendes gilt insbesondere für die gemeinsame Währungspolitik der Gemeinschaft (Art. 111 Abs. 3 EGV), für die zwar gleichfalls der Rat das Letztentscheidungsrecht hat, die Europäische Zentralbank aber maßgeblichen Einfluss besitzt.[10] In den meisten Bereichen kommt damit der Kommission aufgrund ihres Initiativrechts und ihrer Stellung im Vertragsschlussverfahren wesentliches Gewicht zu.

2. *Europäische Union*

Die allgemeine Außenpolitik der Union und damit die GASP in ihrer heutigen Form ist aus dem Anspruch erwachsen, dass die EG nicht nur ökonomisch, sondern auch politisch als Akteur ihre Kräfte bündeln und ihr Gewicht zur Geltung bringen soll. Die Union will „ihre Identität auf internationaler Ebene" behaupten (Art. 2 EUV). Dieser sachlich globale Anspruch drückt sich in einem eher vagen Katalog von Zielen der Union aus (Art. 11 EUV), der die Wahrung der gemeinsamen Werte und Interessen, die Unabhängigkeit und Unversehrtheit der Union im Einklang mit der Charta der Vereinten Nationen, die Stärkung der Sicherheit der Union, die Wahrung des Friedens und Stärkung der internationalen Sicherheit, die Förderung der internationalen Zusammenarbeit, die Entwicklung und Stärkung von

---

[9] Im Regelfall ist das Parlament anzuhören. Macht das Abkommen eine Änderung bestehenden Sekundärrechts erforderlich oder hat es eine Assoziierung mit dritten Staaten zum Gegenstand, muss das Parlament zustimmen (Art. 300 III Abs. 2 EGV). An der gemeinsamen Handelspolitik wird es hingegen nicht beteiligt (Art. 300 Abs. 3 S. 1 EGV).

[10] Im Einzelnen stellt sich auch im Bereich des auswärtigen Handelns die Frage nach der Art der Zuständigkeit. Verträge können in Materien fallen, für die ausschließliche (Art. 133 EGV, 52 ff. EAGV), konkurrierende und – ausnahmsweise – parallele Zuständigkeiten der EG (s. EuGH, Slg. 1993, I-3685 – Europäisches Parlament/Rat und Kommission (*humanitäre Hilfe*)) geschaffen worden sind. Berührt ein völkerrechtlicher Vertrag mehrere Materien, liegt ein sog. gemischtes Abkommen vor, d.h. ein Vertrag, dessen Parteien EG und Mitgliedstaaten sind; derartige Übereinkommen werden auch ohne rechtlich zwingende Notwendigkeit aus politischer Rücksichtnahme geschlossen, s. bspw. EuGH, Slg. 1979, 2871 – *Naturkautschuk*.

Demokratie und Rechtsstaatlichkeit sowie die Achtung der Menschenrechte und Grundfreiheiten aufführt.[11]

Auf diesen Feldern legt der Europäische Rat als das zentrale Organ der Union (Art. 4 EUV) allgemeine Leitlinien und – auch auf Empfehlung des Ministerrates – Strategien fest (Art. 13 Abs. 1 und 2 EUV). Der Ministerrat handelt durch Gemeinsame Aktionen (Art. 14 EUV) und beschließt Gemeinsame Standpunkte (Art. 15 EUV). Völkerrechtliche Verträge sind möglich und werden durch den Rat geschlossen; die Verhandlungen führt der Vorsitz (Art. 24 EUV).[12] Dem Rat arbeiten der Ausschuss der ständigen Vertreter und das Politische und Sicherheitspolitische Komitee (PSK) zu (Art. 25 EUV), die beide dem Unterbau des Rates zuzurechnen sind. Die Vorbereitung und Ausführung der Entscheidungen des Rates obliegt dessen Generalsekretär, der zugleich Hoher Vertreter der GASP ist (Art. 26 EUV).

Die Kommission ist nur insofern beteiligt, als ihr Präsident Mitglied des Europäischen Rates ist (Art. 4 EUV), sie im Übrigen an der Außenvertretung des Rates und der Durchführung mitwirkt (Art. 18 Abs. 4 EUV) und bei der Aushandlung völkerrechtlicher Verträge hinzugezogen werden kann (Art. 24 EUV). Das Parlament ist mit seinem allgemeinen Anhörungsrecht auf eine Nebenrolle beschränkt (Art. 21 EUV).

Die GASP ist also eine in Verfahren, eine institutionalisierte Konferenzorganisation und den Unterbau der Ratsinfrastruktur eingebettete Methode der Politikkoordinierung der Mitgliedstaaten. Die wichtigen Entscheidungen müssen einstimmig getroffen werden; Ausnahmen sind nur sehr begrenzt, bei Beschlüssen mit verteidigungspolitischen Bezügen überhaupt nicht zugelassen (Art. 23 Abs. 1 und 2 EUV).[13] Aus diesem intergouvernementalen Konzept wird auf die völkerrechtliche Natur der hier gefassten Beschlüsse geschlossen.[14]

---

[11] Der Zielkatalog lehnt sich damit teils an Begriffe der UN-Charta (bes. Art. 1 Ziff. 1 und 3, 2 Ziff. 4) und der Satzung des Europarates (Pr. Abs. 3, Art. I lit. b) an.

[12] Die Rechtsfähigkeit ist der EU auch nach den Verträgen von Amsterdam und Nizza umstritten geblieben. Die Kompetenz, Verträge mit Drittstaaten zu schließen (Art. 24, 38 EUV), soll einer besonderen Protokollerklärung zum Amsterdamer Vertrag zufolge nicht die Übertragung neuer Kompetenzen bedeuten.

[13] Mehrheitsentscheidungen genügen bei der Umsetzung gemeinsamer Aktionen und Standpunkte, bei Durchführungsmaßnahmen, bei der Ernennung von Sonderbeauftragten (Art. 23 Abs. 2, 18 Abs. 5 EUV) und in Verfahrensfragen (Art. 23 Abs. 3 EUV). In diesen Zusammenhang gehört auch das Prinzip der sog. konstruktiven Enthaltung, das zwar die Pflicht zur Durchführung des Beschlusses vermeidet, dessen Zustandekommen aber nicht verhindert (Art. 23 Abs. 2 UAbs. 2 EUV); zudem muss er alles unterlassen, was dem gemeinsamen Vorgehen zuwiderläuft.

[14] *M. Pechstein/C. Koenig,* Die Europäische Union, 3. Aufl. 2000, Rn. 8, 504; *R. Streinz,* Europarecht, 6. Aufl. 2003, Rn. 422 b, f.

Daraus folgt aber nicht, dass es sich bei der GASP um klassische Konferenzdiplomatie handelt. Der Unionsvertrag weist statt der Mitgliedstaaten die Union als selbständige Akteurin aus (Art. 11, 12, 15, 17, 18 EUV). Die Mitgliedstaaten werden nur noch genannt, soweit von ihnen Konsultation und Koordinierung erwartet werden (Art. 16, 19, 20, 23 Abs. 1 UAbs. 2 S. 2 EUV), sie ein Initiativrecht ausüben können (Art. 22 EUV) oder ihnen ein Recht zur Wahrnehmung besonderer Interessen zusteht (Art. 24 Abs. 5, 27 c EUV).

Bei genauerem Hinsehen erweist sich die Struktur also als nicht rein intergouvernemental.[15] Zu den institutionell an der Union orientierten Ansätzen gehört die Betonung der Kohärenz außenpolitischen Handelns überall, wo sie als handelnde Kraft genannt (Art. 11 Abs. 1 EUV) und der Rat auf einheitliches Vorgehen verpflichtet wird (Art. 13 Abs. 3 UAbs. 3 EUV). Auch auf die praktische Rolle des Hohen Vertreters ist in diesem Zusammenhang hinzuweisen. Er ist zwar als dessen Generalsekretär dem Rat zugeordnet (Art. 18 Abs. 3, 26 EUV) und diesem verantwortlich, hat aber hohes Eigengewicht erlangt und tritt als Diplomat der EU in Erscheinung. Er verfügt außerhalb der Ratshierarchie über eine Art eigenen Unterbau, eine spezielle Strategie- und Frühwarneinheit (Policy Unit), die durch den Amsterdamer Vertrag eingerichtet wurde, sich aus den Außenministerien, dem Generalsekretariat des Rates und der WEU rekrutiert und konzeptionelle Aufgaben hat.

Aufgrund dieser institutionellen Besonderheiten erscheint es überzeugender, die GASP nicht als eine Art Dauerkongress aufzufassen, sondern als dritten Weg zwischen Intergouvernementalität und Supranationalität.[16]

C. Schwächen der bisherigen Struktur

I. Mehrsäulenmodell

1. Probleme der Zweigleisigkeit

Die übliche Kennzeichnung der auswärtigen Politik der Union, die infolge der Integrationsgeschichte durch die Kompetenzzuschreibungen der Verträge nahe gelegt wird, gibt schon die derzeitige Praxis nicht angemessen wieder. Zwischen der wirtschaftlichen Außenpolitik der EG und der GASP bestehen vielfältige

---

[15] *G. Müller-Brandeck-Bocquet,* Das neue Entscheidungssystem in der Gemeinsamen Außen- und Sicherheitspolitik der Europäischen Union, in: dies. (Hrsg.), Europäische Außenpolitik, 2002, 9 (11 ff.).

[16] Ebd., 24; s. auch *E. Regelsberger/W. Wessels,* The CFSP Institutions and Procedures: A Third Way for the Second Pillar, European Foreign Affairs Review Nr. 1/1996, 29 ff.

Verknüpfungen und Überschneidungen. So steht die Außenhandelspolitik der EG in immer engerer Beziehung zu Zielen wie dem Schutz der Menschenrechte und der Demokratisierung. Gleiches gilt in verstärkter Weise für die Entwicklungszusammenarbeit, wie z.B. die Neuformulierung der AKP-Kooperation im Vertrag von Cotonou belegt.[17] Von ihrer Außenpolitik, die vor allem in den Händen der Kommission liegt, gehen erhebliche Ausstrahlungswirkungen auf andere Politikfelder aus.[18] Dies zeigt sich beispielsweise in der Mittelmeer-Politik sowie der Asien- und Lateinamerikapolitik.

Der Nahost-Konflikt belegt wiederum, wie eng in der Mittelmeerpolitik Belange der Entwicklung und der GASP verwoben sind. Ein weiteres Beispiel für die dichte Verknüpfung von Außenhandels- und allgemeiner Außenpolitik bieten die aktuellen Beziehungen zur Russischen Föderation, für die nach der Osterweiterung die künftige Globalorientierung ebenso auf dem Programm steht wie Detailfragen der Zollsätze für russische Waren oder des Transitrechts zum Wirtschaftsgebiet Kaliningrad.

Die Frage nach den gegenseitigen Kompetenzabgrenzungen kann sich dabei auf Dauer als Problem bemerkbar machen.[19] In der Alltagspraxis drückt es sich in der üblichen Doppelrepräsentanz von Rat und Kommission in der Konferenzdiplomatie und vor internationalen Organisationen aus.[20] Dieses Auseinanderfallen der Wahrnehmung geborener Gemeinschaftsinteressen durch die Kommission und mitgliedstaatlicher Belange durch den Rat könnte zumindest von der Anlage her die Gefahr einer Schwächung der Außenpolitik der Union hervorrufen.

2. Einheitliche Rechtspersönlichkeit der Europäischen Union

Die Frage nach der Binnenstruktur der GASP stellt sich auch aus einem anderen Grunde neu. Die Union soll künftig völkerrechtsfähig sein (Art. I-7), die Dreisäu-

[17] Partnerschaftsabkommen v. 23. Juni 2000, ABl. L 317/3, in Kraft seit 1. April 2003, insbes. Art. 9; allgemein *F. Hoffmeister,* Menschenrechts- und Demokratieklauseln in den vertraglichen Außenbeziehungen der Europäischen Gemeinschaft, 1998.

[18] Zur stetigen Erweiterung des Aufgabenfeldes der Kommission *C. Gagout,* An Evaluation of the Making and Functioning of the European Union's Common Foreign and Security Policy (CFSP) System, 2003.

[19] *W. Wessels,* Institutionelle Architektur für eine globale (Zivil-)Macht? Die Gemeinsame Außen- und Sicherheitspolitik im „Verfassungsvertrag", Zeitschrift für Staats- und Europawissenschaften 2003, 400 (406).

[20] *T. Oppermann,* Europarecht, 2. Aufl. 1999, Rn. 1697; s. auch Europäischer Konvent, Schlussbericht der Gruppe VII „Außenpolitisches Handeln", CONV 459/02 WG VII 17 v. 16. Dezember 2002, Rn. 36, 64 ff.

lenstruktur soll aufgegeben werden.[21] Das Verhältnis zwischen den bisherigen Säulen bedarf also einer Neubestimmung. Die Union muss einheitlich handeln und auf internationaler Ebene in alle Funktionen einrücken können, die bislang von der EG wahrgenommen werden. Dies bedeutet zugleich, dass eine noch engere Abstimmung der zuständigkeitsspezifisch verschiedenen außenpolitischen Agenden innerhalb der Union nötig wird.

Mit der Neukonzeption der institutionellen Architektur der Union sind weitere verfassungsrechtliche und -politische Fragen verbunden, insbesondere nach der parlamentarischen und judiziellen Kontrolle. Bisher wird die Tätigkeit des Hohen Vertreters nur indirekt über den Rat und die in ihm vertretenen Regierungen durch die nationalen Parlamente legitimiert. Auch wenn der Hohe Vertreter das Europäische Parlament in der Praxis stärker einbindet als dies nach dem EU-Vertrag vorgeschrieben ist, bedarf das Verhältnis zum demokratischen Element der Union doch einer verlässlicheren Grundlage.

II. Effektivität und Krisenfähigkeit

Wer die Außenpolitik der Union am Alltagsgeschäft misst, kann durchaus zu einer positiven Einschätzung der GASP gelangen.[22] Ihre Tätigkeit umfasste im Jahre 2002, in der Größenordnung ähnlich wie in den Vorjahren, 16 gemeinsame Standpunkte und 23 gemeinsame Aktionen für Situationen in Staaten aus allen Erdteilen, von Afghanistan bis zur Zentralafrikanischen Republik. Hinzu kamen rund 1300 Erklärungen, Demarchen, Dialoge und gemeinsame Berichte.[23] Während die gemeinsamen Aktionen insbesondere die Ernennung von Sonderbeauftragten und die Einsetzung von Überwachungsmissionen zum Gegenstand haben, richten sich Gemeinsame Standpunkte meist gegen unerwünschte Regime (etwa in Burma oder Zimbabwe) oder gegen die Unterstützung des Terrorismus durch in dieser Hinsicht auffällig gewordene Staaten. Bei den übrigen Handlungsformen werden die unterschiedlichsten Themenbereiche angesprochen, von Abrüstungsfragen bis hin zur Verhütung und Beseitigung der Folter. Eine besondere Rolle spielt das sog. Quartett (bestehend aus der EU, der UNO, den USA und Russland) in der Nahostpolitik, der eine hohe Priorität eingeräumt wird; sie wird vor allem vom Hohen Vertreter und von einem Sonderbeauftragten wahrgenommen. Zu den Aktivposten

---

[21] Näher *B. Fassbender,* Die Völkerrechtssubjektivität der Europäischen Union nach dem Entwurf des Verfassungsvertrages, AVR 42 (2004), 26 ff.

[22] *T. Oppermann* (Anm. 20), Rn. 1727; s. auch *C. Tomuschat,* Die Europäische Union als Akteur in den Internationalen Beziehungen, in: Liber Amicorum Tono Eitel, 2003, 799 ff.

[23] *E. Regelsberger,* Gemeinsame Außen- und Sicherheitspolitik, in: W. Weidenfeld/W. Wessels (Hrsg.), Jahrbuch der Europäischen Integration 2002/2003, 251 (254).

zählt ferner die starke Kohärenz im Abstimmungsverhalten der EU-Staaten innerhalb der Generalversammlung und im Wirtschafts- und Sozialrat der UNO.[24]

Aus dieser Sicht mag eine Neubestimmung des Verhältnisses zwischen Union und Mitgliedstaaten weniger dringlich erscheinen als oft angenommen wird. Die Außenwahrnehmung der GASP richtet sich dagegen nach ihrer Krisenfähigkeit. Von ihr hängen Stärke und Glaubwürdigkeit der GASP letztlich ab. Dieser Blickwinkel indiziert eine schwache Bilanz. Die Krisenbewältigung im Zuge des Zerfalls Jugoslawiens Anfang der 90er Jahre, während der Kosovokrise (1999) und vor dem Irakkrieg (2002/2003) wird zu Recht als Misserfolg verbucht. Dagegen gilt die Beruhigung der Unruhen in Mazedonien (2001) als erstes Beispiel einer erfolgreichen Zusammenarbeit.[25] Dem entsprechend bildete die Fähigkeit der GASP zu einer effektiven Krisendiplomatie einen wesentlichen Ansatz für die Vorarbeiten zum Verfassungsvertrag.

Die rechtlichen Mittel für eine Besserung sind indessen begrenzt. Im Gegensatz zu internen institutionellen Problemen, die sich organisationsrechtlich lösen lassen, können bei dem Verhältnis zwischen Union und Mitgliedstaaten letzte Reservate souveräner Macht auf dem Spiel stehen. Zu den Forderungen an den Verfassungskonvent gehörten daher vor allem[26] zwei Aspekte: Mehrheitsentscheidungen, um die GASP „effektiver" zu machen,[27] und eine Stärkung des Hohen Vertreters.

D. Die Neuerungen des Verfassungsvertrages

Die Änderungen des Verfassungsvertrages tragen zum einen dem Bedürfnis nach Konsolidierung der beiden außenpolitischen Organisationsformen Rechnung,

---

[24] *I. Winkelmann,* Europäische und mitgliedstaatliche Interessenvertretung in den Vereinten Nationen, Zeitschrift für ausländisches öffentliches Recht und Völkerrecht 60 (2000), 413 ff.; *E. Sucharipa,* Die Gemeinsame Außen- und Sicherheitspolitik (GASP) der Europäischen Union im Rahmen der Vereinten Nationen, in: Liber Amicorum Tono Eitel, 2003, 773 ff.; das gilt allerdings nicht für die Koordinierung im Sicherheitsrat, wo die in ihm vertretenen Unionsstaaten – einschließlich ihrer beiden ständigen Mitglieder – in stärkerem Maße national definierte Interessen vertreten.

[25] *C. Heusgen,* Eine gemeinsame Außen- und Sicherheitspolitik der Europäischen Union, Die Politische Meinung Nr. 401, 4/2003, 19 ff.

[26] Vgl. etwa *Heusgen* (Anm. 25), 21 f.; *S. Everts/D. Keohane,* The European Convention and EU Foreign Policy: Learning from Failure, Survival 3/2003, 167 ff.

[27] Vgl. die Fragen in der Erklärung von Laeken zur Zukunft der EU, Anlage I zu den Schlussfolgerungen des Ratsvorsitzes v. 14./15. Dezember 2001, Bull EU 12/2001, 24; Deutsch-Französischer Beitrag zum Europäischen Konvent über die institutionelle Architektur der Union v. 15. Januar 2003, CONV 489/03, 6.

zum anderen beziehen sie sich auf das Verhältnis zwischen der Union und den Mitgliedstaaten.

I. Zusammenführung der außenpolitischen Zuständigkeiten der Union

Die wichtigsten Handlungsfelder der Außenpolitik werden in einem gemeinsamen Vertragstitel zusammengeführt (1.). Zum anderen wird die Binnenstruktur der Preisgabe des Dreisäulenmodells angepasst. Die neuen institutionellen Regelungen zielen zugleich auf eine Verbesserung der Kohärenz unter den Mitgliedstaaten ab (2.).

1. Sachliche Einheitlichkeit

Der Verfassungsvertrag fasst den Bereich des auswärtigen Handelns der Union in einem eigenen Titel zusammen. Dort finden sich die Gemeinsame Außen- und Sicherheitspolitik, die gemeinsame Handelspolitik, die Entwicklungszusammenarbeit und die humanitäre Hilfe. Ihnen vorangestellt wird ein neuer, erweiterter Zielkatalog. Zudem wird das Verfahren des Abschlusses völkerrechtlicher Verträge für die erste und zweite Säule vereinheitlicht (Art. III-323). Die *AETR*-Rechtsprechung wird ausdrücklich in die Kompetenzbestimmungen übernommen (Art. I-13 Abs. 2, III-323 Abs. 1).[28]

Im Zielkatalog des Art. III-292, der mit den Zielen des Art. I-3 Abs. 4 zusammen zu lesen ist, finden sich nun auch die Beseitigung der Armut, nachhaltige Entwicklung, die Integration aller Länder in die Weltwirtschaft, der Umweltschutz, Katastrophenhilfe, die Achtung, Festigung und Förderung des Völkerrechts[29] sowie überhaupt eine „verantwortungsvolle Weltordnungspolitik“.

---

[28] Voraussetzung für eine Außenkompetenz, die nicht ausdrücklich im Vertrag zugewiesen ist, soll es sein, dass „eine Übereinkunft im Rahmen der Politik der Union zur Verwirklichung eines ihrer in der Verfassung festgelegten Ziele erforderlich ist, in einem bindenden Rechtsakt der Union vorgesehen ist oder einen internen Rechtsakt der Union beeinträchtigt; vgl. dagegen Anm. 5; s. auch *Fassbender* (Anm. 21), 34 ff.

[29] Vgl. dazu *A. von Bogdandy,* Europäische Verfassung und europäische Identität, Juristenzeitung 2004, 53 (59 f.); ders., Wir Europäer, FAZ v. 27. 4. 2004, 8, der u.a. in den Hinweisen auf die Einhaltung des Völkerrechts den problematischen Versuch einer Abgrenzung gegenüber den USA vermutet.

Ziele und Instrumente der ersten und der zweiten Säule sollen nun besser aufeinander abgestimmt werden.[30] Eine Unterordnung unter gemeinsame Leitideen ergibt sich schon aus der systematischen Stellung des Art. III-292. Zudem soll die Gemeinsame Handelspolitik ausdrücklich im Rahmen der Grundsätze und Ziele des auswärtigen Handelns der Union gestaltet werden (Art. III-315 Abs. 1 S. 2). In ähnlicher Weise bilden diese Grundsätze und Ziele auch den Rahmen für die Entwicklungszusammenarbeit (Art. III-316 Abs. 1). Die außerhalb dieses Titels geregelte Umweltpolitik behält ihre globale Dimension (Art. III-233 Abs. 1); hier ist umgekehrt die GASP an ein Ziel der Gemeinschaft herangeführt worden (vgl. Art. 174 Abs. 1 EGV mit Art. III-292 Abs. 2 lit. f). Ob auch die anderen Außenkompetenzen diesen Zielen verpflichtet sein sollen oder ob sich aus der Beschränkung des neuen Titels auf die genannten Felder das Gegenteil ergeben soll, ist schwer abzuschätzen. Der für alle Teile der Verfassung geltende Art. I-3 Abs. 4 spricht eher für die erstgenannte Auslegung.

Eine neue Qualität der europäischen Außenpolitik muss damit nicht verbunden sein. Die genannten Ziele werden bereits jetzt in zwischen den Politikzweigen immer stärker koordinierter Weise verfolgt, wie im Verhältnis zu Afrika, gegenüber Staaten in Südostasien und gegenüber Kuba sichtbar wird.[31] Der Verfassungstext schreibt dies nun fest.

2. *Organisationsstruktur*

Die wohl wichtigsten Änderungen betreffen die institutionelle Struktur der GASP. Sie sehen leicht modifizierte Kompetenzen des Europäischen Rates und des Ministerrates, neue bzw. neu zugeschnittene Ämter wie das des Präsidenten des Rates und des Außenministers und einen erweiterten administrativen Unterbau des bisherigen Hohen Vertreters vor.

a) Europäischer Rat und Ministerrat

Die strategischen Entscheidungen trifft wie bisher der Europäische Rat (Art. I-40 Abs. 2, III-295 Abs. 1). Operative Maßnahmen sind vom Ministerrat zu

---

[30] Zum geltenden Recht *P. Gauttier,* Horizontal Coherence and the External Competences of the European Union, European Law Journal (ELJ) 20 (2004), 23 ff.

[31] *S. Schmidt,* Afrikapolitik, in: Weidenfeld/Wessels (Anm. 23), 261 ff.; *F. Algieri,* Asienpolitik, ebd. 265 ff.; *U. Diedrichs,* Lateinamerikapolitik, ebd. 271 (273 f.).

beschließen (Art. III-297 Abs. 1),[32] der in einer neu gebildeten Formation „Auswärtige Angelegenheiten“ zusammentritt.[33] Die EU-Außenpolitik wird nicht mehr durch den sechsmonatlich rotierenden Ratsvorsitz, sondern durch den neuen Präsidenten des Europäischen Rates und den Außenminister repräsentiert. Damit soll die für stabile Außenbeziehungen nötige personelle Kontinuität an der Spitze gesichert werden.

Für die Stellung zwischen Union und Mitgliedstaaten ist von Interesse, dass der Ratspräsident kein innerstaatliches Amt ausüben darf (Art. I-22 Abs. 3). Dieselbe Inkompatibilitätsvorschrift schließt aber eine Doppelfunktion anderer Art nicht aus: Der Präsident der Kommission könnte zum Präsidenten des Rates gewählt werden.

Als Vorsitzender des Europäischen Rates wird der Ratspräsident überall dort eine wichtige Rolle bei der Gestaltung der Außenpolitik spielen können, wo auch der Europäische Rat starke Kompetenzen besitzt: bei der Festlegung der Agenda, bei der Ausrichtung der Leitlinien und bei der Vermittlung zwischen den Mitgliedstaaten (Art. III-295). Wenn, wie dies in der Irak-Krise der Fall war, „eine internationale Entwicklung es erfordert“, kann er eine außerordentliche Tagung einberufen (Art. III-295).

Dem Rat sind weiterhin das PSK (Art. III-307) sowie die neu zu errichtende Europäische Verteidigungsagentur (Art. III-311) unterstellt. Diese soll aber ihre Zuständigkeiten „in Verbindung mit der Kommission“ ausüben, was sowohl Stoff für Auseinandersetzungen als auch eine Aufsplitterung der Entscheidungsstruktur bedeuten könnte.

Wie wird nun die berühmte Frage *Henry Kissingers* nach der Telefonnummer Europas zu beantworten sein? Hier kommt es auf die Binnenabgrenzung zwischen Ratspräsidenten und Außenminister an, bei der der EV etwas unscharf bleibt: Die Außenvertretung wird, „unbeschadet“ der Zuständigkeiten des Außenministers, dem Ratspräsidenten „auf seiner Ebene“ übertragen (Art. I-22 Abs. 2). Gedacht ist an Kontakte mit Staats- und Regierungschefs. Wäre *Kissinger* noch amerikanischer Außenminister, hätte er sich also an seinen europäischen Amtskollegen zu halten. Im Einzelnen bleibt aber vieles unklar, wie überhaupt der Ratspräsident im gesamten Verfassungsvertrag eine blasse Figur geblieben ist. Im Verhältnis zum Außenminister ist ihm keine Weisungsbefugnis übertragen worden, was Kon-

---

[32] Hierin könnte eine Herabstufung der Rolle der Außenminister liegen, so *W. Kaufmann-Bühler/N. Meyer-Landrut,* in: Grabitz/Hilf (Anm. 3), Art. 13, Rn. 16.

[33] Bisher: Allgemeine Angelegenheiten und Außenbeziehungen, s. Art. 2 GO des Rates vom 22. Juli 2002.

flikten Vorschub leisten könnte.[34] Dass der Präsident des Europäischen Rates für den Alltag auf den vom Außenminister geleiteten neuen auswärtigen Dienst der Union angewiesen sein wird, trägt zu diesem Risikopotenzial gleichfalls bei.

b) Der Außenminister

Das Amt des Hohen Vertreters soll künftig der Außenminister der Union ausüben (Art. I-28). Der Hohe Vertreter würde damit erheblich gestärkt aus dem Konventsverfahren hervorgehen. Er wird zum zentralen Akteur der GASP. Er übernähme die Funktionen der sog. Troika aus Generalsekretär des Rates, Außenkommissar und Außenminister der Ratspräsidentschaft.[35]

Der Außenminister wird vom Europäischen Rat mit Zustimmung des Präsidenten der Kommission ernannt und soll die GASP leiten. Dabei ist er dem Europäischen Rat verantwortlich, der ihn auch abberufen kann (Art. I-87 Abs. 1 S. 2). Seine Kompetenzen sind beachtlich. Er

- vertritt die Union im Bereich der GASP, führt in ihrem Namen den politischen Dialog, tritt für sie auf Konferenzen und in Internationalen Organisationen auf (Art. III-296 Abs. 2) und trägt vor dem UN-Sicherheitsrat ihren Standpunkt vor (Art. III-305 Abs. 2);
- führt den Vorsitz im Rat für auswärtige Angelegenheiten (Art. III-296 Abs. 1), bereitet also auch dessen Sitzungen vor und kann in dringenden Fällen den Ministerrat selbständig einberufen (Art. III-299 Abs. 2);
- ist nunmehr statt des Ratsvorsitzes und der Kommission (Art. 21 EUV) der Ansprechpartner des Europäischen Parlaments (Art. III-304);
- kann im Hinblick auf die vom Europäischen Rat und dem Ministerrat zu fassenden Beschlüsse Vorschläge machen (Art. I-28 Abs. 2, I-40 Abs. 6 S. 1, III-299 Abs. 1), besitzt also ein Initiativrecht;
- kann die Ernennung von Sonderbeauftragten vorschlagen, die ihr Amt unter seiner Leitung ausüben (Art. III-302);
- führt alle Beschlüsse durch, die im Rahmen der GASP gefasst werden (Art. I-40 Abs. 4);
- achtet darauf, dass sich die Mitgliedstaaten solidarisch verhalten (Art. III-294 Abs. 2 UAbs. 3), fungiert in Fällen, die eine Berufung eines Mitgliedstaates

[34] *Wessels* (Anm. 19), 418; *Regelsberger* (Anm. 23), 253.

[35] Schlussbericht (Anm. 20), Rn. 5.

auf vitale Interessen erwarten lassen, als Vermittler (Art. III-300 Abs. 2 S. 2) und hat damit die Rolle eines Aufsichtsorgans für die GASP erhalten;[36]

- fungiert als Koordinator der zivilen und militärischen Operationen in der ESVP (Art. III-309 Abs. 2) und ist mit deren Finanzierung befasst (Art. III-314 Abs. 3).

Als Unterbau erhält der Außenminister einen eigenen diplomatischen Dienst (Art. III-296 Abs. 3). Dieser wird sich aus den bisher zuständigen Einheiten des Generalsekretariates des Rates (Policy Unit), Mitarbeitern der Kommission und nationaler diplomatischer Dienste rekrutieren. Mit dieser Zusammensetzung des Auswärtigen Dienstes könnte der Keim eines neuen interinstitutionellen Konfliktes gelegt worden sein, denn Rat und Kommission werden hier zusammenwirken müssen.[37] Unklar ist auch, wie sich die drei verschiedenen Hierarchien auswirken werden, aus denen das Personal des Auswärtigen Dienstes abgestellt werden soll.

c) Kommission

Der Außenminister ist nicht nur dem Europäischen Rat zugeordnet. Zugleich ist er einer der Vizepräsidenten der Kommission (Art. I-28 Abs. 4 S. 1), deren Präsident bei seiner Bestellung und Abberufung mitwirken muss. Zudem wird dieser ihn als Kommissionsmitglied gem. Art. I-27 Abs. 3 auch dann abberufen können, wenn der Europäische Rat keinen entsprechenden Beschluss (Art. I-28 Abs. 4) gefasst hat. In der Person des Außenministers können sich also Konflikte zwischen Europäischem Rat und Kommission materialisieren, denen er nur entgehen kann, wenn er – wie der amtierende Hohe Vertreter, *Xavier Solana* – zu beiden Organen gute Kontakte zu unterhalten vermag.

In der Kommission soll der Außenminister, wie es heißt, „mit deren Zuständigkeiten im Bereich der Außenbeziehungen und mit der Koordinierung der übrigen Aspekte des auswärtigen Handelns der Union betraut“ werden und insofern dem Verfahren unterliegen, das für die Arbeitsweise der Kommission gilt. Der Außenminister steht also, stärker als dies der bisherigen Natur der GASP entspricht, zwischen dem im Schwerpunkt intergouvernemental operierenden Europäischen Rat und der supranational agierenden Kommission. Er trägt, im Konventsjargon

---

[36] *T. Risse,* Auf dem Weg zu einer gemeinsamen Außenpolitik? Der Verfassungsentwurf und die europäische Außen- und Sicherheitspolitik, integration 2003, 564 (570).

[37] Organisation und Arbeitsweise des diplomatischen Dienstes sollen durch einen Beschluss des Rates festgelegt werden, Art III-296 Abs. 3.

ausgedrückt, einen „Doppelhut".[38] Damit wird er außer für die GASP auch für die wirtschaftlichen Außenbeziehungen der Union zuständig, also *Chris Patten* und *Xavier Solana* in einer Person sein müssen. Die bisherige – theoretische – Spannung zwischen erster und zweiter Säule soll durch Personalunion gelöst werden.

Aus dieser Stellung ergibt sich indes weiterhin die Möglichkeit kontraproduktiver Konkurrenz insbesondere dann, wenn Kommission und Rat divergierende außenpolitische Vorstellungen verfolgen.[39]

d) Parlamentarische und gerichtliche Kontrolle

Die Rechte des Parlaments werden gegenüber Art. 21 EUV in der Sache nicht erweitert: Es wird regelmäßig zu den wichtigsten Aspekten gehört und ist auf dem Laufenden zu halten (Art. I-40 Abs. 8, III-304). Auch hat es bei den Abkommen der Union, die ausschließlich die GASP betreffen, kein Mitspracherecht (Art. III-325 Abs. 6). Selbst sein Budgetrecht muss hier nicht wirksam werden, da eine Finanzierung von Maßnahmen durch Beiträge der Mitgliedstaaten möglich ist (Art. I-40 Abs. 4, III-313 Abs. 2).[40]

Das Europäische Parlament ist aber an der Einsetzung des Außenministers insofern beteiligt, als dieser auch ein Mitglied der Kommission ist, die sich insgesamt seinem Zustimmungsvotum stellen muss (Art. I-27 Abs. 2 S. 3).

Für den Außenminister dürften auch die Bestimmungen über den Misstrauensantrag gelten (Art. I-26 Abs. 8). Das Verfahren ist nicht ganz klar: Nach Art. III-340 wäre wie bisher (Art. 201 EGV) eine Mehrheit von 2/3 der abgegebenen Stimmen und der Mehrheit der Mitglieder im Parlament erforderlich. Art. I-28 Abs. 1 sieht indes für die Abberufung eine qualifizierte Mehrheit des Rates vor. Man wird annehmen müssen, dass der Außenminister beiden Organen, dem Europäischen Rat und der Kommission, gleichermaßen verantwortlich bleibt und sein Mandat alternativ nach beiden Verfahrensweisen beendet werden kann.

Der EuGH ist auch weiterhin nicht für die GASP zuständig (Art. III-376). Er kann aber über die Abgrenzung zu anderen Zuständigkeiten der Union entscheiden um zu garantieren, dass die GASP nicht in Bereiche eingreift, für die das Gemein-

---

[38] Deutsch-Französischer Beitrag (Anm. 27), 6 f.; *G. Pleuger,* Double Hat, WG VII – WD No. 17; zur Kompromissfindung Schlussbericht (Anm. 20), Rn. 28 ff.

[39] Vgl. *D. Thym,* Die neue institutionelle Architektur europäischer Außen- und Sicherheitspolitik, AVR 42 (2004), 44 (64 f.).

[40] Zur Rolle des Parlaments *D. Thym,* Reforming Europe's Common Foreign and Security Policy, ELJ 10 (2004), 5 (13 ff.).

schaftsverfahren vorgeschrieben ist (Art. III-308).[41] Zudem kann der EuGH vor Abschluss eines völkerrechtlichen Vertrages der Union um ein Gutachten ersucht werden, um mögliche Zweifel an dessen Vereinbarkeit zu klären (Art. III-325 Abs. 11). Der Sache nach ist dieses Verfahren nicht neu (Art. 300 Abs. 6 EGV). Ob es nun auch für Abkommen gelten soll, die im Rahmen der GASP geschlossen werden, ist aber (wegen Art. III-376) fraglich.

Wie für die Außenpolitik generell typisch, sind also die parlamentarischen und verfassungsgerichtlichen Kontrollmöglichkeiten eng begrenzt.

II. Vertikale Kohärenz

1. Solidaritätspflichten

Die Frage des Zusammenhalts zwischen den Mitgliedstaaten hat die beiden unterschiedlichen Positionen zwischen einer auf institutionelle Stärke setzenden Gruppe und eher auf Wahrung der nationalen Souveränität bedachten Staaten besonders deutlich werden lassen. Als konkrete Handlungspflicht folgt aus dem so oft unterstrichenen Solidaritätsgebot eine Konkretisierung der auch schon bisher gültigen Konsultationspflicht (Art. 16 EUV) in dem Sinne, dass sich ein Mitgliedstaat mit den anderen im Europäischen Rat oder im Ministerrat beraten muss, bevor er in einer Weise tätig wird, die die Interessen der Union berühren könnte (Art. I-40 Abs. 5 S. 2).

Für die Unionsstaaten, die Mitglieder des UN-Sicherheitsrates sind, ergeben sich daraus besondere Informations- und Loyalitätspflichten (Art. III-305). Auch sie sind dem Grunde nach nicht neu, abgesehen von deren geringfügig verschärfter Pflicht zu koordiniertem Vorgehen (Art. III-305 Abs. 2: „stimmen sich ab“ statt bisher Art. 19 Abs. 2 S. 2 EUV: „werden sich abstimmen“). Zudem sollen sie beantragen, dass der Außenminister der Union aufgefordert wird, den Standpunkt der Union im Sicherheitsrat vorzutragen.

Die Aufsicht über die Wahrung der Solidarität zwischen den Mitgliedstaaten ist, wie ausgeführt, dem Außenminister zugedacht (Art. III-296 Abs. 1), der damit, vergleichbar der Kommission für die Zuständigkeitsbereiche der Gemeinschaft, zum Hüter der GASP ernannt worden ist. Ein Klagerecht vor dem Europäischen

---

[41] Zu einem Fall der Abgrenzung zwischen intergouvernementalem Handeln (in der dritten Säule) und Gemeinschaftskompetenz EuGH, Slg. 1998, I-2763, Rn. 19 ff. – Kommission/Rat (*Transit auf Flughäfen*).

Gerichtshof besitzt er aber – im Gegensatz zur Kommission nach Art. 226 EGV – im Falle einer Vertragsverletzung nicht.

2. *Verbindlichkeit der Entscheidungen*

Der Einordnung von Zuständigkeiten zufolge, wie sie der Verfassungsvertrag in seinem ersten Teil erstmals vornehmen will, steht die GASP in einer Abfolge sich abschwächender Kompetenztypen zwar nach den Bereichen mit geteilter Zuständigkeit, dürfte aber wohl als besonderer Fall der sachlichen Politikkoordinierung aufzufassen und damit stärker sein als eine bloße Unterstützungs-, Koordinierungs- und Ergänzungskompetenz (vgl. Art. I-12 bis I-17).

Das rechtliche Instrumentarium wird nicht wesentlich verändert. Gegenüber den derzeitigen Maßnahmekatalogen der gemeinsamen Strategien, Aktionen und Standpunkte sind die erst durch den Vertrag von Amsterdam eingeführten, aber kaum[42] genutzten gemeinsamen Strategien nur scheinbar wieder weggefallen (Art. III-294 Abs. 3). Sie tauchen nunmehr als Beschlüsse „über die strategischen Interessen und Ziele der Union“ im Vertragstext auf (Art. III-293 Abs. 1 und III-300 Abs. 2 a). Im Rahmen der GASP können zwar keine Gesetze und Rahmengesetze (früher: Verordnungen und Richtlinien) erlassen werden, wie überflüssigerweise Art. I-40 Abs. 6 S. 3 bestätigt. Anderes „Handeln“ ist aber vorgesehen (Art. I-16 Abs. 2 S. 1) und zu „achten“. Damit sind u.a. die Beschlüsse gemeint, die nunmehr ausdrücklich als verbindliche Maßnahmen gekennzeichnet sind (Art. I-33 Abs. 1 UAbs. 5, III-297 Abs. 2). In dieser Form werden auch die gemeinsamen Aktionen und Standpunkte festgelegt (Art. III-294 Abs. 3). Mit der Neuregelung drückt sich der Wunsch nach einem höheren Verbindlichkeitsgrad aus.[43] Ob dieser Effekt eintreten wird, ist fraglich.[44] In der Vergangenheit lag der Grund

---

[42] Bisher sind nur drei Strategien beschlossen worden, je eine zur Politik gegenüber Russland (ABl. 1999 L 157/1, verlängert ABl. 2003 L 157/68), der Ukraine (ABl. 1999 L 331/1 i.d.F. ABl. 2000 L 87/4) und dem Mittelmeerraum (ABl. 2000 L 183/5), jeweils mit einer Laufzeit von zunächst vier Jahren.

[43] Auch nach geltendem Recht sind die im Rahmen der GASP getroffenen Maßnahmen im Vertrag als „Beschluss“ gekennzeichnet (vgl. Art. 23 Abs. 2 EUV), doch ist dieser keine nach dem GASP-Titel oder nach allgemeinen Bestimmungen kategorisierte Rechtsform, anders als in der sog. Dritten Säule (Art. 34 Abs. 2 lit. c EUV).

[44] Die den Staaten verbliebene Notstandskompetenz, in zwingenden Fällen abweichende Sofortmaßnahmen zu ergreifen (Art. III-198 Abs. 4), ist in dieser Hinsicht weniger bedenklich und besteht auch nach geltendem Recht (Art. 14 Abs. 6 EUV).

für die Inkohärenz der GASP weniger darin, dass Beschlüsse missachtet worden wären, als im Scheitern einer Konsensfindung überhaupt.

3. Abstimmungsverfahren

Am Einstimmigkeitsprinzip wird festgehalten (Art. I-40 Abs. 7, III-300 Abs. 1), ebenso an der konstruktiven Enthaltung (Art. III-300 Abs. 1 S. 2).[45] Diese wird allerdings erweitert. Zur Zeit können Staaten einen Beschluss durch Enthaltung verhindern, sofern sie über mehr als ein Drittel der gem. Art. 205 Abs. 2 EGV gewogenen (in der erweiterten Union 107 von 321) Stimmen verfügen (Art. 23 Abs. 1 EUV); dazu bedurfte es in der Union der 15 ebenso wie jetzt in der erweiterten Union mindestens einer Zahl von vier Staaten. Nach dem Verfassungsvertrag liegt das Quorum bei einem Drittel der Mitgliedstaaten (neun von 25), die mindestens ein Drittel der Unionsbevölkerung (150 von 450 Mio.) stellen müssen.

Mehrheitsentscheidungen sind im schon bisher zulässigen Umfang bei Durchführungsmaßnahmen theoretisch möglich (Art. III-300 Abs. 2), ebenso bleibt der Vorbehalt zugunsten wichtiger Interessen im Sinne des Luxemburger Kompromisses bestehen (Art. 23 Abs. 2 UAbs. 2 EUV, III-300 Abs. 2 UAbs. 2). Beide sind bisher kaum genutzt worden. Für die ESVP und damit für alle Krisenreaktionseinsätze (auch ziviler Art) bleibt es bei der Einstimmigkeit (Art. III-300 Abs. 4, 309). Von diesen Materien abgesehen kann der Europäische Rat künftig beschließen, weitere Angelegenheiten Mehrheitsentscheidungen zugänglich zu machen (Art. III-300 Abs. 2, Abs. 3). Ferner soll diese Möglichkeit geschaffen werden, wenn der Außenminister eine Maßnahme auf einstimmiges Ersuchen des Europäischen Rates vorschlägt (Art. III-300 Abs. 2 b). Die Berechnung dieser ausnahmsweise möglichen qualifizierten Mehrheit bestimmt sich nach den allgemeinen Vorschriften (Art. I-25).

Damit ist der Vertrag in diesem Punkt entscheidend hinter den insbesondere von Deutschland und Frankreich vorgetragenen Vorstellungen zurückgeblieben. Im Ergebnis eröffnet die Bestätigung des Einstimmigkeitsprinzips sicher nicht die Hoffnung auf eine Stärkung der Handlungsfähigkeit der Union. Die Zahl der Staaten, die ihr Veto einsetzen wollen, wird in einer erweiterten Union noch zunehmen. Die Bewertungen fallen daher hierzulande eher skeptisch aus.[46] Umso interessanter wird die Option einer Zusammenarbeit im kleineren Kreis.

---

[45] Anm. 13.

[46] *M. Jopp/E. Regelsberger,* GASP und ESVP im Verfassungsvertrag – eine neue Angebotsvielfalt mit Chancen und Mängeln, integration 2003, 550 (558).

4. *Verstärkte Zusammenarbeit*

Im Hinblick auf ein außenpolitisches Kerneuropa eröffnet der Verfassungsvertrag gleich vier Optionen, die teils sowohl für die GASP als auch für die Europäische Sicherheits- und Verteidigungspolitik (ESVP), teils nur für die ESVP vorgesehen sind.[47] Um ein vollständiges Bild zu gewinnen, werden alle kurz vorgestellt:

Zunächst gelten die allgemeinen Bestimmungen über die Verstärkte Zusammenarbeit (Art. III-416 ff.) auch für die GASP. Bisher wird sie in der GASP erst seit dem Vertrag von Nizza und nur unter sehr eng begrenzten Voraussetzungen zugelassen (Art. 27 a bis 27 e EUV). Sie muss von mindestens sechs Mitgliedstaaten getragen werden (Art. 27 a Abs. 2, 43 lit. g EUV). Ferner darf die Aktion keine militärischen oder verteidigungspolitischen Bezüge aufweisen (Art. 27 b EUV). Praktisch ins Werk gesetzt wurde sie bisher nicht. Nunmehr soll es zur Voraussetzung werden, dass sich mindestens ein Drittel der Mitgliedstaaten (neun von 25) beteiligt (Art. I-44 Abs. 2 S. 1). Sie müssen einen Antrag stellen, der – anders als sonst in der verstärkten Zusammenarbeit – nicht an die Kommission (Art. III-419 Abs. 1), sondern an den Rat zu richten ist (Art. III-419 Abs. 2 S. 1). Der Außenminister und die Kommission nehmen Stellung (Art. III-419 Abs. 2 S. 2). Nach dem Entwurf des Verfassungsvertrages (VerfE) war strittig geblieben, nach welchem Verfahren dann der Rat beschließt, der hierzu seine Ermächtigung erteilen muss (Art. III-419 Abs. 2 S. 2). Nach einer Auslegung sollte eine qualifizierte Mehrheit nach den allgemeinen Bestimmungen über die verstärkte Zusammenarbeit genügen.[48] Dagegen stand die Position, die gemäß den Sonderregeln über die GASP Einstimmigkeit verlangte.[49] Der durch die Regierungskonferenz eingefügte Art. III-419 Abs. 2 UAbs. 3stellt nun klar, dass es hierzu der Einstimmigkeit bedarf.

Zweitens kann der Ministerrat in Angelegenheiten der ESVP durch Beschluss eine Gruppe von Mitgliedstaaten mit der Durchführung einer zivilen oder militärischen Operation beauftragen (Art. I-41 Abs. 5, III-310). Hier handeln dann einige Staaten im Auftrag und im Namen der Union.

Drittens besteht für eine Kerngruppe von Mitgliedstaaten, die „anspruchsvollere Kriterien in Bezug auf die militärischen Fähigkeiten erfüllen“, die Option einer sog. Ständigen Strukturierten Zusammenarbeit (Art. III-312, I-41 Abs. 6). Das

---

47 Näher *Thym* (Anm. 39), 52 ff.

48 So *D. Kugelmann,* „Kerneuropa“ und der EU-Außenminister – die verstärkte Zusammenarbeit in der GASP, Europarecht 2004, 322 (338 f.).

49 Offen gelassen bei *J. A. Emmanoulidis/C. Giering,* In Vielfalt geeint – Elemente der Differenzierung im Verfassungsentwurf, integration 2004, 454 (459); *Jopp/Regelsberger* (Anm. 46), 555 f.

Nähere wird in einem speziellen Protokoll geregelt. Über die zu treffenden Maßnahmen entscheiden allein die beteiligten Staaten. Diese sind über den Außenminister, der an den Sitzungen des Spezialrates teilnimmt, mit dem Rat verbunden. Die nicht beteiligten Staaten dürfen an ihm teilnehmen, besitzen aber kein Stimmrecht. Trotz gewisser Parallelen zur Währungsunion[50] wird hierin wohl keine Aktion der EU zu sehen sein. Es handelt sich um eine Ausnahme zugunsten bereits definierter Handlungsoptionen, die durch die Union nicht in Frage gestellt werden sollen. Art. III-213 Abs. 5 VerfE verwies zusätzlich auf die allgemeinen Vorschriften zur engeren Zusammenarbeit und gab so zu Zweifeln Anlass, ob es innerhalb einer solchen Gruppe nochmals eine strukturierte Zusammenarbeit geben kann. Dies entspricht sicher nicht der Idealvorstellung einer Gemeinsamen Außenpolitik. Vermutlich war der Verweis deklaratorisch gemeint. Er ist im EV zu Recht gestrichen worden.

Viertens ist noch die Europäische Verteidigungsagentur zu nennen, an deren Arbeit alle Mitgliedstaaten „auf Wunsch" teilnehmen können, die aber dem Rat unterstehen soll (Art. III-311 Abs. 2, I-41 Abs. 3).

E. Bewertung

Mit dem Mehrheitsprinzip ist ein zentrales Anliegen derer gescheitert, die eine handlungsfähige GASP befürworten. Kompensationen bestehen in einer stärkeren Rolle des Hohen Vertreters und einer Reihe von Flexibilisierungsoptionen. Die Figur des Außenministers ist ein neues inter-institutionelles Experiment. Es wird aber vermutlich in der Praxis nicht zu wesentlichen Neuerungen führen, ist doch einiges von dem, was nun ausdrücklich die Stellung des Außenministers ausmacht, informell schon lange von dem amtierenden Hohen Vertreter praktiziert worden. Von der Person des Amtsinhabers wird es auch zu einem erheblichen Grad abhängen, ob die bereitgestellten Ressourcen effektiv genutzt werden können oder ob er sich im Machtkampf zwischen den Institutionen aufreiben lässt.

Die vielen Möglichkeiten, eine von der Gesamtunion abgesetzte Politik zu verfolgen, mag man als der Kohärenz abträgliche Sonderwege ablehnen. Aber die Alternative zu ihnen bestünde, realistisch betrachtet, kaum in einem einheitlichen Vorgehen, sondern, wie bisher, in ungeregelten Formen des Alleingangs.

Die Frage, ob die Irak-Krise nach Lage des EV besser bewältigt worden wäre, wird oft gestellt.[51] Wie hätte sie ablaufen können? Der Außenminister hätte das

---

[50] *Wessels* (Anm. 19), 425.

[51] Verhalten positiv *Risse* (Anm. 36), 570, 572; skeptisch *Wessels* (Anm. 19), 422.

Thema Irak frühzeitig zum Gegenstand eigener Initiative machen und auf die Tagesordnung des Rates setzen können. Bei einseitigem Verhalten hätte er den betreffenden Mitgliedstaat vielleicht auf dessen Vertragswidrigkeit aufmerksam gemacht (Art. I-40 Abs. 5 S. 2), auf einen gemeinsamen Standpunkt hinzuwirken versucht (Art. I-40 Abs. 6 S. 2, III-294 Abs. 3) und den Standpunkt der Union – womöglich auf französischen Antrag – im Sicherheitsrat der VN dargelegt (Art. III-305 Abs. 2). Die Kriegsbeteiligung Großbritanniens hätte auf Veranlassung des Präsidenten des Europäischen Rates (Art. III-295 Abs. 1) eine weitere Befassung des Ministerrates und eine Überprüfung an den Maßstäben des Völkerrechts (Art. III-292 Abs. 2 c) zur Folge haben können. Für eine verstärkte Zusammenarbeit etwa Großbritanniens, Spaniens, Italiens und Dänemarks hätte es wohl schon an der nötigen Zahl von neun mitwirkenden Staaten gefehlt: Wahrscheinlich hätten sechs Befürworter des amerikanischen Vorgehens (DK, GB, I, NL, P, SP) fünf ablehnenden (B, D, F, GR, L) und vier traditionell neutralen Staaten (A, FIN, IRL, S) gegenüber gestanden.

In einer erweiterten EU wäre die erforderliche Zahl kooperationswilliger Staaten zwar allem Anschein nach zusammen gekommen. Doch wäre die vorgeschriebene Ermächtigung durch den Ministerrat nicht erteilt worden. Das Verhalten dieser Staaten wäre damit sowohl in der alten als auch in der erweiterten Union vertragswidrig gewesen.

Es wäre eine auf das Juristische verengte Weltsicht, wollte man daraus den Schluss ableiten, dass man nach den Regeln des Verfassungsvertrages die Krise hätte vermeiden können. Auch besteht keine Garantie dafür, dass sich dergleichen in Zukunft nicht mehr ereignen wird. Der Wille, dergleichen künftig unwahrscheinlicher zu machen, ist aber trotz Aufrechterhaltung des Einstimmigkeitsprinzips deutlich zu erkennen. Ob der Außenminister eine als institutionell eigenständig wahrnehmbare Politik wird betreiben können oder ob es im selben Maße wie bisher auf den Kooperationswillen der beteiligten Staaten ankommen soll, ist, wie alles in den internationalen Beziehungen, zu einem guten Teil auch eine Frage der eingenommenen Perspektive und der von ihr ausgehenden Projektionen.

Gemeinschaftliche Entwicklungspolitik im Vertrag über eine Verfassung für Europa*

Von Andreas Zimmermann

A. Einleitung

Die gemeinschaftliche Entwicklungspolitik hat seit jeher innerhalb des Systems der Außenbeziehungen der Europäischen Gemeinschaft insoweit eine Sonderrolle eingenommen, als es sich hierbei – jedenfalls seit In-Kraft-Treten des Vertrages von Maastricht – zum einen um einen echten, vergemeinschafteten Bereich handelte, der – anders als die gemeinsame Außen- und Sicherheitspolitik – nicht lediglich auf einer intergouvernementalen Zusammenarbeit beruhte.[1] Zum anderen aber ist der Bereich der Entwicklungspolitik insoweit speziell, weil hier echte nebeneinander stehende Kompetenzen der Gemeinschaft und ihrer Mitgliedstaaten bestehen.[2] Zuletzt wies aber auch die Finanzierung der Entwicklungspolitik historisch bedingte Besonderheiten auf.[3]

Im Hinblick auf alle drei Fragen hat der Vertrag für eine Europäische Verfassung (EV) Änderungen vorgeschlagen, die es angezeigt erscheinen lassen, sie im Einzelnen näher zu analysieren, zumal sich zugleich auch allgemeine Querverbindungen zu der allgemeinen Kompetenzverteilung zwischen den Mitgliedstaaten und der Union im Bereich der Außenbeziehungen der Union ergeben.

---

* Aktualisierte Fassung des Beitrags „Gemeinschaftliche Entwicklungspolitik im Entwurf des Vertrages über eine Verfassung für Europa", Recht der internationalen Wirtschaft (RIW) 2004, 324 ff. Dabei wurde nunmehr die endgültige am 29. Oktober 2004 unterschriebene Fassung des Vertrags über eine Verfassung für Europa (ABl. Nr. C 310/1 vom 16.12.2004) zugrunde gelegt.

[1] Dazu im Einzelnen näher unten, B.

[2] Dazu unten, C. I. 1.

[3] Dazu unten, C. I. 2.

B. Geschichte der gemeinsamen Entwicklungspolitik

In seiner Ursprungsfassung enthielt der E(W)G-Vertrag keine Bestimmungen über eine Entwicklungszusammenarbeit der Gemeinschaft mit unabhängigen Staaten. Vielmehr sah der Vertrag in seiner Ursprungsfassung lediglich eine besondere Assoziierung der abhängigen überseeischen Gebiete der Mitgliedstaaten vor.[4] Dessen ungeachtet entfaltete die Gemeinschaft fast von Anbeginn ihrer Existenz an Aktivitäten auf dem Gebiet der Entwicklungspolitik, dessen Kristallisationspunkt zunächst die Lomé-Konventionen waren und das nunmehr seinen Schwerpunkt in dem Partnerschaftsabkommen von Cotonou[5] hat.

Wenn auch der Lomé- bzw. nunmehr der Cotonou-Prozess traditionell den Schwerpunkt der gemeinschaftlichen Entwicklungszusammenarbeit bildete, so war die Gemeinschaft aber auch mit anderen Staaten vertragliche Bindungen eingegangen, die ebenfalls entwicklungspolitischen Zielen dienen. Dies gilt zum einen für Kooperationsabkommen mit Anrainerstaaten des Mittelmeers im Rahmen der Mittelmeerpolitik der Gemeinschaft. Ferner hat die Gemeinschaft seit Beginn der achtziger Jahre vielfältige Kooperationsabkommen mit asiatischen und lateinamerikanischen Staaten abgeschlossen und daneben weitere Instrumente einer eigenen Entwicklungspolitik ausdifferenziert. Vor diesem Hintergrund wurde zunehmend auch das Bedürfnis sichtbar, der Entwicklungszusammenarbeit auch im Rahmen des primären Gemeinschaftsrechts den ihr gebührenden Platz einzuräumen.

So hatten die Niederlande bereits im Rahmen der Verhandlungen zur Einheitlichen Europäischen Akte darauf gedrängt, die Entwicklungszusammenarbeit im Vertrag zu verankern.[6] Diese Anregung fand aber zunächst keinen Widerhall bei den übrigen Mitgliedstaaten.[7] Erst im Kontext des Maastrichter Vertragswerkes kam es dann bekanntermaßen zur Einfügung der damaligen Artikel 130 u bis y a.F., den heutigen Artikeln 177–181 EGV. Dabei ist von besonderer Bedeutung, dass zunächst Bestrebungen bestanden hatten, die Entwicklungszusammenarbeit in den Rahmen der Gemeinsamen Außen- und Sicherheitspolitik einzuordnen. So

---

[4] Von den ursprünglichen Mitgliedstaaten verfügten Frankreich, Belgien und die Niederlande über Kolonialgebiete. Italien verwaltete die frühere italienische Besitzung Somaliland als Treuhandgebiet der Vereinten Nationen.

[5] ABl. 2000, Nr. L 317, 284 ff.

[6] Dazu *J. de Ruyt,* L'acte unique européen, 1989, 74; vgl. auch den Hinweis in dem Policy Document on European Union Presented to the Dutch Parliament vom 26. Oktober 1990, abgedruckt in *R. Corbett,* The Treaty of Maastricht, 1993, 178.

[7] *J. Cloos/G. Reinesch/D. Vignes/J. Weyland,* Le traité de Maastricht, 1993, 346.

war etwa bereits in den Schlussfolgerungen des Rates von Rom im Oktober 1990 davon ausgegangen worden, dass die Entwicklungszusammenarbeit in den Bereich der Außenpolitik der Europäischen Union einzugliedern sei. Auf der Regierungskonferenz, die schließlich zum Abschluss des Maastrichter Vertragswerkes führte, ist dies jedoch letztendlich aus zweierlei Gründen abgelehnt worden.

Zum einen hatte sich die Entwicklungshilfepolitik der Gemeinschaft jedenfalls traditionell als Ausdruck eines neu entstehenden Entwicklungsvölkerrechts verstanden. Insoweit sollte es sich um mehr als um ein bloßes Instrument der (gemeinsamen) Außenpolitik handeln.[8] Zum anderen aber hatte die Gemeinschaft bereits ohne ausdrückliche Rechtsgrundlage im Vertrag eine eigene ausdifferenzierte Entwicklungspolitik entfaltet. Die Entwicklungspolitik künftig nur noch als Teil der lediglich intergouvernementalen Gemeinsamen Außen- und Sicherheitspolitik zu begreifen, hätte einen – politisch nicht gewollten – Rückschritt im Hinblick auf die Gemeinschaftskompetenzen bedeutet,[9] so dass es letztlich zur Aufnahme der bisherigen Art. 177 ff. EGV in den Vertrag kam.

Demgegenüber enthielt der Vertrag von Amsterdam keine wesentlichen Neuerungen. Eine sachliche Abweichung ist lediglich insoweit festzustellen, als nunmehr auch im Rahmen des Art. 179 Abs. 1 EGV das Mitentscheidungsverfahren nach Art. 251 EGV und nicht mehr nur wie früher das bloße Zusammenarbeitsverfahren nach Art. 252 EGV zur Anwendung gelangt.

Im Vertrag von Nizza ergab sich eine Änderung insoweit, als der neu eingefügte Art. 181a EGV nunmehr auch eine ausdrückliche Zuständigkeit der Gemeinschaft zur wirtschaftlichen, finanziellen und technischen Zusammenarbeit mit Drittländern vorsieht, die keine Entwicklungsländer im Sinne von Art. 177 ff. EGV sind,[10] insbesondere also, was die Zusammenarbeit mit den Transformationsstaaten Ost- und Südosteuropas anbelangt.[11] Art. 181a Abs. 1, 2 EGV enthält dabei ähnlich wie Art. 177 Abs. 1 EGV die Vorgabe, dass die entsprechenden Gemein-

---

[8] *Cloos et al.* (Anm. 7), 347.

[9] Ebenda.

[10] Zum Begriff der Entwicklungsländer im Sinne der Art. 177 ff. näher *A. Zimmermann,* in: von der Groeben/Schwarze (Hrsg.), Kommentar zum Vertrag über die Europäische Union und zur Gründung der Europäischen Gemeinschaft, 6. Aufl. 2003, Art. 179, Rn. 57–61.

[11] Vgl. zum Inhalt von Art. 181a EGV im Einzelnen *B. Martenczuk,* Cooperation with Developing and Other Third Countries: Elements of a Community Foreign Policy, in: Griller/Weidel (Hrsg.), External Economic Relations and Foreign Policy in the European Union, 2002, 387 ff. (405 ff.), sowie *Christoph Vedder,* Die Wirtschaftskooperation der Gemeinschaft mit Drittländern – neue Möglichkeiten? in: Griller/Hummer (Hrsg.), Die EU nach Nizza, Ergebnisse und Perspektiven, 2002, 191 ff.

schaftsmaßnahmen lediglich die entsprechenden Maßnahmen der Mitgliedstaaten unterstützen. Darüber hinaus enthält die Norm das Gebot, dass die entsprechenden Maßnahmen der Gemeinschaft im Einklang mit der gemeinschaftlichen Entwicklungspolitik stehen müssen. Art. 181a EGV enthält im Übrigen noch weitere Bestimmungen, die den Art. 177 Abs. 2 EGV und dem Art. 181 EGV entsprechen. Anders als im Bereich der Entwicklungszusammenarbeit ist das Mitentscheidungsverfahren des Art. 251 EGV aber bislang gemäß Art. 181a Abs. 2 EGV – kaum verständlich – nicht anwendbar.

C. Neuregelung entwicklungspolitischer Fragen im Verfassungsvertrag

Der nunmehr am 29. Oktober 2004 unterschriebene Verfassungsvertrag[12] enthält zum einen in seinem Art. I-14 Abs. 4 und darüber hinaus in den Art. III-316 ff. Bestimmungen über die Entwicklungszusammenarbeit. Ferner wurde nunmehr neu ausdrücklich eine Regelung über Humanitäre Hilfe (Art. III-321 EV) in den Vertrag aufgenommen.

I. Entwicklungspolitik i.e.S. im Verfassungsvertrag

1. Kompetenzfragen

Der Verfassungsvertrag enthält an zwei Stellen besondere Vorgaben zur Kompetenzverteilung im Bereich der Entwicklungspolitik: zum einen bei den allgemeinen Bestimmungen über die Kompetenzverteilung (Art. I-12 ff. EV) und zum anderen im Teil III über die einzelnen Politikbereiche, für welche die Union zuständig ist.

---

[12] Vgl. allgemein zum Vorentwurf des Verfassungskonvents bereits *V. Epping,* Die Verfassung Europas?, Juristenzeitung 2003, 821 ff.; *J. Meyer/ S. Hölscheidt,* Die Europäische Verfassung des Europäischen Konvents, Europäische Zeitschrift für Wirtschaftsrecht 2003, 613 ff.; *J. Schwarze,* Ein pragmatischer Entwurf – Analyse und Bewertung des vom Europäischen Verfassungskonvent vorgelegten Entwurfs eines Vertrags über eine Verfassung für Europa, Europarecht 2003, 536 ff., sowie umfassend *T. Oppermann,* Eine Verfassung für Europa – Der Entwurf des Europäischen Konvents, 1. Teil, Deutsches Verwaltungsblatt 2003, 1165 ff. (1172).

a) Allgemeine Kompetenzverteilung zwischen Union und Mitgliedstaaten und gemeinsame Entwicklungspolitik

Bekanntlich unterscheidet der Verfassungsvertrag zwischen ausschließlichen Zuständigkeiten der Union einerseits (Art. I-12 EV) und geteilten Zuständigkeiten andererseits (Art. I-14 EV), wobei letztere strukturell den aus dem System des deutschen Grundgesetzes bekannten konkurrierenden Zuständigkeiten des Bundes entsprechen.[13] Hinzu kommt die Kompetenz zum Ergreifen ergänzender Maßnahmen in den in Art. I-17 EV genannten Bereichen.

In dieses System konnte jedoch das bisherige Modell der Kompetenzverteilung im Bereich der Entwicklungspolitik – wollte man es beibehalten – nicht eingepasst werden, ist doch davon auszugehen, dass es sich im Verhältnis Gemeinschaft/Mitgliedstaaten um echte, nebeneinander bestehende Zuständigkeiten handelt.[14] Diesem *status quo ante* versucht der Text dadurch gerecht zu werden, dass er in seinem Art. I-14 Abs. 4 EV vorsieht, dass sich die Zuständigkeit der Union in den Bereichen Entwicklungszusammenarbeit und humanitäre Hilfe darauf erstreckt, „Maßnahmen zu treffen und eine gemeinsame Politik zu verfolgen, ohne dass die Ausübung dieser Zuständigkeit der Union die Mitgliedstaaten hindert, ihre Zuständigkeiten auszuüben".

Diese unglückliche Zwittereinordnung[15] zwischen geteilter Zuständigkeit nach Art. I-12 Abs. 2 EV einerseits und der Kompetenz zum Ergreifen ergänzender und unterstützender Maßnahmen nach Art. I-15 Abs. 5 EV andererseits entspricht demnach der bisherigen Rechtslage, in der Gemeinschaft und Mitgliedstaaten ebenfalls über echte, nebeneinander existierende, mithin parallele Kompetenzen verfügen.[16] Dies bedeutet zugleich, dass die Ausübung der entsprechenden Kompetenzen seitens der Union – anders als im Normalfall des Art. I-14 EV – die Mitgliedstaaten nicht hindern wird, auch weiterhin in diesem Bereich tätig zu werden.

---

[13] Zur vorgeschlagenen Kompetenzverteilung zwischen Union und Mitgliedstaaten näher *Oppermann* (Anm. 12), 1170 ff.

[14] So auch etwa *G. Schmidt,* Zum Verhältnis des neuen Verfassungsrechts der Entwicklungspolitik der Europäischen Union zum Wirtschaftsrecht, RIW 1995, 268 ff. (268). Zu den komplexen Fragen im Zusammenhang mit der *AETR*-Rechtsprechung des EuGH näher *Zimmermann* (Anm. 10), Art. 181, Rn. 9 ff.

[15] So ausdrücklich *Oppermann* (Anm. 12), 1172.

[16] Dazu näher *Zimmermann* (Anm. 10), Art. 181, Rn. 12 f.

b) Besondere Kompetenzverteilung zwischen Union und Mitgliedstaaten im Bereich der Entwicklungspolitik

Die Art. III-316 ff. EV enthalten sodann im Einzelnen eine Umschreibung der Kompetenzen und Aufgaben der Gemeinschaft im Bereich der Entwicklungszusammenarbeit. Dabei ist zunächst bedeutsam, dass es der Entwurf im Hinblick auf die Beschlussfassung im Bereich der Entwicklungszusammenarbeit – wie bisher – bei dem Erfordernis der qualifizierten Mehrheit im Rat belässt, so wie es sich im Grundsatz aus Art. I-23 Abs. 3 EV ergibt. Umgekehrt wird damit das in Art. III-300 Abs. 1 EV für die Gemeinsame Außen- und Sicherheitspolitik vorgesehene Einstimmigkeitserfordernis nicht auf diesen Bereich erstreckt, obwohl die Entscheidungen mit entwicklungspolitischer Zielsetzung schon seit der Abschaffung der Ratsformation „Entwicklungszusammenarbeit" ebenfalls vom Ministerrat „Auswärtige Angelegenheiten" getroffen werden.

Anders als bisher in Art. 177 EGV enthält Art. III-316 EV keine eigenständige Umschreibung der Ziele der gemeinsamen Entwicklungspolitik mehr. Statt dessen wird auf die allgemeinen Ziele der Union im außenpolitischen Bereich Bezug genommen, so wie sie sich in Art. III-292 EV finden, die aber ihrerseits *mutatis mutandis* denjenigen der derzeitigen Art. 177 EGV entsprechen. Dabei sind insbesondere die in Art. III-292 Abs. 2 lit. d, e und g EV genannten Ziele der nachhaltigen Entwicklung (lit. d), der Integration aller Länder in die Weltwirtschaft (lit. e) und der Hilfe bei Naturkatastrophen oder bei von Menschen verursachten Katastrophen (lit. g) von Relevanz für die Entwicklungszusammenarbeit. Auffällig ist, dass das Ziel der Armutsbekämpfung sowohl in Art. III-292 Abs. 2 lit. d als auch erneut in Art. III-316 Abs. 1 UAbs. 2 Satz 1 Erwähnung findet.

Angesichts der nunmehrigen Parallelführung der allgemeinen außenpolitischen Ziele der Union mit den speziellen, bislang in Art. 177 EGV verankerten Zielen im Bereich der Entwicklungszusammenarbeit hätte es nahe gelegen, die bisherige Kohärenzklausel des Art. 178 EGV entfallen zu lassen, zumal dessen Funktion im Verhältnis zu den übrigen Politikbereichen jenseits des Bereichs der Außenbeziehungen doch nunmehr durch die allgemeine Kohärenzklausel des Art. III-292 Abs. 3 UAbs. 2 EV übernommen wird. Gleichwohl findet sich auch weiterhin in Art. III-316 Abs. 1 UAbs. 2 Satz 2 EV eine Formulierung, welche dem bisherigen Art. 178 EGV entspricht.

Abs. 2 von Art. III-316 EV entspricht dem bisherigen Art. 177 Abs. 3 EGV und unterstreicht damit wie bisher, dass die Union und ihre Mitglieder jedenfalls aufgrund Unionsrechts zur Einhaltung einmal gegebener Zusagen verpflichtet sind, selbst wenn diese im Einzelfall im Verhältnis zu Drittstaaten oder internationalen Organisationen nicht völkerrechtlich verbindlich sein sollten.

Art. III-317 Abs. 1 EV, der strukturell dem bisherigen Art. 179 EGV entspricht, stellt nunmehr ausdrücklich klar, dass zur Erreichung der Ziele der gemeinsamen Entwicklungspolitik auch normative Akte erlassen werden können, die nunmehr in Form so genannter Europäischer Gesetze oder Rahmengesetze erlassen werden.[17] Hervorgehoben wird zudem noch, dass auch thematische Programme durchgeführt werden können, was im Übrigen aber auch der bisherigen Praxis der Kommission entspricht.[18]

Art. III-317 Abs. 2 EV enthält – noch etwas deutlicher als der bisherige Art. 181 EGV – eine ausdrückliche Kompetenz der Union, völkerrechtliche Verträge abzuschließen. Dabei ist darauf hinzuweisen, dass der Text der Verfassung selbst nunmehr in seinem Art. I-13 Abs. 2 EV eine ausdrückliche Norm zur Fortgeltung der *AETR*-Rechtsprechung des Gerichtshofes enthält, die sich bekanntlich bislang nur in einer dem Vertragstext beigefügten Erklärung befand.[19]

Art. III-318 EV stellt – bis auf technische Änderungen – eine Übernahme des bisherigen Art. 180 sowie des Art. 181 UAbs. 1 Satz 1 EGV dar und stellt damit die Kohärenz zwischen gemeinschaftlicher Entwicklungszusammenarbeit und derjenigen der Mitgliedstaaten dar. Die fragliche Bestimmung konkretisiert damit für den Bereich der Entwicklungszusammenarbeit die allgemeine Bestimmung über die Unionstreue in Art. I-5 Abs. 2 der Verfassung.

2. Finanzierungsfragen

Art. III-317 Abs. 3 EV ist identisch mit dem bisherigen Art. 179 Abs. 2 EGV und sanktioniert damit auch für die Zukunft die bereits seit 1962 existierende Praxis der Europäischen Investitionsbank (EIB), auch Projekte außerhalb der Gemeinschaft und dabei vor allem Entwicklungshilfeprojekte zu finanzieren. Überraschend ist, dass nach wie vor die Verfassung – wie auch bisher Art. 181a EGV – für die finanzielle und wirtschaftliche Zusammenarbeit der EIB mit Drittstaaten, die keine Entwicklungsländer sind, keine Art. 179 Abs. 2 EGV beziehungsweise nunmehr Art. III-317 Abs. 3 EV entsprechende Regelung enthält.

Besonders auffällig und von eminenter praktischer Bedeutung ist, dass der bisherige Verweis auf die AKP-Abkommen, so wie er bislang in Art. 179 Abs. 3

---

[17] Damit würde sich keine Abweichung zur bisherigen Situation ergeben; vgl. zu den bisherigen Handlungsinstrumenten näher *Zimmermann* (Anm. 10), Art. 179, Rn. 9 ff.

[18] Vgl. etwa nur die Mitteilung der Kommission an den Rat und das Europäische Parlament vom 18. September 2002, Handel und Entwicklung – Unterstützung der Entwicklungsländer bei der Nutzung der Vorteile des Handels, KOM (2002) 513 endg.

[19] Vgl. dazu bisher die Erklärung Nr. 10 zum Vertrag von Maastricht.

EGV enthalten ist, entfallen ist. Hintergrund von Art. 179 Abs. 3 EGV war dabei die Vorstellung, dass sich die Zusammenarbeit mit den Partnerländern der AKP-Region trotz des In-Kraft-Tretens der Artikel 177 ff. EGV (damals noch die Art. 130u EGV ff. a.F.) durch den Maastrichter Vertrag nach wie vor grundsätzlich auf der Grundlage des bisherigen Artikels 310 EGV in der Form gemischter Abkommen vollziehen sollte und auch vollzogen hat. Dementsprechend ergab sich daraus zum einen die Notwendigkeit der Einstimmigkeit wie auch das Prinzip der Finanzierung außerhalb des Gemeinschaftshaushalts.[20] Der Wegfall einer Art. 179 Abs. 3 EGV in der bisherigen Fassung entsprechenden Norm wirft die Frage auf, ob der bisherige rechtliche Rahmen für diese Zusammenarbeit (insbesondere auch, was dessen Finanzierung im Rahmen des Europäischen Entwicklungsfonds anbelangt) beibehalten werden kann. Dies dürfte im Ergebnis zu verneinen sein, zumal Art. I-53 EV ausdrücklich vorsieht, dass alle Ausgaben der Union gemäß den Bestimmungen von Teil III in den Haushaltsplan der Union einzustellen sind. Mit dem Wegfall der besonderen Finanzierung der Zusammenarbeit mit den AKP-Staaten im Rahmen des Europäischen Entwicklungsfonds würde zugleich auch der in diesem Kontext geltende, für die Bundesrepublik Deutschland verhältnismäßig günstige Finanzierungsschlüssel wegfallen.

II. Wirtschaftliche, finanzielle und technische Zusammenarbeit mit Drittländern im Entwurf für einen Verfassungsvertrag

Der Text des Verfassungsvertrages übernimmt in den Artikeln III-319 und III-320 EV im Wesentlichen den Inhalt des bisherigen Art. 181a EGV, der ja seit In-Kraft-Treten des Vertrages von Nizza als Sondernorm zu den Bestimmungen über die Entwicklungszusammenarbeit eine ausdrückliche Kompetenzgrundlage für die wirtschaftliche, finanzielle und technische Zusammenarbeit mit Drittländern geschaffen hatte, die sich bis zu diesem Zeitpunkt auf der Grundlage des Art. 308 EGV vollzogen hatte; seitdem bedurfte es auch für solche Maßnahmen keiner Einstimmigkeit mehr.

Anders als im Hinblick auf die Entwicklungszusammenarbeit im eigentlichen Sinn und die humanitäre Hilfe[21] enthalten die allgemeinen Kompetenzbestimmungen in den Art. I-12 ff. EV keine Sonderregelungen für die (sonstige) wirtschaftliche, finanzielle und technische Zusammenarbeit mit Drittländern. Dessen ungeachtet

---

[20] Vgl. dazu auch die Erklärung Nr. 12 zum Vertrag von Maastricht, wonach der Europäische Entwicklungsfonds nach wie vor allein aus den einzelstaatlichen Haushalten finanziert werden soll.

[21] Dazu näher *Zimmermann* (Anm. 10), Art. 177, Rn. 16a.

entsprechen aber die Formulierungen in Art. III-319 Abs. 1 Satz 3, in Art. III-319 Abs. 3 Satz 1 sowie in Abs. 3 UAbs. 2 EV jeweils den Kompetenzregelungen in den Art. III-316 ff. EV beziehungsweise in Art. III-321 EV. Dementsprechend dürfte ungeachtet des Fehlens einer entsprechenden Norm bei den allgemeinen Kompetenzbestimmungen gleichwohl davon auszugehen sein, dass es sich auch im Bereich der wirtschaftlichen, finanziellen und technischen Zusammenarbeit mit sonstigen Drittländern, die keine Entwicklungsländer im Sinne der Art. 177 ff. EGV (Art. III-316 ff. EV) sind, ebenfalls um echte, nebeneinander existierende Kompetenzen der Gemeinschaft/Union einerseits und den Mitgliedstaaten andererseits handeln soll.

Handelt es sich im Übrigen im Vergleich zum derzeitigen Art. 181a EGV lediglich um eher technische Anpassungen, so fällt doch auf, dass als Ausnahme von Art. III-319 EV, wonach die erforderlichen Maßnahmen in der Regel als Europäische Gesetze oder Rahmengesetze ergehen, in Art. III-320 EV vorgesehen ist, dass der Ministerrat dort in dringenden Fällen finanzielle Hilfen an betroffene Drittländer auch durch Europäische Beschlüsse nach Art. I-33 Abs. 1 UAbs. 5 EV bewilligen können soll. Fraglich ist vor diesem Hintergrund, ob damit der Erklärung Nr. 10 über die Nichtanwendbarkeit der Bestimmung auf Zahlungsbilanzhilfen,[22] wie sie im Kontext des Vertrags von Nizza angenommen wurde, der Boden entzogen wird, handelt es sich doch gerade bei Zahlungsbilanzhilfen typischerweise um dringende Fälle.

III. Humanitäre Hilfe für Drittländer im Verfassungsvertrag

Abschnitt 3 von Kapitel IV des Teils III (Art. III-321 EV) enthält erstmals ausdrückliche Regelungen über die humanitäre Hilfe. Damit wird zunächst deutlich, dass diese keinen Teil der Entwicklungszusammenarbeit im eigentlichen Sinne bildet, obwohl die Gemeinschaft auch schon bislang insbesondere über das European Community Humanitarian Office (ECHO) in diesem Bereich tätig geworden ist.[23] Wie bislang ist angesichts der generellen Formulierung („Drittländer") davon auszugehen, dass sich diese Hilfe nicht auf Entwicklungsländer beschränkt, sondern auch Hilfen für andere Staaten erfasst.

Auch im Bereich der humanitären Hilfe unterstreicht Art. I-14 Abs. 4 EV, dass es sich insoweit um echte parallele Kompetenzen von Union und Mitgliedstaaten handelt. Dementsprechend ähneln sich denn auch die Kompetenzvorgaben mit

---

[22] Dazu näher *Zimmermann* (Anm. 10), Art. 181a, Rn. 12.

[23] Vgl. etwa die VO (EG) des Rates Nr. 1257/96 über die humanitäre Hilfe, ABl. 1996, Nr. L 163, 1.; vgl. ferner auch die VO (EG) des Rates Nr. 2258/96 über Rehabilitations- und Wiederaufbaumaßnahmen zugunsten der Entwicklungsländer, ABl. 1996, Nr. L 306, 1.

denen, die im Bereich der Entwicklungszusammenarbeit im eigentlichen Sinne bestehen, namentlich was die Abstimmung mit den Mitgliedstaaten[24] und sonstigen Gebern,[25] den Abschluss völkerrechtlicher Übereinkünfte mit den betroffenen oder sonstigen Drittländern oder aber schließlich mit internationalen Organisationen und namentlich den Vereinten Nationen anbelangt.[26]

Hinzuweisen ist schließlich noch auf die in Art. III-321 Abs. 5 EV vorgesehene Schaffung eines Europäischen Freiwilligenkorps, wobei jedoch kaum verständlich ist, warum diese Freiwilligen – wie sich dies aus der systematischen Stellung des Art. III-321 Abs. 5 EV ergibt – lediglich im Kontext humanitärer Maßnahmen, nicht jedoch im Rahmen der allgemeinen Entwicklungszusammenarbeit eingesetzt werden sollen.

IV. Zusammenarbeit mit den überseeischen Ländern und Gebieten

Die Entwicklungspolitik der Europäischen Gemeinschaft hatte bekanntlich im Teil des E(W)G-Vertrags über die überseeischen Länder und Gebiete ihren Ausgang genommen. Dementsprechend sollte man auch die Rolle, welche dieser Teil des EG-Vertrags bei der Definition einer eigenen EG-Entwicklungspolitik gespielt hat, nicht unterschätzen. Daher überrascht es nicht, dass sich auch im Verfassungsvertrag ein eigener Titel IV findet (Art. III-286 ff. EV), der – systematisch zutreffend – nicht in den Teil über die Außenbeziehungen der Union integriert wurde, da es sich ja gerade um Gebiete handelt, die aus völkerrechtlicher Sicht zu dem Staatsgebiet des betreffenden Mitgliedstaates gehören, selbst wenn auf sie das Gemeinschafts- beziehungsweise Unionsrecht nur nach Maßgabe der Art. 182 ff. EGV (beziehungsweise zukünftig nach Maßgabe der Art. III-286 ff. EV) Anwendung findet.

Die fraglichen Bestimmungen sind – bis auf technische Änderungen und mit einer Ausnahme – fast wörtlich aus der bisherigen Textfassung übernommen worden, so dass sich keine wesentlichen Neuerungen gegenüber der bisherigen Situation ergeben würden. Die Ausnahme betrifft die konkrete Ausgestaltung des Assoziationsregimes, die bislang durch Rechtsakte des Rates erfolgte, die als „Beschlüsse“ bezeichnet wurden[27] und die sich weder terminologisch noch materiell-rechtlich unter die Rechtsformen des Katalogs von Artikel 249 EGV

---

[24] Vgl. Art. III-321, Abs. 1, 2 und 6 EV (Humanitäre Hilfe) einerseits und Art. III-316 Abs. 1 und 2 EV (Entwicklungszusammenarbeit) andererseits.

[25] Vgl. Art. III-321 Abs. 7 EV einerseits und Art. III-318 Abs. 1 EV andererseits.

[26] Vgl. Art. III-321 Abs. 4 EV einerseits und Art. III-317 Abs. 2 EV andererseits.

[27] Vgl. zuletzt Beschluss 2001/822 (EG), ABl. Nr. L 314 vom 30. November 2001, 1.

subsumieren ließen und die daher zutreffend als quasi-autonome Vertragsergänzung in Form eines Beschlusses *sui generis* gewertet werden müssen.[28] Der Verfassungsvertrag sieht nunmehr stattdessen vor, dass die Einzelheiten des Assoziationsregimes durch alle Arten der in Art. I-34 EV genannten Rechtsakte ausgestaltet werden sollen.[29]

Schließlich ist noch darauf hinzuweisen, dass Art. IV-440 Abs. 7 EV den Europäischen Rat ermächtigt, durch Beschluss auf der Grundlage einer Initiative des betroffenen Mitgliedstaates und nach Konsultation mit der Kommission den gemeinschaftsrechtlichen Status eines unabhängigen dänischen, französischen oder niederländischen Landes oder Gebietes zu verändern, wenn sich dessen zugrunde liegender verfassungsrechtliche Status verändert hat. Damit wird für das gemeinschaftsrechtlich nicht unproblematische Vorgehen des Rates im Fall von St. Pierre et Miquelon[30] nunmehr eine ausdrückliche primärrechtliche Grundlage geschaffen.

D. Ausblick

Lässt man die Bestimmungen über die Entwicklungspolitik im Verfassungsvertrag Revue passieren, so stellt man mehr Kontinuität als Wandel fest. Dies gilt für die grundsätzliche Festlegung, dass die Entwicklungspolitik (wie bisher auch) nicht dem für die Gemeinsame Außen- und Sicherheitspolitik geltenden Einstimmigkeiterfordernis des Art. III-300 EV unterworfen werden soll, sowie ferner für die Beibehaltung der Sonderbestimmungen über die wirtschaftlichen Beziehungen mit Drittländern und die Sonderregelungen für die überseeischen Länder und Gebiete.

Positiv zu würdigen ist, dass die Regierungskonferenz die im Konventsentwurf angelegte vorsichtige Weiterentwicklung auch im Bereich der Entwicklungspolitik – so etwa, was die Finanzierung der gemeinsamen Entwicklungspolitik oder die Schaffung eines besonderen Kompetenztitels für die humanitäre Hilfe anbelangt – mitgetragen hat. Es bleibt nunmehr (nur) noch abzuwarten, ob die Verfassung auch die Hürde der Ratifikation in allen 25 Mitgliedstaaten schaffen wird.

---

[28] A.A. aber *R. Geiger,* EGV/EUV – Vertrag über die Europäische Union und Vertrag zur Gründung der Europäischen Gemeinschaft, 4. Aufl. 2002, Art. 187, Rn. 2, wonach es sich „materiell um eine Verordnung handelt".

[29] Demgegenüber hatte der Konventsentwurf noch vorgesehen, dass die Regelung ausschließlich durch Europäische Verordnungen oder Beschlüsse erfolgen sollte.

[30] Dazu näher *Zimmermann* (Anm. 10), Art. 182, Rn. 4.

Sicherheits- und Verteidigungspolitik nach der geplanten EU-Verfassung – nur virtuell?*

Von Torsten Stein

A. Einleitung

Noch im September des Jahres 2003 erschien dies als ein Thema, das man eigentlich nur karikieren konnte. Dann wurde man Ende November/Anfang Dezember 2003, während und nach der Regierungskonferenz zum Konventsentwurf einer Europäischen Verfassung in Neapel, als man für alle anderen umstrittenen Punkte in diesem Entwurf schon vom Scheitern munkelte, plötzlich überrascht mit der Mitteilung, Europa habe sich auf die – militärische – Sicherheits- und Verteidigungspolitik geeinigt. Das war deshalb überraschend, weil dieser Bereich einer war, der in all den Jahren zuvor entweder ein Tabuthema war oder aber so mit Kompromissformeln bestückt wurde, dass niemand die Sache wirklich ernst nehmen konnte.

Angesichts des nun vorliegenden Textes[1] kann man versuchen auszuloten, ob diese europäische Sicherheits- und Verteidigungspolitik jetzt ernst zu nehmen ist oder, wenn nicht, woran das Ganze immer noch krankt. Vorangestellt sei ein „galoppartiger" Rückblick auf die bisherige Entwicklung, dem eine Bewertung des jetzt Vereinbarten folgt, das aber ja alles auch erst dann gültig werden wird, wenn die „Verfassung für Europa" von allen 25 Mitgliedstaaten ratifiziert worden ist. Als letzter Schritt soll das Problem behandelt werden, dass man in und für Europa auch über gewisse Fähigkeiten verfügen müsste, um diese Verfassungsvorschriften und die dazugehörigen Protokolle vom Buchstaben zur militärischen Operation zu machen. Hier wird insbesondere das Verhältnis zur NATO in den Blick genommen werden müssen, denn auch die neue europäische „Sicherheitsarchitektur",

* Dieser Beitrag basiert auf einem Vortrag am Walther-Schücking-Institut am 22. Januar 2004. Die Vortragsfassung ist weitgehend beibehalten worden, neuere Entwicklungen sind aber eingearbeitet. Bis zur Ratifizierung der „Europäischen Verfassung" durch alle Mitgliedstaaten kann man getrost weiterhin von der „geplanten" Verfassung sprechen.

[1] Amtsblatt der Europäischen Union Nr. C 310 vom 16.12.2004, 1.

von der man seit der Wende der Jahre 1989/1990 so oft gesprochen hat, wird eine europäisch/atlantische sein oder sie wird keine sein.

B. Der lange Weg zur europäischen Sicherheits- und Verteidigungspolitik

Wenn man zu den Anfängen der europäischen Integration zurückgeht, war „Sicherheit“ ein ausschlaggebender Beweggrund dafür. Die Gründung der „Europäischen Gemeinschaft für Kohle und Stahl“ im Jahre 1951 war ganz vorrangig motiviert durch das Bestreben, künftig Stabilität und Sicherheit in Europa dadurch zu sichern, das man Kohle und Stahl als Grundlagen der Rüstungsindustrie integrierte und damit kontrollierte. Aber die eigentliche Sicherheits- und Verteidigungspolitik der sechs an dieser ersten der Europäischen Gemeinschaften beteiligten Staaten kam in diesem Vertrag nicht vor und blieb für die beteiligten Staaten (sofern sie eine solche überhaupt hatten: Deutschland damals ja noch nicht) rein national. Zwei Gründe führten dann alsbald dazu, dass sich diese sechs Gründungsstaaten (Deutschland, Frankreich, Italien und die drei Benelux-Staaten) auch der Verteidigung als Integrationsgegenstand annehmen wollten. Auf der einen Seite erwies sich die Gemeinschaft für Kohle und Stahl schnell als Erfolg, den man im Interesse der Sicherheit auch auf andere Felder übertragen wollte. Auf der anderen Seite zeigten die Berlin-Blockade und der Ausbruch des Koreakrieges die fortbestehende Gefahr einer militärischen Konfrontation, und die Vereinigten Staaten drängten auf die Einbeziehung auch Deutschlands in die Verteidigung des Westens.[2]

Konsequenz dieser Entwicklung war das Projekt einer Europäischen Verteidigungsgemeinschaft (EVG) mit weitestgehender Integration aller Streitkräfte der daran beteiligten europäischen Staaten zu einer Art europäischer Armee. Wenn man heute den EVG-Vertrag[3] aus den frühen fünfziger Jahren ansieht, erkennt man, dass die damals geplante Integration weit über das hinausging, was heute im EUROKORPS,[4] im deutsch-niederländischen Korps[5] oder im deutsch-dänisch-polnischen Korps[6] oder in anderen multinationalen Großverbänden realisiert werden konnte; rein nationale Großverbände oberhalb der Ebene der Division gibt es in Europa ja gar nicht mehr.

---

[2] Vgl. dazu *Th. Oppermann,* Europarecht, 2. Aufl. 1999, 897 ff.

[3] BGBl. 1054 II, 343 ff.

[4] Vgl. dazu *K. H. Kamp,* Europa-Archiv 1992, 445 ff.

[5] BGBl. 1998 II, 2405, 2438.

[6] BGBl. 1999 II, 675.

Der Plan der Europäischen Verteidigungsgemeinschaft und einer damit eng verbundenen Politischen Gemeinschaft scheiterte bekanntlich im August 1954, weil die französische Nationalversammlung die Ratifizierung der entsprechenden Verträge verweigerte. Konsequenz dieses Scheiterns war, dass die NATO (und damit die USA) die dominierende Rolle für die europäische Sicherheit übernahm, und eine ironische Konsequenz der Abstimmung in der französischen Nationalversammlung war, dass Deutschland Mitglied der NATO wurde, was Frankreich eigentlich mit dem Plan einer europäischen Verteidigungsgemeinschaft verhindern wollte; dieser Plan hieß ja deswegen „Pleven-Plan", weil er vom französischen Außenminister erdacht worden war. Fortan war die europäische Sicherheit Teil der atlantischen Sicherheit, und die Rolle, die die Europäer dabei spielten, war eine deutlich nachgeordnete.

Diese Nachordnung der Rolle Europas wurde nicht zuletzt daran deutlich, dass die Westeuropäische Union (WEU) in der Folge dieser Entwicklung bis zur Bedeutungslosigkeit verkümmerte. Die WEU, die 1948 als „Westunion" von Frankreich, Großbritannien und den BENELUX-Staaten primär als Schutz gegen eine denkbare erneute deutsche Aggressivität gegründet worden war, wurde 1954 nach dem Scheitern der EVG dazu benutzt, Deutschland einen nichtdiskriminierenden Beitritt zur NATO zu ermöglichen. Die Rüstungsbeschränkungen, die man damals Deutschland auferlegen wollte, wurden als eine Art freiwillige Selbstverpflichtung in den WEU-Vertrag[7] eingebaut, dem Deutschland dann zur gleichen Zeit wie dem unveränderten NATO-Vertrag beitrat.

Eine eigene militärische Bedeutung hat die WEU bis zum Beginn der neunziger Jahre nicht erlangt, weil im Art. 4 des 1954 revidierten WEU-Vertrages ausdrücklich festgelegt wurde, dass „der Aufbau einer parallelen Organisation zu den militärischen NATO-Stäben unerwünscht ist". Heute streben die Europäer nach einem eigenen Hauptquartier (Stichwort „Tervuren"), stoßen dabei aber bei der NATO auf Widerstand. Die WEU verfügte aber seit 1954 weder über eine militärische Führungsorganisation noch über eigene Verbände. In den dann folgenden gut 30 Jahren trugen die westeuropäischen Staaten zwar nicht unerheblich zum Streitkräftepotential der NATO bei, verließen sich aber letztlich auf die amerikanischen Sicherheitsgarantien.

In der ersten Hälfte der achtziger Jahre wurde die amerikanische Forderung nach „burden sharing", einer stärkeren Beteiligung der Europäer an den gemeinsamen Verteidigungsanstrengungen und insbesondere an den Kosten, immer nachdrücklicher. Gleichzeitig wuchs in Europa der Wunsch, dem europäischen Anliegen mehr Gehör zu verschaffen, mehr Einfluss bei der Gestaltung der Ost-West-Beziehungen

---

7 BGBl. 1955 II, 256 ff.

zu gewinnen und auch größeres Gewicht bei der Rüstungsbeschaffung innerhalb des Bündnisses zu erlangen. Insbesondere der amerikanisch-sowjetische Gipfel von Reykjavik im Oktober 1986 (*Reagan/Gorbatschow*) führte den Europäern vor Augen, wie weit der Dialog über die Sicherheit Europas ohne Teilnahme der Europäer bereits fortgeschritten war. Auch als Reaktion darauf verabschiedeten die damals sieben Mitgliedstaaten der WEU die so genannten „Plattform von Den Haag" im Oktober 1987 und formulierten eine bis heute geltende doppelte Zielsetzung: Ergänzung des Prozesses der europäischen Integration um eine eigene Sicherheitsdimension und die Nutzung dieser Sicherheitsdimension zur Vertiefung der atlantischen Solidarität. Damals wie heute war dieser doppelten Zielsetzung eine gewisse Widersprüchlichkeit eigen. Die Plattform von Den Haag war im Übrigen eine rein politische Absichtserklärung, kein die Mitgliedstaaten der EU rechtlich bindendes Instrument.

Zur gleichen Zeit verhandelten die Mitgliedstaaten der Europäischen Gemeinschaften über eine Revision ihrer nahezu 30 Jahre unverändert gebliebenen Verträge, Verhandlungen, die dann in die so genannte „Einheitliche Europäische Akte"[8] mündeten. Diese Revision gab auch Gelegenheit, die bisher völlig formlos und gleichsam inoffiziell (und letztlich auch ineffektiv) betriebene Abstimmung zwischen den EG-Staaten in der Außenpolitik sowie die Sicherheitsdimension in die Verträge aufzunehmen. Aber wieder blieben die militärischen Aspekte der Sicherheit oder der Verteidigung darin unerwähnt. Die EEA nannte lediglich die „politischen und wirtschaftlichen Aspekte der Sicherheit" als Gegenstände einer möglichen zwischenstaatlichen Zusammenarbeit. Man hat das damals die „Irische Klausel" genannt, weil sie deutlich machte, dass insbesondere Irland nicht bereit war, militärische Fragen in einem Gremium zu diskutieren, in dem auch Großbritannien Sitz und Stimme hatte. Aber auch die Bundesrepublik Deutschland zögerte, neue und eigene europäische Verteidigungs- und Sicherheitsstrukturen zu errichten, die die atlantischen Verbindungen aufweichen und es Frankreich erlauben könnten, die Vereinigten Staaten ein Stück weiter aus Europa herauszudrängen.

C. Die Gemeinsame Außen- und Sicherheitspolitik der Europäischen Union

Der Fall der Berliner Mauer, das Ende des Kalten Krieges und der Blockkonfrontationen, die Auflösung des Warschauer Paktes und später auch der Sowjetunion fielen dann zeitlich zu Beginn der neunziger Jahre zusammen mit der

[8] BGBl. 1986 II, 1102.

zweiten und wesentlich größeren Revision der europäischen Verträge, deren Ergebnis der Vertrag über die Europäische Union, der Vertrag von Maastricht[9] war. Ziel dieser zweiten großen Revision war zunächst nur der weitere Ausbau der Integration und der Mehrheitsentscheidungen, die Überführung weiterer Politikbereiche in die Zuständigkeit der Europäischen Gemeinschaft und die Krönung der Integration durch eine Wirtschafts- und Währungsunion.

Während die Währungsunion seit vielen Jahren diskutiert und von langer Hand vorbereitet war, veranlasste die große politische Wende die europäischen Staaten dazu, relativ kurzfristig auch eine politische Union und eine Sicherheitsunion anzustreben, nicht zuletzt auch, um einem „deutschen Sonderweg“ vorzubauen. Das Ergebnis war die so genannte „Zweite Säule“ des Maastrichter Vertrages, die „Bestimmungen über die Gemeinsame Außen- und Sicherheitspolitik“. Dazu hieß es dann im alten Artikel J.1 des Maastrichter Vertrages: „Die Union und ihre Mitgliedstaaten erarbeiten und verwirklichen eine Gemeinsame Außen- und Sicherheitspolitik …, die sich auf alle Bereiche der Außen- und Sicherheitspolitik erstreckt“. Anders als noch in der EEA wurden dabei nicht nur die politischen und wirtschaftlichen Aspekte der Sicherheit aufgegriffen, sondern auch die militärischen. Wer allerdings erwartet hatte, dass die Mitgliedstaaten der Europäischen Union sich zur gegenseitigen kollektiven Verteidigung verpflichten würden, sah sich getäuscht; eine solche Bündnisklausel, entsprechend dem Art. 5 des NATO- bzw. des WEU-Vertrages ist nicht Gegenstand des Maastrichter Vertrages geworden. Stattdessen hieß es in Art. J.4: „Die Gemeinsame Außen- und Sicherheitspolitik umfasst sämtliche Fragen, welche die Sicherheit der Europäischen Union betreffen, wozu auf längere Sicht auch die Festlegung einer gemeinsamen Verteidigungspolitik gehört, die zu gegebener Zeit zu einer gemeinsamen Verteidigung führen könnte“.

Die zeitlich unbestimmte Perspektive und die vielen Konjunktive, die dort verwendet wurden, machten sehr deutlich, dass es unter den damaligen Mitgliedstaaten der Union, bei denen die neutralen Staaten Finnland, Österreich und Schweden ja noch gar nicht dabei waren, nach wie vor erhebliche Vorbehalte gegen die Einbeziehung der europäischen Sicherheit in das europäische Einigungswerk gab. Und die Tatsache, dass das NATO-Mitglied Dänemark seine Beteiligung an der Verteidigungspolitik von vornherein ausschloss (und bis zum heutigen Tag ausschließt), war ein deutlicher Beleg dafür. Das Abseitsstehen Dänemarks hat übrigens vor nicht allzu langer Zeit dazu geführt, dass Griechenland im Politikbereich der gemeinsamen Sicherheit den Ratsvorsitz ein ganzes Jahr innehatte.

---

[9] BGBl. 1992 II, 1251.

Angesichts der Bestimmungen in Art. J.4 des Maastrichter Vertrages hat man damals zunächst darüber gerätselt, wo denn der Unterschied zwischen einer „Gemeinsamen Verteidigungspolitik" und einer „Gemeinsamen Verteidigung" liegen könnte, bis man darauf kam, dass mit „Gemeinsamer Verteidigungspolitik" militärische Interventionen außerhalb des Unionsgebietes gemeint waren, die man schamhaft nur nicht so nennen wollte, während die „Gemeinsame Verteidigung" das gegenseitige Hilfeversprechen unter den Mitgliedstaaten im Falle eines (zu der Zeit schon nicht mehr sehr wahrscheinlichen) Angriffs von außen meinte.

Um das zu verstehen, muss man sich die wundersame Auferstehung (in offiziellen Dokumenten heißt das „Reaktivierung") der WEU vor Augen führen, der die „Haager Plattform" nichts an neuer Aufmerksamkeit oder neuen Aufgaben gebracht hatte, die sich aber im Maastrichter Vertrag als „integraler Bestandteil der Entwicklung der Europäischen Union" wiederfand. Der Maastrichter Vertrag hatte eine bis dahin im internationalen Recht eigentlich unbekannte Konstruktion gewählt, nämlich die Beauftragung einer formell und rechtlich von der Europäischen Union völlig unabhängigen anderen Organisation. Dort hieß es: „Die Union ersucht die Westeuropäische Union, die integraler Bestandteil der Entwicklung der Europäischen Union ist, die Entscheidungen und Aktionen der Union, die verteidigungspolitische Bezüge haben, auszuarbeiten und durchzuführen". Nota bene: Nicht die „Verteidigung", denn dazu war die WEU nach Art. 5 ihres Vertrages ohnehin befugt, sondern „Aktionen mit verteidigungspolitischen Bezügen", also die militärische Intervention außerhalb des Vertragsgebietes. Die WEU, deren Vollmitglieder ausnahmslos auch Mitgliedstaaten der Europäischen Union waren, haben diesen Weckruf aus dem Dornröschenschlaf und den damit verbundenen Auftrag der EU gerne gehört und in einer entsprechenden Erklärung, die Teil des Maastrichter Vertragswerks wurde, angenommen.[10] Die WEU hat darauf mit der berühmten „Petersberg-Erklärung" vom 19. Juli 1992[11] reagiert, in der sie sich neue Aufgaben gab, die fortan unter dem Namen „Petersberg-Aufgaben" bekannt wurden, nämlich „humanitäre Aufgaben und Rettungseinsätze, friedenserhaltende Aufgaben und Kampfeinsätze bei der Krisenbewältigung einschließlich Maßnahmen zur Herbeiführung des Friedens". Dabei genehmigte sich die WEU auch noch einen Planungsstab, ein Institut für Sicherheitsstudien und ein Satellitenzentrum, das sich mit der Auswertung von außen eingekauftem fotografischem Material befasste, weil es gar nicht über eigene Satelliten verfügte. Letztlich hatte die Europäische Union mit ihren militärischen Aufgaben einen „Habenichts" beauftragt, denn die WEU verfügte nie über eigene Kommandostrukturen, geschweige

[10] Vgl. die Erklärung (Nr. 30) zur Westeuropäischen Union als Teil der Schlussakte zum Maastrichter Vertrag.

[11] Bulletin der Bundesregierung Nr. 68 vom 23. Juni 1992, 649 ff.

denn irgendwelche Truppen. Das alles musste sie sich von der NATO borgen; darauf ist im letzten Teil noch einmal zurückzukommen.

Der Amsterdamer Vertrag[12] hat dann ein paar der Konjunktive im Bereich der Sicherheits- und Verteidigungspolitik etwas abgemildert: Bei der gemeinsamen Verteidigungspolitik war nicht mehr die Rede von „auf längere Sicht“, sondern von einer „schrittweisen Festlegung“, und die „gemeinsame Verteidigung“ wurde einer entsprechenden Entscheidung des Europäischen Rates anheim gegeben, die allerdings dann noch der Ratifizierung in den Mitgliedstaaten bedurfte.

Außerdem wurden die so genannten „Petersberg-Aufgaben“ in Art. 17 Abs. 2 des Amsterdamer Unions-Vertrages übernommen, und das bisherige höfliche Ersuchen an die WEU, das dann zu tun, wich beinahe einem Befehlston: In Art. 17 Abs. 3 des Amsterdamer Vertrages hieß es: „Die Union wird die WEU in Anspruch nehmen, um die Entscheidungen und Aktionen im Verteidigungsbereich auszuarbeiten und durchzuführen“.

Diese Formulierung war bereits ein Hinweis auf das Ende der WEU. Kurz vor dem Gipfel von Nizza, am 13. November 2000, verabschiedete der Ministerrat der WEU die so genannte „Erklärung von Marseille“,[13] in der die allermeisten Aufgaben der WEU auf die Europäische Union übertragen wurden, mit Ausnahme letztlich des Herzstücks des WEU-Vertrages, nämlich der Verpflichtung zur kollektiven Verteidigung nach Art. V des Vertrages. Diese zu übernehmen waren die Mitgliedstaaten der Europäischen Union immer noch nicht bereit, und so überlebt die WEU heute noch, gleichsam als „Zombie“, weil ihr niemand damals die Aufgabe der kollektiven Verteidigung ihrer Mitgliedstaaten abnehmen wollte. Im Vertrag von Nizza[14] kommt die WEU dann nur noch ganz knapp im Art. 17 Abs. 4 des Unionsvertrages vor, wo die Rede davon ist, dass zwei oder mehr Mitgliedstaaten auf zweiseitiger Ebene sowie im Rahmen der WEU oder der NATO enger zusammenarbeiten können, soweit das die europäischen Vorhaben nicht stört.

Der Konvent, der den Entwurf eines Vertrages über eine Verfassung für Europa letztlich im Eilverfahren ausgearbeitet, im Juni 2003 im Konsensverfahren angenommen und dem Präsidenten des Europäischen Rates am 18. Juli 2003 überreicht hat, hat sich des Themas der militärischen Sicherheit und Verteidigung in ganz mutiger Weise angenommen, wenn man sich den Art. 40 im I. Teil des Entwurfes in seiner ursprünglichen Fassung ansieht. Vieles ist dabei aus Art. 17

---

[12] BGBl. 1998 II, 386 ff.

[13] Agence Europe, Bulletin Quotidien Europe, Dokumente No. 2219 vom 17. November 2000.

[14] BGBl. 2001 II, 1666.

des geltenden Unionsvertrages übernommen worden, aber manches geht auch deutlich darüber hinaus. Art. 40 unterscheidet zunächst in seinen Absätzen 1 und 2 zwischen den Missionen außerhalb der Union und der gemeinsamen Verteidigung. Mutig ist im Weiteren sicherlich, dass es in Abs. 3 heißt: „Die Mitgliedstaaten verpflichten sich, ihre militärischen Fähigkeiten schrittweise zu verbessern"; da hat man wohl vorher die Finanzminister nicht gefragt.

Wie sehr manche Mitgliedstaaten sich immer noch gegen die militärische Komponente der Europäischen Außen- und Sicherheitspolitik sperren, wird deutlich daran, was von diesen Konventsvorschlägen dann in der Regierungskonferenz von Neapel[15] zunächst wieder „weich gespült" worden ist, zum Teil sogar weicher, als es schon im Art. 17 des Unionsvertrages steht. Art. 41 Abs. 1 (in der neuen Zählung) spricht von zivilen und militärischen Fähigkeiten zur Operation, auf die die Union bei Missionen außerhalb der Union zur Friedenssicherung, Konfliktverhütung und Stärkung der internationalen Sicherheit zurückgreifen kann. Das wird dann näher ausgeführt im III. Teil in Art. 309, der im Wesentlichen dem alten Artikel 17 Abs. 2 des Unionsvertrages entspricht, in dem auch schon die Rede war von „Kampfeinsätzen im Rahmen der Krisenbewältigung". Aus diesem Artikel 310 im III. Teil hatte die Regierungskonferenz bei „Aufgaben der militärischen Beratung" das militärische herausgestrichen und ebenso die „Kampfeinsätze", die jetzt nur noch „Missionen zur Krisenbewältigung" hießen. Immerhin war erhalten geblieben, dass mit diesen Missionen auch zur Bekämpfung des Terrorismus beigetragen werden kann; ob das dann wirklich militärisch sein würde, erschien danach eher zweifelhaft. In der endgültigen Fassung wird dann aber wieder zum ursprünglichen Konvents-Entwurf zurückgekehrt.[16]

Eher kryptisch ist das Zusammenspiel von Art. 41 Abs. 5 und Art. 310 im III. Teil. In Art. 41 Abs. 5 ist die Rede davon, dass der Rat zur Wahrung der Werte der Union und im Dienste ihrer Interessen eine Gruppe von Mitgliedstaaten mit der Durchführung einer Mission im Rahmen der Union beauftragen kann. Im Art. 310 im III. Teil ist dann spezifiziert, dass die „Gruppe" das freiwillig übernimmt (die Mitgliedstaaten müssen „dies wünschen") und über die erforderlichen Fähigkeiten verfügen muss. Das Ganze soll nach Art. 310 Abs. 2 unter enger Kontrolle durch den Rat stehen, der „sofort befasst werden muss, wenn sich aus der Durchführung der Mission weitreichende Konsequenzen ergeben".[17]

Um welche Art von Missionen es sich dabei handeln soll, bleibt eigentlich unerfindlich. Von den „Werten der Union" ist ansonsten im I. Teil des Verfas-

---

[15] CIG 57/1/03 REV 1 vom 5. Dezember 2003.

[16] Anm. 1.

[17] In der endgültigen Fassung (Anm. 1) bis auf kleinere sprachliche Korrekturen in der Sache unverändert.

sungsentwurfs nur die Rede in den Art. 2 und 59, wobei Art. 59 bestimmte Sanktionen gegen Mitgliedstaaten der Union zum Gegenstand hat, die die in Art. 2 festgelegten Werte der Union schwerwiegend und anhaltend verletzten.[18] Man könnte fast auf den Gedanken kommen, dass es sich bei den in Art. 41 Abs. 5 und Art. 310 genannten Missionen um solche gegen eigene Mitgliedstaaten handeln könnte. Was sonst damit gemein sein könnte, ist, wie gesagt, nicht erfindlich; wahrscheinlich soll es sich dabei aber nicht um militärische Missionen handeln, denn die sind angesprochen in Art. 41 Abs. 6 im I. und Art. 312 im III. Teil des Entwurfs, wobei Art. 312 auf der Regierungskonferenz in Neapel mehrfach geändert und durch ein spezielles Protokoll ergänzt wurde.

All diese Vorschriften handeln davon, dass einzelne Mitgliedstaaten „anspruchsvollere Kriterien in Bezug auf die militärischen Fähigkeiten erfüllen und im Hinblick auf Missionen mit höchsten Anforderungen untereinander festere Verpflichtungen eingegangen sind". Sie sollen dann untereinander eine „ständige strukturierte Zusammenarbeit im Rahmen der Union" eingehen. Eine solche strukturierte Zusammenarbeit muss dem Rat angezeigt und von ihm bestätigt werden, wobei nur die daran beteiligten Mitgliedstaaten auch an der Abstimmung teilnehmen. Die Entscheidung soll nach dem klassischen Verfahren fallen, d.h. mit der qualifizierten Mehrheit, auf die sich die EU-Mitgliedstaaten auf dem Gipfel in Dublin im Juni 2004 in letzter Minute geeinigt haben.[19] Diese Mehrheitsregel wird kaum praktisch werden, denn wenn hier nur die Staaten, die eine ständige strukturierte Zusammenarbeit beschließen wollen, abstimmen, wird wohl kaum einer überhaupt dagegen stimmen. Und überstimmte Staaten können jederzeit aus der Zusammenarbeit ausscheiden, was der Rat lediglich zur Kenntnis nimmt (Art. III-312 Abs. 5).

Letztlich läuft das Ganze wohl darauf hinaus, dass die größeren und militärisch potenteren Mitgliedsstaaten der Union sich verabreden können, z.B. Ersuchen des Sicherheitsrates der Vereinten Nationen um militärischen Einsatz im Namen der Europäischen Union Folge zu leisten, ohne dass die anderen sie daran hindern können.

---

[18] Vgl. dazu *T. Stein,* Die Durchsetzung der Verfassungsgrundlagen der EU in der Europäischen Verfassung – von Art. 7 EUV zum Recht auf Ausschluss, in: Calliess/Isak (Hrsg.), Der Konventsentwurf für eine EU-Verfassung im Kontext der Erweiterung, 2004, 111 ff.

[19] Mindestens 55 % der Mitglieder des Rates und mindestens 65 % der Bevölkerung, hier bezogen nur auf die teilnehmenden Mitgliedstaaten; Sperrminorität mindestens 35 % der Bevölkerung, zuzüglich eines weiteren Mitgliedstaates. Nur insoweit ist Art. III-312 im endgültigen Text (Anm. 1) noch geändert worden.

Aus dieser strukturierten Zusammenarbeit kann man auch wieder ausgeschlossen werden, wenn man die dafür aufgestellten Kriterien nicht erreicht oder nicht mehr erfüllt. Auch darüber beschließt der Rat mit qualifizierter Mehrheit und ohne Beteiligung desjenigen, der ausgeschlossen werden soll. Die Kriterien, die es zu erfüllen gilt, sind in dem schon erwähnten „Protokoll über die ständige strukturierte Zusammenarbeit“[20] genannt: Die Staaten müssen sich verpflichten, ihre Verteidigungsfähigkeiten auszubauen und sich an multinationalen Streitkräften und an den wichtigsten europäischen Ausrüstungsprogrammen zu beteiligen und in der neu zu schaffenden Europäischen Agentur für Rüstung, Forschung und militärische Fähigkeiten mitzuarbeiten. Sie müssen ferner bis spätestens 2007 über die Fähigkeit verfügen, als nationales Kontingent oder Teil von multinationalen Truppenverbänden bewaffnete Einheiten bereitzustellen, die als Kampftruppen konzipiert sind, über die notwendige Logistik verfügen und fähig sind, innerhalb von 5 bis 30 Tagen Missionen aufzunehmen, um insbesondere Ersuchen der Vereinten Nationen nachzukommen, und diese Mission für eine Dauer von zunächst 30 Tagen, die bis auf 120 Tage ausgedehnt werden kann, aufrechtzuerhalten. Die Mitgliedstaaten, die dazu wirklich in der Lage sein werden, kann man wohl an weniger als einer Hand abzählen.

Der dritte und besonders mutige Bereich der vom Konvent in Art. I-40 des Verfassungsentwurfs hineingeschriebenen künftigen Aufgaben betrifft die Verteidigung im eigentlichen Sinne. In Art. I-40 Abs. 2 wird zunächst im Wesentlichen wiederholt, was schon bisher in den Verträgen stand, dass nämlich der Europäische Rat einstimmig über die Einführung einer gemeinsamen Verteidigung beschließen kann und dies dann von den Mitgliedstaaten gemäß ihren verfassungsrechtlichen Vorschriften angenommen werden muss. Der eigentliche Sprengstoff lag in Art. I-40 Abs. 7; dort hieß es:

> Solange der Europäische Rat keinen Beschluss im Sinne des Abs. 2 gefasst hat [also noch nicht die gemeinsame Verteidigung beschlossen hat], wird im Rahmen der Union eine engere Zusammenarbeit im Bereich der gegenseitigen Verteidigung eingerichtet. Im Rahmen dieser Zusammenarbeit leisten im Falle eines bewaffneten Angriffs auf das Hoheitsgebiet eines an dieser Zusammenarbeit beteiligten Staates die anderen beteiligten Staaten gem. Art. 51 der Charta der Vereinten Nationen alle in ihrer Macht stehende militärische und sonstige Hilfe und Unterstützung.

Dies bedeutete nichts anderes als die Übernahme der kollektiven Verteidigungsgarantie aus Art. 5 des WEU-Vertrages in die Verfassung der Europäischen Union, wenn auch nur für jene, die an dieser engeren Zusammenarbeit teilnehmen wollten. Einzelheiten sollten in Art. 214 im III. Teil geregelt werden, der aber dieser Grundverpflichtung wenig hinzugefügt hätte. Als Ergebnis der Regierungskonferenz von Neapel im November 2003 ist der Art. III-214 gestrichen worden und der

---

[20] Protokoll Nr. 23 (Anm. 1).

Abs. 7 des (neuen) Art. I-41 lautet jetzt nur noch: „Im Falle eines bewaffneten Angriffs auf das Hoheitsgebiet eines Mitgliedsstaates müssen die anderen Mitgliedstaaten gem. Art. 51 der Charta der Vereinten Nationen alle in ihrer Macht stehende Hilfe und Unterstützung leisten". Das ist zumindest sprachlich völlig verunglückt, denn gemäß Art. 51 der Charta der Vereinten Nationen „muss" man gar nichts, man darf. Und nachdem der Begriff „militärische Hilfe" aus diesem Absatz gestrichen wurde, bleibt er sowohl hinter dem Art. 5 des WEU-Vertrages wie auch hinter Art. 5 des NATO-Vertrages deutlich zurück. Wenn es dann in UAbs. 2 des neuen Art. I-41 Abs. 7 heißt: „Die Verpflichtung und die Zusammenarbeit in diesem Bereich bleiben im Einklang mit den im Rahmen der NATO eingegangenen Verpflichtungen, die für die ihr angehörenden Staaten weiterhin das Fundament ihrer kollektiven Verteidigung und die Instanz für deren Verwirklichung ist", dann ist das nichts anderes als der Beleg dafür, dass die Mitgliedstaaten der Europäischen Union nach wie vor nicht bereit sind, sich kollektive Verteidigungsanstrengungen zu versprechen, wann immer sie denn einmal notwendig werden könnten.

In der auf dem Dubliner Gipfel verabschiedeten Fassung[21] ist das noch einmal durch zwei Zusätze verdeutlicht worden: Dem Art. I-41 Abs. 7 wurde im 1. UAbs. hinzugefügt: „Dies lässt den besonderen Charakter der Sicherheits- und Verteidigungspolitik bestimmter Mitgliedstaaten unberührt", und zu Art. I-41 Abs. 2 wurde ein Protokoll[22] angenommen, dessen einziger Artikel lautet: „Die Union erarbeitet zusammen mit der Westeuropäischen Union Regelungen für eine verstärkte Zusammenarbeit zwischen der Europäischen Union und der Westeuropäischen Union". Nun wird die WEU also doch noch einmal „wiederbelebt", weil sich niemand bereit fand, ihr auch als letzten Schritt den Art. V ihres Vertrages mit der gegenseitigen Verteidigungsgarantie abzunehmen.

Es bleibt im Grunde alles beim Alten: Die Europäische Union kann sich nur darauf verständigen, außerhalb ihrer Grenzen und dann notfalls auch mit militärischen Mitteln den Frieden zu sichern oder wiederherzustellen.

D. Die Frage der „Fähigkeiten"

Das aber leitet über zum letzten Teil der Betrachtungen, zu den entsprechenden Fähigkeiten. Könnte Europa das überhaupt, oder bleibt es nicht in geradezu dramatischer Weise abhängig von der NATO?

---

[21] Anm. 1.

[22] Protokoll Nr. 24 (Anm.1).

Als sich die Europäische Union mit dem Vertrag von Maastricht und später mit dem Vertrag von Amsterdam anschickte, in ihre gemeinsame Außen- und Sicherheitspolitik nunmehr auch eine nicht unerhebliche militärische Komponente aufzunehmen, war allen Beteiligten klar, dass weder die Union noch die WEU, die ja um die Ausarbeitung und Durchführung der militärischen Vorhaben der Union „ersucht" bzw. dafür „in Anspruch genommen" werden sollte, über eigene, ungebundene und dafür ohne weiteres einsetzbare militärische Kapazitäten verfügten. Von den damals 12 EU-Mitgliedstaaten waren die meisten – wenn man so will – bereits „verheiratet", nämlich mit der NATO. Sie alle hatten und haben (mit Ausnahme Frankreichs und zunächst auch Spaniens) der NATO erhebliche Teile ihrer Streitkräfte zur Verfügung gestellt, in geringerem Umfang bei den Luftstreitkräften für den direkten Einsatz, im Übrigen aber zumindest für die Planung von militärischen Operationen. Und je mehr die nationalen Streitkräfte nach dem Ende des Kalten Krieges reduziert wurden, umso weniger blieb übrig, was nicht der NATO versprochen war, auch wenn den Staaten dabei die letzte Entscheidung verblieb, ob sie in einem konkreten Fall ihre Streitkräfte im NATO-Rahmen einsetzen wollten.

Aber aus dieser Bindung konnten sie sich nicht ohne weiteres befreien, und die EU konnte auch nicht, wie die WEU, die NATO einfach „in Anspruch nehmen". Für die Europäer bedeutete dies, dass sie sich mit der NATO darüber einigen mussten, welche der eigentlich der NATO zugeordneten militärischen Verbände sie dann doch einmal eigenständig einsetzen könnten. Entsprechende Vereinbarungen datieren bereits zurück in die Zeit der Aufstellung des EUROKORPS, für dessen Verfügungsgewalt über jene Divisionen oder Brigaden, die die daran beteiligten Staaten in das Eurokorps einbrachten (das waren zunächst Belgien, Deutschland und Frankreich, dann mit einem sehr kleinen Kontingent Luxemburg, später Spanien und inzwischen auch Polen) und die eigentlich der NATO zur Verfügung stehen sollten, dann das so genannte SACEUR-Agreement vom Januar 1993 geschlossen wurde.

In der Folgezeit und insbesondere in den Jahren 1996–1998 verhandelten dann die NATO und die WEU,[23] und die immer im Hintergrund stehende Frage war, ob die neue Europäische Sicherheits- und Verteidigungspolitik innerhalb oder außerhalb der NATO realisiert werden würde. Deutlich dabei war nur, dass diejenigen Mitgliedstaaten der Europäischen Union, die gleichzeitig Mitglieder der WEU waren, über eine eigene militärische Kapazität verfügen wollten, wenn die NATO selber nicht bereit war, zu handeln. Da von Anfang an deutlich war, dass nur sehr wenige, wenn überhaupt einige europäische Staaten bereit und in der Lage waren,

---

[23] Siehe dazu *Ch. von Buttlar,* The EU's new relations with NATO shuttling between reliance and autonomy, Zeitschrift für Europarechtliche Studien 2003, 399 ff. (401).

die dafür notwendigen Voraussetzungen zu schaffen, konnten militärische Kapazitäten eigentlich nur von der NATO kommen. Und da waren zum einen die Verpflichtungen zu beachten, die gegenüber der NATO bestanden und die in einer Formulierung im EU-Vertrag, die da lautet:

> Die Politik der Union nach diesem Artikel [und der Artikel ist jener über die Gemeinsame Außen- und Sicherheitspolitik] berührt nicht den besonderen Charakter der Sicherheits- und Verteidigungspolitik bestimmter Mitgliedstaaten; sie achtet die Verpflichtungen bestimmter Mitgliedstaaten, die ihre gemeinsame Verteidigung in der NATO verwirklicht sehen, aus dem Nordatlantik-Vertrag …

ihren Ausdruck fanden und bis heute finden (jetzt Art. I-40 Abs. 2 UAbs. 2). Zum anderen musste man sehen, dass für alle größeren Operationen ein substantieller Beitrag der Vereinigten Staaten erforderlich werden würde. Und da gab es eine sehr klare Position der Vereinigten Staaten, die auf dem Standpunkt standen, dass auch an einer EU- bzw. WEU-Operation unter der Hinzuziehung von Kapazitäten der NATO nur NATO-Mitglieder beteiligt sein dürften, weil anderenfalls Nicht-NATO-Mitglieder Informationen aus dem Nordatlantikpakt bekämen, ohne die entsprechenden Verpflichtungen innerhalb dieses Paktes zu übernehmen. Die Amerikaner machten deutlich, dass sie große Schwierigkeiten haben würden, unter anderen Bedingungen der Übertragung von NATO-Kapazitäten an die WEU zuzustimmen, einer Übertragung, die im NATO-Rahmen einstimmig getroffen werden müsste.

Wenn man dieses Hin und Her in den Verhandlungen zwischen der EU bzw. WEU und der NATO im Einzelnen und in allen den Verästelungen darstellen wollte, wäre das ein eigenes Thema. Hier soll nur ganz kurz der Ablauf angedeutet werden. Hilfreich war zunächst, dass die Mitgliedstaaten der NATO nach Ende der Blockkonfrontation sehr schnell daran gingen, ihre nationalen militärischen Kapazitäten in einer Weise zu verringern, die auch NATO-Einsätze nur noch in einem neuen Verbund nationaler Streitkräfte-Komponenten ermöglichen würde. Entwickelt wurden damals die Konzepte der „trennbaren aber nicht getrennten militärischen Fähigkeiten" („separable but not separate military capabilities") oder der „Combined Joint Task Force Headquarters", wobei „Combined" die Multinationalität bezeichnet und „Joint" die Beteiligung aller drei Teilstreitkräfte (Heer, Luftwaffe und Marine). Auf diese verschiedenen Bausteine sollte dann auch gegebenenfalls die WEU zurückgreifen können, wobei die geschilderten Bedenken der Vereinigten Staaten diese Verhandlungen sehr zäh machten.

Erst die britisch-französische Initiative von St. Mâlo brachte neue Bewegung. In dieser Erklärung vom 4. Dezember 1998[24] wurde gesagt, dass die Europäische

---

[24] Abgedruckt in: From St. Mâlo to Nice, European defence: core documents (zusammengestellt von M. Rutton), Chaillot Papers 47 (May 2001), 8.

Union die Fähigkeit für autonome Aktionen haben müsse, autonome Fähigkeiten auch in Bereichen, über die bisher nur die NATO – und innerhalb der NATO eigentlich nur die Vereinigten Staaten – verfügten. Daraus wurde den Vereinigten Staaten deutlich, dass die Europäer es wohl doch ernst meinten, und so schalteten sie sich wieder in die Debatte ein mit der Forderung, dass die europäische Initiative die drei großen „D's“ vermeiden müsste: de-linking, discrimination und duplication.[25]

„De-linking“ meinte dabei, dass die transatlantischen NATO-Partner nicht im Zuge dieser neuen europäischen Sicherheitsstrategie irgendwann abgekoppelt werden dürften. Mit „discrimination“ war gemeint, dass jene europäischen NATO-Mitglieder, die nicht auch Mitglieder der EU sind, ebenfalls an solchen europäischen Operationen beteiligt werden müssten. Das war insbesondere eine Sorge der Türkei, die sich den Fall ausmalte, dass die Europäische Union oder die WEU etwa eine Aktion in der Ägäis planen könnten, aus der die Türkei nicht nur ausgeschlossen wäre, sondern die sich sogar gegen sie selbst richten könnte. Aus diesen Bedenken heraus hat die Türkei lange Zeit die notwendigen Vereinbarungen zwischen der Europäischen Union und der NATO blockiert, eine Blockade, die erst im Spätjahr 2002 nach einem griechisch-türkischen Abkommen und einer Erklärung des EU-Gipfels von Brüssel im Oktober 2002 endete, in der betont wurde, dass die Europäische Sicherheits- und Verteidigungspolitik unter keinerlei denkbaren Umständen gegen einen Verbündeten eingesetzt werden würde und dass dies umgekehrt auch für die NATO gelte.[26]

„Duplication“ sollte deutlich machen, dass es keinen Sinn machte, angesichts der begrenzten Ressourcen aller daran beteiligten Staaten diejenigen Fähigkeiten, über die die NATO bereits verfügte, parallel dazu im europäischen Rahmen noch einmal aufzustellen. Zuvor, im April 1999, wurde als Ergebnis des Jubiläums-Gipfels der NATO das so genannte „Berlin plus“-Abkommen[27] vereinbart, demzufolge die Europäische Union gesicherten Zugang zu den Planungskapazitäten der NATO haben sollte, um die Planung von EU geführten Operationen zu unterstützen. Außerdem wurde zugesagt, dass es einen zwar nicht gesicherten, aber wahrscheinlichen Zugang der EU zu im Voraus bestimmten NATO-Kapazitäten für solche EU Operationen geben würde. Im Gegenzug wurde betont, dass die NATO ein gewisses Primat hinsichtlich der Inanspruchnahme militärischer Kapazitäten haben sollte und dass eben auch nicht der EU angehörende NATO-Mitglieder an solchen Operationen der EU teilnehmen könnten. Dies war letztlich die

[25] Vgl. *von Buttlar* (Anm. 23), 404 ff.

[26] Text bei *von Buttlar* (Anm. 23), 417, dortige Anm. 74.

[27] *Von Buttlar* (Anm. 23), 408 f.

Voraussetzung dafür, dass die NATO überhaupt „autonome EU-Aktionen“ akzeptierte, auch wenn dieser Begriff nicht wirklich präzise definiert wurde.

Auf den EU-Gipfeln in Köln im Frühjahr 1999 und in Helsinki im Spätjahr 1999[28] hat sich die EU dann eine Reihe von neuen Institutionen genehmigt, den Politischen- und Sicherheitsausschuss, das Europäische Militärische Komitee und den Europäischen Militärstab. An „Häuptlingen“ mangelt es also nicht, aber die Zahl der „Indianer“ wurde damit nicht größer. Man hat sich zwar mit dem so genannten „Headline Goal“ vorgenommen, eine europäische Eingreiftruppe zu schaffen, die ursprünglich bis zum Jahre 2003 in der Lage sein sollte, innerhalb von 60 Tagen Truppen in einer Stärke von bis zu 60.000 Soldaten in einem Umkreis von bis zu 4.000 km zu dislozieren und ein Jahr im Einsatz zu halten. Man muss sich darüber im Klaren sein, dass dafür wegen der dann erforderlichen Rotation das doppelte und dreifache an Mannschaftsstärke benötigt würde, und deswegen ist es nicht überraschend, dass die Erreichung dieses Ziels immer wieder weiter hinausgeschoben wird. Mittlerweile ist man bescheidener geworden, hat das „Headline Goal“ auf das Jahr 2010 verschoben und plant kleinere, mobile Einsatzeinheiten („battle groups“) von bis zu 1500 Mann, von denen die erste 2007 einsatzbereit sein soll (geplant sind 7–9 Einheiten).[29]

Und hier gab es alsbald auch die erste Duplizierung, die man eigentlich vermeiden wollte: Die NATO beschloss auf ihrem Prager Gipfel im November 2002 die Aufstellung einer eigenen „NATO Response Force“, und in der Sache nimmt man da die gleichen Verbände und Einheiten in den Blick, mit denen auch die Europäer ihr „Headline Goal“ erreichen wollen; Verbände und Einheiten, die überdies im Augenblick schon in der Masse auf dem Balkan oder in Afghanistan im Einsatz sind.[30]

Zwischen Anspruch und Ankündigungen auf der einen sowie tatsächlichen Fähigkeiten auf der anderen Seite liegen im Augenblick noch Welten; kurz vor seinem Ausscheiden aus dem Amt sprach der scheidende NATO Generalsekretär *Lord Robertson* einmal von „Paper Armies“ (Armeen auf dem Papier). Hinsichtlich operativer militärischer Fähigkeiten ist Europa noch lange nicht autonom, und was bisher als „autonome EU-Operationen“ verkauft wurde, waren nicht wirklich welche. Die im Dezember 2003 zu Ende gegangene Operation „Concordia“ in

[28] *Von Buttlar* (Anm. 23).

[29] Vgl. Frankfurter Allgemeine Zeitung vom 12. Februar 2004 („Kampfbereit in 15 Tagen“) und Bulletin Quotidien Europe Nr. 8708 vom 18. Mai 2004, 6.

[30] Laut Bulletin Quotidien Europe Nr. 8653 vom 26. Februar 2004, 6, hat der neue NATO-Generalsekretär *de Hoop Scheffer* sogleich betont, es müsse vermieden werden, dass Truppen, die zur NATO Response Force gehören, plötzlich abgezogen werden, um einer anderen Struktur zur Verfügung gestellt zu werden.

Mazedonien fand mit ganz geringen Kräften in einem weitgehend befriedeten Umfeld statt und auch nur deshalb, weil die im benachbarten Kosovo stationierten NATO-Streitkräfte jederzeit zu Hilfe eilen konnten, wenn es da wirklich etwas zu tun gegeben hätte. Und die so genannte „EU-Militärmission“ in Ituri im Kongo, „Artemis“, die ebenfalls zu Ende gegangen ist, war erstens sinnlos und zweitens keine EU-Operation, sondern eine zu mehr als 90 % französische, die aus dem Hauptquartier der französischen Streitkräfte in Frankreich geführt wurde und keinen anderen Zweck hatte als zu beweisen, dass man die NATO und damit die Vereinigten Staaten auch außen vor lassen kann. Ob die Europäische Union wirklich zum Ende des Jahres 2004 die SFOR-Mission in Bosnien-Herzegowina von der NATO übernehmen kann, bleibt abzuwarten.[31]

E. Fazit

Will man ein Fazit ziehen, ergibt sich wohl folgendes Bild: Eine auch militärische Europäische Sicherheits- und Verteidigungspolitik ist noch weitgehend verbal, nicht real. Einer wirklichen Einigung mit der NATO stehen immer noch ungelöste Fragen im Wege, insbesondere diejenige, die nach dem Primat, dem ersten Zugriff fragt. Das „Berlin plus“-Abkommen ist bewusst ungenau formuliert, wenn es davon spricht, dass die EU tätig werde, wenn „die NATO als Ganzes“ nicht betroffen ist. Das wird von den Amerikanern so ausgelegt (oder, wie manche sagen, so uminterpretiert), dass die EU erst zum Zuge komme, wenn die NATO und mithin Washington entschieden hätten, dass dies kein Fall für die Allianz sei. In der EU geht man demgegenüber von einem gleichberechtigten Verhältnis zwischen der EU und der NATO aus und damit auch von der Möglichkeit, dass die EU allein für sich entscheidet, ob sie in einer bestimmten Krisensituation tätig werden will, entsprechende Planungen vorbereitet und erst dann zur NATO kommt, wenn sie sieht, dass sie das alleine wohl nicht schaffen wird.

Die Sorge, dass solches die NATO in Europa marginalisieren könnte, wird dann auch immer wieder verstärkt durch Dinge wie den inzwischen wohl ad acta gelegten Plan, ein eigenes EU-Hauptquartier zu schaffen, und zwar in Tervuren, einem Brüsseler Vorort und damit quasi in Sichtweite des NATO Hauptquartiers, eine Ankündigung des so genannten „Pralinen-Gipfels“ vom 29. April 2003, den Belgien, Deutschland, Frankreich und Luxemburg noch unter dem Eindruck des Irak-Krieges veranstaltet hatten. Die alsbald danach von *Solana* vorgelegte neue „europäische Sicherheitsstrategie[32] hatte dann wohl auch das primäre Ziel, die

[31] Siehe dazu zuletzt Bulletin Quotidien Europe Nr. 8736 vom 29. Juni 2004, 8.

[32] Bulletin Quotidien Europe, Dokumente Nr. 2320 vom 26. Juni 2003.

unterschiedlichen Auffassungen, die es in der Union über Ordnungspolitik und globalen Bezug im Zusammenhang mit dem Irak-Krieg gegeben hat, zu überdecken.[33]

Eine stärkere Beteiligung an ihrer eigenen Verteidigung haben die Vereinigten Staaten von den Europäern in Zeiten des Kalten Krieges immer verlangt. Heute geht es bei der Europäischen Sicherheits- und Verteidigungspolitik um etwas ganz anderes, nämlich um die Machtprojektion nicht nur in die Ränder Europas hinein, sondern auch in ganz entlegene Gebiete, und damit letztlich auch um die Macht in Europa. Das betrachten die Vereinigten Staaten zunehmend argwöhnisch, und der Versuch, eine Europäische Sicherheits- und Verteidigungspolitik als Gegengewicht zu den Vereinigten Staaten zu konstruieren und eine irgendwie gleichrangige Position zu erringen, wird unweigerlich scheitern, denn die Kluft zwischen den militärischen Fähigkeiten diesseits und jenseits des Atlantiks ist bereits riesig und wird jeden Tag größer. Niemand in Europa ist bereit, das Geld in die Hand zu nehmen, das notwendig wäre, um nur das Wachsen dieser Kluft anzuhalten. Ein wenig mehr Einfluss in der Sicherheits- und Verteidigungspolitik – über bloße virtuelle Planungen hinaus – wird Europa nur erreichen, wenn sich die Mitgliedstaaten der Union darüber verständigen, welche militärischen Fähigkeiten sie unter Aufgabe einer nationalen Autarkie bündeln könnten, und wenn sie die NATO und vor allem die Amerikaner davon überzeugen, dass das Ganze nicht nur eine Übung ist, die dazu dient, die Vereinigten Staaten aus Europa herauszudrängen.

---

33 Vgl. dazu *E. Reiter,* Die Sicherheitsstrategie der EU, Aus Politik und Zeitgeschichte (Beilage zur Wochenzeitschrift „Das Parlament“), B 3-4/2004, 26 ff. (29 f.).

Zukunftsperspektiven der Europäischen Union – im Licht der europäischen Verfassung

Von Pascal Hector*

Den Titel des Vortrags „Zukunftsperspektiven der Europäischen Union" möchte ich gerne ergänzen um den Zusatz „im Licht in der europäischen Verfassung": Als Herr *Hofmann* wegen dieses Vortrags anfragte, meinte er, ihm schwebe eine neue „Humboldt-Rede" vor, eine Vision, wie die Union in einigen Jahren aussehen werde. Eine solche Erwartung muss natürlich enttäuscht werden, schon allein deshalb, weil die Umstände heute ganz andere sind als im Mai 2000, als Bundesaußenminister *Joschka Fischer* in seiner „Humboldt-Rede"[1] in der Tat eine Vision für die künftige Entwicklung der Europäischen Union entworfen und damit den Anstoß für den Prozess gegeben hat, der jetzt mit dem Ende der Verhandlungen über die europäische Verfassung am 18. Juni 2004 zum Abschluss gekommen ist. Damals war der Zeitpunkt für große Zukunftsentwürfe, da es galt, die Stagnationsphase in der Entwicklung der Union zu überwinden, die nach dem großen Integrationsschritt des Maastricht-Vertrags eingesetzt hatte. Das Ziel war, eine neue institutionelle Grundlage für die Union zu schaffen, auf der diese sich dann für einen längeren Zeitraum, vielleicht einige Jahrzehnte, in geordneten Bahnen entwickeln kann – und angesichts der Erweiterungen auch ihre Handlungsfähigkeit zu bewahren. Die jetzt vereinbarte Verfassung ist die Grundlage, auf der die Europäische Union, zumindest in den nächsten ein bis zwei Jahrzehnten, ihre politische Existenz organisieren wird. Heute, wo wir gerade am Anfang des – sicher langwierigen und nicht ohne Hindernisse verlaufenden – Implementierungsprozesses dieser Verfassung stehen, bereits die übernächste Entwicklungsstufe der Union ins Auge zu fassen, wäre nicht seriös. Die Aufgabe, vor der wir alle in den nächsten zehn bis zwanzig Jahren stehen, ist es, diese Verfassung, einschließlich ihrer zahlreichen Flexibilitätselemente, in die Praxis umzusetzen und auf dieser Grundlage die europäische Integration weiter zu vertiefen.

---

* Der Vortrag gibt ausschließlich die persönliche Meinung des Verfassers wieder und ist keiner Institution oder Organisation zurechenbar. Der Vortragsstil wurde beibehalten.

[1] Vom Staatenverbund zur Föderation – Gedanken über die Finalität der europäischen Integration, abrufbar unter: http://www.auswaertiges-amt.de.

Der Zusatz zum Thema ist auch eine notwendige Eingrenzung auf diesen Aspekt der Vertiefung der europäischen Integration. Die Zukunftsperspektiven im weiteren Sinne umfassen selbstverständlich auch den parallelen Prozess der Erweiterung. Die Beitrittsverhandlungen mit Bulgarien und Rumänien stehen vor dem Abschluss. Zeitgleich mit dem Beschluss über die Europäische Verfassung wurde auch entschieden, die Beitrittsverhandlungen mit Kroatien zu eröffnen.[2] Ende des Jahres steht die Entscheidung über die Beitrittsverhandlungen mit der Türkei an. Auch diese Entwicklungen werden die Zukunftsperspektiven der EU wesentlich mitbestimmen. Aber das ist ein Thema für sich.

Die folgenden Ausführungen konzentrieren sich also auf die neue rechtliche Grundlage, auf die die Europäische Verfassung das Europarecht gestellt hat: Viele vertraute Grundzüge werden radikal weiterentwickelt. Nur ein paar Beispiele: die Überwindung der Säulenstruktur, die Rechtspersönlichkeit der Europäischen Union, die neuen Rechtsinstrumente, insbesondere das Europäische Gesetz oder Rahmengesetz, um nur einige wenige zu nennen. Die Verfassung wird auch das Erscheinungsbild der Europäischen Union nach außen nachhaltig verändern, nicht zuletzt durch die neu eingeführten Ämter des ernannten Präsidenten des Europäischen Rats und des Europäischen Außenministers.

Es ist davon auszugehen, dass die Verfassung – einmal ratifiziert – für lange Zeit das Europarecht prägen wird, denn neue Regierungskonferenzen sind, anders als bisher, auf absehbare Zeit nicht vorgesehen. Die Verfassung ist somit in einem weiteren Rahmen auch der Abschluss des fast 15-jährigen Prozesses, der 1990 mit der Eröffnung der Regierungskonferenz zum Maastricht-Vertrag begonnen hat. Alle Regierungskonferenzen seither – Maastricht, Amsterdam und Nizza – hatten schon im soeben vereinbarten Vertrag wieder einen Revisionsauftrag erteilt, da man mit dem Ergebnis politisch unzufrieden war und die Bereinigung von „left-over" als notwendig erachtete. Mit dieser „Tradition" wollten sowohl der Konvent als auch die Regierungskonferenz bewusst brechen, und das ist auch gelungen: Die Verfassung lässt keine „left-over" zurück, sondern enthält die notwendigen Flexibilitätsinstrumente, um die Union innerhalb des Rechtsrahmens der Verfassung weiter zu entwickeln.

Der folgende Beitrag gliedert sich in drei Teile: eine kurze Analyse der Besonderheiten des Konventsprozesses, die Darstellung der aus der Europäischen Verfassung folgenden Zukunftsperspektiven für die Europäische Union in sieben Punkten sowie als Abschluss einen kurzen Ausblick auf das Ratifizierungsverfahren.

---

[2] Europäischer Rat Brüssel vom 18. Juni 2004, Schlussfolgerungen der Präsidentschaft, Rn. 32: Verhandlungsbeginn „zeitig im Jahr 2005", abrufbar auf der Internetseite des Rates: http://ue.eu.int.

A. Die Konventsmethode

Die Entwicklung seit dem Maastricht-Vertrag hat das zunehmende Ungenügen der bisherigen Methode zur Fortentwicklung der europäischen Verträge nur durch Regierungskonferenzen deutlich gemacht: Die Problemlösungskapazität der Konferenzen ist von Maastricht zu Amsterdam zu Nizza jedes Mal gesunken, die Liste der unerledigten Aufgaben jedes Mal länger geworden. Hierfür gibt es vor allem vier Ursachen, die in der Arbeitsweise einer Regierungskonferenz begründet sind:

Die Regierungskonferenz muss den Text der Vertragsänderungen von Grund auf neu erarbeiten. Dies geschieht – erstens –, angesichts des Volumens und der Komplexität der Materie notgedrungen, zunächst durch vorbereitende Gruppen auf Beamtenebene. Beamte sind jedoch weisungsabhängig und können daher im Wesentlichen nur die in der Hauptstadt abgestimmte Haltung vertreten. Abgestimmte Haltung bedeutet, zumindest in vielen Mitgliedstaaten, dass alle beteiligten Ministerien die Position mittragen müssen. Jede Position, die in einer solchen vorbereitenden Gruppe vertreten wird, ist also die Minimalposition dieses Mitgliedstaates.

In der Vorbereitungsgruppe selbst herrscht das Einstimmigkeitsprinzip, so dass das Ergebnis – zweitens – nur die Schnittmenge aller dieser Minimalpositionen der einzelnen Mitgliedstaaten sein kann – also der kleinste gemeinsame Nenner der nationalen Minimalpositionen.

Drittens tagt die Regierungskonferenz, und erst recht die Vorbereitungsgruppe, typischerweise hinter verschlossenen Türen, was den Beitrag der (Fach-)Öffentlichkeit stark begrenzt und die Neigung zum politischen Kuhhandel deutlich erhöht.

Der so erarbeitete Minimalkompromiss der Beamten ist schließlich der Ausgangspunkt für die Verhandlungen auf politischer Ebene, wo wiederum die Tendenz besteht, nationale Partikularinteressen in den Vordergrund zu stellen und so – viertens – das bereits minimalistische Ergebnis der Beamtengruppe noch weiter zu reduzieren. Ein deutliches Beispiel hierfür waren die Verhandlungen über die Ausdehnung der qualifizierten Mehrheit in der abschließenden Runde der Regierungskonferenz von Nizza (Dezember 2000), wo die Vorbereitungsgruppe, trotz der beschriebenen Schwierigkeiten, ein nicht unansehnliches Paket ausgearbeitet hatte, indem man über lediglich vereinzelte Widersprüche gegen eine Ausdehnung der qualifizierten Mehrheit hinweg gegangen war. In den politischen Endverhandlungen beharrten aber viele dieser Mitgliedstaaten auf ihren Positionen, so dass das Paket wieder stark zusammengestutzt wurde.

Das Gegenbeispiel zu den minimalistischen Ergebnissen der letzten Regierungskonferenzen sind die ehrgeizigen Verfassungsentwürfe, die etwa das Europäische Parlament ausgearbeitet hat, z.B. der Spinelli-Entwurf. Es kommt nicht von ungefähr, dass diese Entwürfe immer nur totes Papier geblieben sind, denn dort wurde die Rechnung ohne den Wirt, also die Mitgliedstaaten, gemacht. Beim derzeitigen Entwicklungsstand der Europäischen Union sind die Mitgliedstaaten, jedenfalls in ihrer Mehrheit, vielleicht in ihrer Gesamtheit, nicht bereit, auf das letzte Wort bei der Vertragsänderung zu verzichten. Sie sind die „Herren der Verträge" und wollen es auch bleiben.

Die Herausforderung, vor der man angesichts des offenkundigen Ungenügens der klassischen Regierungskonferenzmethode stand – und es ist kein Zufall, dass die Grundlage für den Konvent schon bei den abschließenden Beratungen in Nizza[3] gelegt wurde –, war also, eine Methode zu finden, die den Ehrgeiz der Parlamentsentwürfe mit der notwendigen Legitimierung durch die Mitgliedstaaten verbindet. Dies war die unverzichtbare Voraussetzung, um einen ehrgeizigen Verfassungsentwurf zu erarbeiten, der aber auch die Chance hat, in Kraft zu treten.

Diese Methode ist ein Europäischer Konvent[4] mit nachgeschalteter Regierungskonferenz. Beide Teile sind, jedenfalls beim derzeitigen Entwicklungsstand der Europäischen Union, unverzichtbar: Der Konvent sorgt für den ehrgeizigen Entwurf. Maßgeblich für diesen Erfolg sind wiederum vier Punkte:

Durch seine vier Komponenten – Vertreter der Regierungen der Mitgliedstaaten, der nationalen Parlamente, des Europäischen Parlaments und der Europäischen Kommission – sind von Anfang an alle Vertreter der verschiedenen Legitimationsstränge innerhalb der Union eingebunden. Während in der Regierungskonferenz nur die Regierungen, und in eingeschränktem Maß die Kommission, voll mitwirken können, stellen im Konvent die parlamentarischen Vertreter mehr als die Hälfte der Mitglieder.

---

[3] In der „Erklärung zur Zukunft der Union", Erklärung Nr. 23 zur Schlussakte des Vertrags von Nizza.

[4] Zur Konventsmethode: Kleger (Hrsg.), Der Konvent als Labor – Texte und Dokumente zum europäischen Verfassungsprozess, Münster 2004; eine ausführliche Beschreibung des äußeren Ablaufs der Verhandlungen und der politischen Hintergründe findet sich bei *Peter Norman,* The accidental constitution – the story of the European Convention, Brüssel 2003. Alle Dokumente des Konvents sind im Internet veröffentlicht unter: http://european-convention.eu.int; die stenografischen Protokolle aller Konventsitzungen (in der Sprache des Redners) sind abrufbar unter: http://www.europarl.eu.int/europe2004/index_de.htm.

Alle Beratungen des Konvents waren – zweitens – öffentlich und zwar nicht nur für die wenigen im Saal anwesenden Zuschauer, sondern über das Internet für jedermann. Alle Dokumente des Konvents wurden zeitgleich mit der Übermittlung an die Konventsmitglieder auch im Internet veröffentlicht.[5] Außerdem hat der Konvent mehrere Anhörungen von Interessengruppen durchgeführt. Wenn diese Debatte auch nicht in ausreichendem Maße die breite Öffentlichkeit erfasst hat, so hat sich die Fachöffentlichkeit doch intensiv beteiligt und so zum guten Konventsergebnis beigetragen.

Entscheidend für den Erfolg des Konvents war – drittens – die Rolle des Präsidiums und insbesondere die seines Präsidenten, *Valéry Giscard d'Estaing*. Auf Grund der unterschiedlichen Legitimation der Konventsmitglieder war das klassische parlamentarische Verfahren, das Mehrheitsprinzip, nicht anwendbar. Wie sollte etwa einer der beiden Kommissare gegenüber einem der 30, unter Einbeziehung der Beobachter sogar 56, nationalen Parlamentarier gewichtet werden? Oder ein Vertreter des Europäischen Parlaments im Verhältnis zu demjenigen einer nationalen Regierung? Dadurch gab es auch keine förmlichen Änderungsanträge zu den Entwürfen, über die hätte abgestimmt werden können. Die einzige Methode, in einer so heterogenen Gruppe zu Ergebnissen zu kommen, bestand in Folgendem: Alle Konventsmitglieder konnten schriftliche Beiträge einreichen oder in den Plenartagungen mündliche Stellungnahmen (Länge für jeden Redner, ohne Ansehen der Person, maximal 3 Minuten!) abgeben. Bestimmte Sachgebiete wurden in Arbeitsgruppen vertieft. Das Präsidium nahm alle diese Interventionen zur Kenntnis und erarbeitete in eigener Verantwortung einen ersten Entwurf, so dass dieser, nach Einschätzung des Präsidiums, das Ergebnis der Beratungen bestmöglich widerspiegelte. Dieser Entwurf wurde zur erneuten Debatte im Plenum vorgelegt. Das Ergebnis überarbeitete das Präsidium wiederum in eigener Verantwortung. Der fertige Text wurde abschließend dem Plenum vorgelegt und von diesem „im Konsens" angenommen.

Das vierte Charakteristikum der Konventsmethode ist eben dieser Konsensbegriff. Keinesfalls ist dies der Konsens im herkömmlichen Sinne, also die Abwesenheit förmlich bekundeten Widerspruchs, denn in der abschließenden Sitzung hat eine Reihe von euroskeptischen Konventsmitgliedern dem Entwurf ausdrücklich widersprochen,[6] und auch die spanische Regierungsvertreterin und Außenministerin *Ana de Palacio* hatte deutlich zum Ausdruck gebracht, dass sie

---

[5] Siehe oben, Anm. 4.

[6] Acht Konventsmitglieder, darunter der dänische EU-Kritiker *Jens-Peter Bonde* und der Brite *David Heathcoat-Amory* haben zum Schlussbericht des Präsidiums einen Gegenbericht eingereicht, in dem dem Konventsentwurf in 15 Punkten ausdrücklich widersprochen wird: Dok. CONV 851/03, Anhang III.

mit der vorgeschlagenen „doppelten Mehrheit" als Entscheidungsverfahren im Rat nicht einverstanden war.[7] Trotzdem hat Konventspräsident *Giscard* den „Konsens" festgestellt. Zu Recht, denn ein herkömmlicher Konsens wäre in einer so großen und heterogenen Versammlung, wie es der Konvent war, niemals zu erzielen gewesen. Dieser Konsens im Sinne des Konvents lässt sich also am ehesten definieren als die Überzeugung des Konventspräsidiums bzw. des Konventspräsidenten, dass kein ratifikationshindernder Widerspruch vorliegt.

Eben wegen dieses eigentümlichen Konsensbegriffs ist die nachgeschaltete Regierungskonferenz unverzichtbar: Durch sie erst erhält der Vertragsentwurf die erforderliche Akzeptanz bei allen Regierungen der Mitgliedstaaten, die notwendig ist, solange die Mitgliedstaaten noch die Herren der Verträge sind. Andererseits bildet der ehrgeizige Konventsentwurf, mit seinem durch die Zusammensetzung des Konvents vermittelten eigenen politischen Gewicht, die Grundlage, von der abzuweichen jedem Mitgliedstaat höchste politische Energie abfordert. Das hat die Erfahrung dieser Regierungskonferenz gezeigt: Wenn auch in Einzelfragen – z.B. bei der Zusammensetzung der Kommission oder den Einzelheiten der Berechnung der qualifizierten Mehrheit – neue Lösungen vereinbart wurden, sind doch sowohl die tragenden Grundzüge des Konventsentwurfs als auch die große Masse seiner Einzelergebnisse unangetastet geblieben. Man kann also sagen, dass das Konventspräsidium mit seiner Einschätzung den „Konsens" zwar nicht zu hundert Prozent getroffen hat, ihm aber doch so nahe gekommen ist, wie es bei einer derart schwierigen politischen Prognoseentscheidung nur möglich ist. Daher ist der Konvent mit nachgeschalteter Regierungskonferenz zu Recht als Regelverfahren für künftige Vertragsänderungen festgeschrieben worden.[8]

---

[7] *Ana de Palacio* im Konventsplenum am 13. Juni 2003, in dem Teil I und II des Verfassungsentwurfs abschließend behandelt wurden: „... no puedo excluir de estas palabras la constatación de que el Gobierno de España tiene una reserva fundamental sobre la propuesta institucional del texto ...", Fundstelle s.o., Anm. 4.

[8] Art. IV-443 EV (Vertrag über eine Verfassung für Europa vom 29.10.2004, zitiert als Europäische Verfassung – EV. Dies entspricht dem Sprachgebrauch der Verfassung selbst, die durchgängig „Verfassung", nicht „Verfassungsvertrag" verwendet, außer im Teil IV, in dem der Vertragscharakter besonders hervortritt); bei lediglich geringfügigen Änderungen kann der Europäische Rat jedoch mit einfacher Mehrheit und nach Zustimmung des Europäischen Parlaments auf die Einberufung eines Konvents verzichten: Art. IV-443 Abs. 2 UAbs. 2 EV. – Zur Zitierweise der Artikel der Verfassung: Die vorangestellte römische Ziffer gibt den Teil der Verfassung an zu dem die Vorschrift gehört, im Übrigen wird durchnummeriert. Einige Mitgliedstaaten bestanden auf dieser ungewöhnlichen Kennzeichnung, vor allem um die Grundrechtecharta besonders kenntlich zu machen.

B. Die Zukunftsperspektiven der Europäischen Union auf der Grundlage der Verfassung im Einzelnen

I. Klare Definition der Europäischen Union

Anders als ein Staat, der auch jenseits einer (geschriebenen) Verfassung existieren kann, wird die Europäische Union erst durch den Verfassungsvertrag begründet und nur durch ihn definiert. Es handelt sich übrigens um eine Neugründung: Mit In-Kraft-Treten der Verfassung werden die bisherige Europäische Gemeinschaft und die bisherige Europäische Union (ohne Rechtspersönlichkeit) aufgehoben (Art. IV-437 EV) und eine neue Europäische Union (mit Rechtspersönlichkeit) gegründet (Art. I-1 EV). Diese ist Rechtsnachfolger ihrer Vorgänger und übernimmt alle deren Rechte und Verpflichtungen und insbesondere den gesamten bisherigen gemeinschaftlichen Besitzstand, der weiter gilt (Art. IV-438).

Die Europäische Union ist also nur das, als was die Verfassung sie definiert. Dies lässt sich unter den folgenden vier Punkten zusammenfassen. Sie entsprechen, bis auf die einheitliche Rechtspersönlichkeit, dem Verständnis von Gemeinschaft und Union, das die Lehre des Gemeinschaftsrechts seit den Römischen Verträgen entwickelt hat. Jedoch ist es das Verdienst der Verfassung, diese grundsätzlichen Definitionsmerkmale erstmals umfassend systematisch zusammengestellt und behutsam weiterentwickelt – siehe Rechtspersönlichkeit – zu haben.

1. Supranationale Integrationsgemeinschaft eigener Art

Auch die neue Europäische Union bleibt eine supranationale Integrationsgemeinschaft, die mit keinem Vorbild in der Geschichte, außer ihrer Vorgängerin, zu vergleichen ist. Das heißt zunächst: Sie wird nicht zum Bundesstaat. Dessen kennzeichnendes Merkmal, die Kompetenz-Kompetenz – also die Zuständigkeit, über die Verteilung der Zuständigkeiten zu entscheiden – bleibt bei den Mitgliedstaaten. Diese bleiben die Herren der Verträge. Bemerkenswert war, dass selbst im Konvent die Forderung nach einem europäischen Bundesstaat praktisch keine Rolle gespielt hat. Das heißt zwar nicht notwendigerweise, dass dieses Ziel damit für immer aufgegeben ist, aber gegenwärtig steht es jedenfalls nicht auf der politischen Tagesordnung. Andererseits ist damit die Frage nach der Finalität der Union auch nicht abschließend entschieden. Wahrscheinlich ist das auch gar nicht möglich: Die Europäische Union bleibt, anders als ein Staat, ein Prozess.

Das heißt aber auch, dass diese supranationale Gemeinschaft klar abgegrenzt wird zu imperialen oder intergouvernementalen Formen der Herrschaftsausübung bzw. Zusammenarbeit. Die Abgrenzung zur imperialen Herrschaftsausübung mag auf den ersten Blick verwunderlich erscheinen, doch die Debatte in einigen neuen Mitgliedstaaten hat gezeigt, dass sie nützlich ist. Ein Argument von Beitrittsgegnern in neuen Mitgliedstaaten lautet: Man sei gerade der Sowjetunion entflohen und wolle die neu gewonnene Freiheit nicht durch Beitritt zu einer weiteren Union gleich wieder aufs Spiel setzen. Der Unterschied zwischen diesen beiden „Unionen" könnte aber größer nicht sein: Bei der supranationalen Integrationsgemeinschaft übt zwar auch das Zentrum, also „Brüssel", in gewisser Weise Hoheitsgewalt gegenüber der Peripherie, also den Mitgliedstaaten, aus, da die Gemeinschaftsorgane nicht vollständig von den Regierungen der Mitgliedstaaten kontrolliert werden – sonst wäre es eine bloß intergouvernementale Zusammenarbeit. Aber diese Hoheitsgewalt ist, anders als bei der imperialen Herrschaftsausübung, in jedem Fall demokratisch kontrolliert, teils mittelbar durch die ihrerseits demokratisch kontrollierten Regierungen im Rat, teils unmittelbar durch die Unionsbürger über die Wahlen zum Europäischen Parlament. Die Übertragung von Hoheitsbefugnissen von den Mitgliedstaaten auf die Union ist also nichts anderes als die in allen demokratischen Gemeinwesen übliche Delegation politischer Macht auf – direkt oder indirekt – demokratisch kontrollierte Organe. Das wird in dem Kapitel der Verfassung über das demokratische Leben der Union nochmals besonders hervorgehoben (Art. I-46 EV).

Die Union ist schließlich mehr als eine bloße intergouvernementale Zusammenarbeit: In vielen Bereichen können Unionsorgane unabhängig vom Willen einzelner Mitgliedstaaten und sogar gegen diesen handeln. Konstituierende Merkmale dieser supranationalen Hoheitsausübung sind: das Vorschlagsmonopol der Kommission im Gesetzgebungsverfahren, durch das alle Gesetzesvorschläge zunächst auf ihre Verträglichkeit mit dem Gemeinwohl der Union (volonté générale) – im Gegensatz zum kumulierten Einzelinteresse der Mitgliedstaaten (volonté de tous) – geprüft werden; die Mitentscheidung des Europäischen Parlaments im Gesetzgebungsverfahren; die Beschlussfassung mit qualifizierter Mehrheit im Rat; die Rechtsprechungsbefugnis des Europäischen Gerichtshofs sowie die direkte Geltung und unmittelbare Anwendbarkeit des Unionsrechts. Dies schließt übrigens nicht aus, dass für bestimmte Bereiche, z.B. die Gemeinsame Außen- und Sicherheitspolitik (GASP), weiterhin besondere Verfahren gelten, die eine stark intergouvernementale Prägung aufweisen, allerdings immer noch mit einigen supranationalen Spuren, z.B. der Entscheidung mit qualifizierter Mehrheit auf Vorschlag des Außenministers der Union in bestimmten, eng begrenzten Fällen.

2. Bürger- und Staatenunion

Art. I-1 EV führt die Gründung der neuen Union zurück auf den Willen der Unionsbürger und der Staaten, definiert also ihre Doppelnatur als Bürger- und Staatenunion. Aus dem Aspekt der Bürgerunion folgt, dass die Union in ein unmittelbares demokratisches Herrschaftsverhältnis mit dem einzelnen Unionsbürger tritt: Sie übt ihm gegenüber unmittelbar öffentliche Gewalt aus, z.B. durch die direkt und unmittelbar geltenden Unionsgesetze. Sie unterliegt aber auch seiner unmittelbaren demokratischen Kontrolle in den Europawahlen. Dies gilt besonders für die Gesetzgebung, bei der das Europäische Parlament fast durchgehend mitentscheidet.

Aus dem Aspekt der Staatenunion folgt, dass die Mitgliedstaaten die letzte Kontrolle über die Europäische Union behalten. Ausdruck dessen ist der Grundsatz der begrenzten Einzelermächtigung (Art. I-11 Abs. 1 EV), nach dem die Union nur die Zuständigkeiten ausüben kann, die ihr von den Mitgliedstaaten ausdrücklich übertragen worden sind. Es ist dies das Gegenstück zur fehlenden Kompetenz-Kompetenz und damit zur fehlenden Bundesstaatlichkeit der Union. Diese letzte Kontrolle durch die Mitgliedstaaten wird auch nicht durch den Vorrang des Unionsrechts (Art. I-6 EV) in Frage gestellt, denn dieser Vorrang gilt selbstverständlich auch in Zukunft nur, soweit und solange der Union von den Mitgliedstaaten eine Zuständigkeit übertragen ist. Die Mitgliedstaaten als Herren der Verträge haben es also der Hand, eine solche Zuständigkeitsübertragung durch Vertragsänderung zu widerrufen. Andererseits umfasst der der Union übertragene Hoheitsbereich heute praktisch alle Lebensbereiche der Unionsbürger, wenn auch mit unterschiedlicher Eingriffsintensität, abhängig von der Art der zugewiesenen Zuständigkeit: ausschließliche, geteilte oder nur unterstützende.

3. Einheitliche Rechtspersönlichkeit und Überwindung der Säulenstruktur

Die große Neuerung, welche die Verfassung in Bezug auf die Grundlagen der Union festgelegt hat, ist die einheitliche Rechtspersönlichkeit und die damit möglich gewordene Überwindung der Säulenstruktur, die kennzeichnend war für das Recht der Europäischen Union seit dem Maastricht-Vertrag.

Die neue Europäische Union umfasst nicht nur die bisherige (nicht-rechtsfähige) Union, sondern auch die bisherige Europäische Gemeinschaft, die ehemalige Europäische Wirtschaftsgemeinschaft. Die Europäische Gemeinschaft für Kohle und Stahl war bereits 2002 ausgelaufen. Für die Europäische Atomgemeinschaft (EURATOM) wurde eine besondere Lösung gefunden, dazu gleich mehr. Diese neue Europäische Union hat Rechtspersönlichkeit (Art. I-7 EV). Durch die Einheitlichkeit dieser neuen Europäischen Union sind einige der für das bisherige Unionsrecht prägenden Grundsätze, wie etwa die Einheitlichkeit des institutionellen Rahmens, selbstverständlich geworden und bedürfen keiner gesonderten Erwähnung mehr: Da es nur noch eine Rechtspersönlichkeit gibt, sind alle Organe dieser Union zunächst für alle Tätigkeitsbereiche der Union zuständig, allerdings selbstverständlich nur im Rahmen der ihnen in der Verfassung zugewiesenen Befugnisse. Daraus folgt, dass einzelne Organe, Institutionen oder sonstige Einrichtungen der Union je nach Tätigkeitsbereich auch weiterhin unterschiedliche Befugnisse haben können. Wie bisher ergeben sich zum Beispiel die Befugnisse von Kommission, Rat und Europäischem Parlament im Rechtsetzungsverfahren aus der Rechtsgrundlage, auf die die jeweilige Handlung gestützt ist: Diese benennt das Verfahren (z.B. das „ordentliche Gesetzgebungsverfahren") und definiert so die jeweiligen Handlungsbefugnisse. So gilt z.B. auch weiterhin, dass der Rat im Gesetzgebungsverfahren fast immer mit qualifizierter Mehrheit, in der GASP aber, bis auf wenige Ausnahmen, einstimmig entscheidet. Ebenso ist der Europäische Gerichtshof auch weiterhin nicht zuständig in Fragen der GASP, mit Ausnahme der Überprüfung von Sanktionsmaßnahmen gegen Einzelne (Art. III-376 EV).

Ausgenommen von der einheitlichen Rechtspersönlichkeit ist EURATOM, die weiterhin als eigenständige Rechtspersönlichkeit auf der Grundlage des EAGV fortbesteht. Dieser Vertrag wurde im Protokoll Nr. 36 zur Verfassung nur insoweit angepasst, wie dies durch die Neuregelungen in der Verfassung unvermeidbar war: So musste zum Beispiel das neue System der Rechtsinstrumente auch auf den EAGV übertragen werden. Hintergrund dieser aus rein juristischer Sicht merkwürdig erscheinenden Lösung war das Ziel, den EAGV nicht in die mit Anspruch auf eine gewisse Dauer ausgestattete Verfassung zu übernehmen, sondern seinen „Fossilcharakter" zu betonen: Dementsprechend wurde in der Erklärung einiger Mitgliedstaaten, darunter Deutschlands und Österreichs,[9] festgehalten, dass die zentralen Bestimmungen des EAGV seit dessen In-Kraft-Treten in ihrer Substanz nicht geändert worden sind und aktualisiert werden müssen.

4. Rechts- und Wertegemeinschaft

Auch unter der Verfassung bleibt das Europarecht und insbesondere seine Auslegung durch den Europäischen Gerichtshof die Klammer, die die Europäische Union zusammenhält. Diese zentrale Rolle des EuGH ist durch eine behutsame

[9] Erklärung Nr. 44 zur Schlussakte der Verfassung.

Ausdehnung seiner Zuständigkeiten noch gestärkt worden: Hierzu gehört in erster Linie die bereits erwähnte Zuständigkeit für Klagen betroffener Einzelpersonen gegen belastende Maßnahmen im Rahmen der GASP.

Ein wichtiger Fortschritt für die Verdeutlichung der Wertegemeinschaft nach außen ist darüber hinaus die Übernahme der Grundrechtecharta in die Verfassung als deren Teil II. Dies ist nicht nur im Sinne einer subjektiven Grundrechtsgewährleistung zu sehen, sondern auch als förmliche Proklamation der objektiven Werteordnung der Europäischen Union: Sie haben sich vielleicht schon einmal gefragt, warum in Art. II-62 Abs. 2 EV das Verbot der Todesstrafe verankert ist, also in einer Vorschrift, die nach Art. II-111 EV nur für die Unionsorgane und die Mitgliedstaaten bei der Anwendung des Unionsrechts gilt. Und das, obwohl es niemals eine Bestimmung des Unionsrechts gegeben hat oder geben wird, die eine Verurteilung zur Todesstrafe vorsehen würde. Der Grund für die Aufnahme in den EU-Grundrechtekatalog liegt in dem Anspruch der Grundrechtecharta, eine umfassende objektive Werteordnung für die Union zu normieren, und dazu gehört unzweifelhaft das Verbot der Todesstrafe. Praktischer Ausfluss dessen ist z.B. die aktive Politik der Europäischen Union im Rahmen der GASP gegen die Todesstrafe weltweit.

Darüber hinaus werden die Grundrechte mit der Übernahme in die Verfassung selbstverständlich auch Teil des Primärrechts, auf das sich jeder einzelne vor Gericht berufen kann. Dies wird in der Praxis allerdings wenig ändern, da die Grundrechtecharta ihrem Ansatz nach lediglich eine Kodifizierung ist. Die in ihr niedergelegten Grundrechte sind bereits im geltenden Unionsrecht gem. Art. 6 Abs. 2 EUV als Menschenrechte aus der Europäischen Konvention zum Schutz der Menschenrechte und Grundfreiheiten oder aus der gemeinsamen Verfassungsüberlieferung der Mitgliedstaaten zu beachten. Dennoch ist die Zusammenfassung und schriftliche Verankerung in der Verfassungsurkunde ein wichtiger Schritt zu mehr Transparenz für die Bürger.

II. Stärkung der demokratischen Rückkoppelung der Europäischen Union an den Unionsbürger

Das Demokratiedefizit der Europäischen Union ist viel geringer als oft angenommen, zumal die demokratische Kontrolle doppelgleisig verläuft: einmal unmittelbar durch den Unionsbürger über das Europäische Parlament, zum anderen mittelbar über die von ihrem jeweiligen Staatsvolk demokratisch legitimierten Regierungen, die im Rat beziehungsweise auf der Ebene der Staats- und Regierungschefs im Europäischen Rat handeln. Beide Formen werden durch die Verfassung gestärkt, darüber hinaus werden erstmals zwei zusätzliche Formen demokratischer Rückkopplung auf Unionsebene eingeführt: erste Ansätze einer direkten Mitwirkung der Unionsbürger am Gesetzgebungsverfahren über das Unionsbürgerbegehren und eine eigene Rolle für die nationalen Parlamente bei der Subsidiaritätskontrolle.

Die demokratische Kontrolle über das Europäische Parlament wird durch die Ausdehnung der Mitentscheidung auf fast alle Legislativakte gestärkt. Eine Zählung kommt auf 44 zusätzliche Rechtsgrundlagen in der Mitentscheidung,[10] die entweder aus anderen Beschlussfassungsverfahren in die Mitentscheidung überführt oder aber neu unmittelbar in Mitentscheidung geschaffen wurden. Das Mitentscheidungsverfahren wurde auch ausdrücklich Regel-Gesetzgebungsverfahren. Dies findet seinen Ausdruck nicht zuletzt in dem vereinfachten Mechanismus (sog. „Passerelle"), mit dem eine Rechtsgrundlage, bei der noch ein anderes Gesetzgebungsverfahren gilt, durch einstimmigen Beschluss des Europäischen Rats in die Mitentscheidung überführt werden kann, sofern nicht ein nationales Parlament diesem Übergang binnen sechs Monaten widerspricht (Art. IV-444 EV). So wird trotz des Umstands, dass größere Vertragsänderungen auf längere Sicht nicht mehr zu erwarten sind, die Möglichkeit weiterer Integrationsfortschritte, verbunden mit einer besseren demokratischen Legitimation, aufrechterhalten.

Als einer der Hauptgründe für die geringe Beteiligung an den Wahlen zum Europäischen Parlament wird zu Recht deren mangelnde Personalisierung angesehen. Hier geht die Verfassung einen kleinen Schritt weiter als bisher, indem sie die Wahl des Kommissionspräsidenten durch das Europäische Parlament vorschreibt, allerdings auf Vorschlag des Europäischen Rats (Art. I-27 Abs. 1 EV). Durch den Begriff „Wahl" anstelle der bisherigen bloßen „Zustimmung" wird der politische Schwerpunkt bei der Auswahl des Kommissionspräsidenten verschoben: Lag er bisher in erster Linie beim Europäischen Rat, kommt die entscheidende Rolle nunmehr dem Europäischen Parlament zu. Dieses wird durch die Verfassung endgültig politisch in die Lage versetzt, glaubhafte Spitzenkandidaten für die verschiedenen Lager in den Europawahlen zu benennen, an denen der Europäische Rat im Falle eines Wahlsiegs nicht vorbei kommt. Die Wahl zum Europäischen Parlament würde damit mittelbar zur Wahl des Kommissionspräsidenten, so wie die Wahl zum Deutschen Bundestag allgemein als Kanzlerwahl angesehen wird. Das Europäische Parlament erhält mit der Verfassung also die notwendigen Instrumente, um durch die geschickte Auswahl einer geeigneten Persönlichkeit und durch einen auf den künftigen Kommissionspräsidenten zugeschnittenen Wahlkampf den entscheidenden Einfluss auf die Besetzung dieses Amtes zu

---

[10] Siehe Denkschrift zum Verfassungsvertrag, Tabelle 2, Bundesrats-Drucksache 983/04, 237 ff.

erhalten. Vielleicht heißt es dann in einigen Jahren: „Europawahlen sind Kommissionspräsidentenwahlen".

Soweit die in zwei Schritten vermittelte demokratische Kontrolle über die im Rat beschließenden, aber ihrerseits demokratisch kontrollierten Regierungen betroffen ist, bewirkt die Verfassung eine ganz wesentliche Verbesserung durch die Einführung der doppelten Mehrheit im Rat. Diese ist ab 1. November 2009 im Regelfall erreicht, wenn eine Maßnahme von 55 % der Mitgliedstaaten befürwortet wird, sofern diese mindestens 65 % der Unionsbevölkerung auf sich vereinen (Art. I-25 Abs. 1 EV). Es heißt übrigens ausdrücklich „Bevölkerung"; entscheidend für die Berechnung ist also nicht die Zahl der Staatsangehörigen, sondern die Wohnbevölkerung in dem betreffenden Mitgliedstaat. Hierdurch wird ein sehr klarer und leicht nachvollziehbarer Entscheidungsmechanismus festgelegt, in dem auch gut die Doppelnatur der Union als Bürger- und Staatenunion zum Ausdruck kommt: Einerseits wird, entsprechend dem Grundsatz der Bürgergleichheit, jedem Angehörigen der Wohnbevölkerung eine virtuelle Stimme zuerkannt, andererseits wird die Staatengleichheit entsprechend dem Leitsatz „ein Staat, eine Stimme" verwirklicht.

Dieser Regelfall wird zwar durch einige Zusatzkriterien ergänzt, die aber in der Praxis kaum eine Rolle spielen werden. Besonders deutlich wird dies beim zusätzlichen Erfordernis, dass die Staatenmehrheit mindestens 15 Mitgliedstaaten umfassen muss. Dies ist bereits bei 27 Mitgliedstaaten in jedem Falle gewährleistet und bei der ersten Anwendung der Vorschrift Ende 2009 wird die Union aller Voraussicht nach mindestens 27 Mitgliedstaaten haben. Angesichts dessen stellt sich die Frage, warum eine solche, ins Leere gehende Regelung überhaupt vereinbart wird. Dies ist das typische Ergebnis eines in letzter Minute erzielten politischen Kompromisses: Ein Mitglied des Europäischen Rats hatte auf diesem Zusatzkriterium beharrt, da es bei 25 Mitgliedstaaten zu einer impliziten Staatenschwelle von 60 % (15/25) führt.

Ein weiteres Zusatzkriterium bezieht sich auf die Sperrminorität, die an sich beim Erreichen von 35 % der vertretenen Bevölkerung vorliegt, was bereits allein durch die drei größten Mitgliedstaaten Deutschland, Frankreich, Großbritannien gegeben wäre. Um einen solchen, von einigen Mitgliedstaaten als übermäßig empfundenen Einfluss dieser größten Mitgliedstaaten zu vermeiden, wurde eine zusätzliche Mindestschwelle für die Sperrminorität in Höhe von vier Mitgliedstaaten eingeführt. Schließlich erlebt – auf polnischen Wunsch – der alte Ioannina-Kompromiss[11] eine Auferstehung: In einem bei In-Kraft-Treten der Verfassung

---

[11] Der 1994 beim Beitritt Österreichs, Schwedens und Finnlands auf dem informellen Außenministertreffen der griechischen Präsidentschaft in Ioannina vereinbart worden war. Er ist mit dem In-Kraft-Treten der institutionellen Neuregelungen infolge der Osterweiterung zum 1. November 2004 aufgehoben worden.

gesondert zu fassenden Beschluss[12] wird geregelt, dass eine qualifizierte Minderheit von drei Viertel der für das Erreichen einer Sperrminorität erforderlichen Mitgliedstaaten oder der vertretenen Bevölkerung einer Beschlussfassung widersprechen kann. In diesem Falle wird weiter verhandelt, mit dem Ziel, eine breiter abgestützte Lösung zu finden – allerdings immer „unter Einhaltung der Geschäftsordnung des Rats", d.h. jeder Mitgliedstaat kann binnen der in der Geschäftsordnung vorgesehenen Frist eine förmliche Abstimmung verlangen, die dann nach den allgemeinen Regeln erfolgt. Es handelt sich also um ein lediglich aufschiebendes Veto. Dieser Beschluss kann zudem fünf Jahre nach seinem In-Kraft-Treten, also ab 2014, mit qualifizierter Mehrheit aufgehoben werden.

Mit der Verfassung werden auch zwei auf Unionsebene völlig neue Ansätze demokratischer Kontrolle und Mitwirkung eingeführt: die Subsidiaritätskontrolle durch die nationalen Parlamente und das Unionsbürgerbegehren.

Im Rahmen der Subsidiaritätskontrolle werden die nationalen Parlamente erstmals unmittelbar in das Gesetzgebungsverfahren auf europäischer Ebene einbezogen. Der hinter diesem Frühwarnmechanismus stehende Gedanke ist, dass den nationalen Parlamenten durch die Regelungsdichte auf europäischer Ebene zunehmend Kompetenzen entzogen werden und sie im Gegenzug unmittelbare Mitwirkungsbefugnisse auf europäischer Ebene erhalten sollen. Die im Protokoll über die Rolle der nationalen Parlamente gefundene Lösung sieht vor, dass alle Entwürfe für Gesetzgebungsakte allen nationalen Parlamenten, auch jeder Kammer gesondert, zugeleitet werden. Widerspricht ein Drittel der nationalen Parlamente, wobei jede Kammer eines Zweikammerparlaments eine gesonderte Stimme hat, der Regelung, so ist der Autor des Entwurfs (im Regelfall die Kommission, aber in den Teilbereichen, in denen noch Mitinitiativrechte der Mitgliedstaaten bestehen, auch diese) verpflichtet, seinen Entwurf zu überprüfen. Er muss sich also argumentativ mit den geltend gemachten Einwänden auseinander setzen und wird im Regelfall seinen Entwurf entsprechend überarbeiten, da bei Widerspruch eines Drittels der nationalen Parlamente kaum damit zu rechnen ist, dass die durch sie kontrollierten Regierungen dem Entwurf im Rat zustimmen werden. Er kann den Entwurf aber auch mit neuer Begründung erneut vorlegen.

Die innovativste Neuerung ist schließlich das Volksbegehren auf europäischer Ebene (Art. I-47 Abs. 4 EV): Eine Million Unionsbürger aus einer hinreichend großen Zahl von Mitgliedstaaten können die Kommission auffordern, einen Gesetzgebungsvorschlag vorzulegen. Diese muss allerdings weiterhin entscheiden, ob sie dieser Aufforderung nachkommt.

---

[12] Entwurf dieses Beschlusses in der gemeinsamen Erklärung Nr. 5 zur Schlussakte des Verfassungsvertrags.

III. Sicherung der Handlungsfähigkeit auch mit 25 und mehr Mitgliedstaaten

Einer der wesentlichen Beweggründe für die Einberufung des Konvents und der anschließenden Regierungskonferenz war die Sicherung der Handlungsfähigkeit angesichts der unmittelbar bevorstehenden Osterweiterung. Zwar war in Nizza festgestellt worden, dass mit dem dort vereinbarten Vertrag die institutionellen Mindestvoraussetzungen für die Erweiterung geschaffen worden waren, und die Erweiterung ist auf dieser Grundlage am 1. Mai 2004 vollzogen worden; dennoch war bereits in Nizza offensichtlich, dass die dort vereinbarte Minimallösung auf Dauer nicht ausreichen würde. Bei der Sicherung der Handlungsfähigkeit ist der Konvent doppelgleisig vorgegangen: Stärkung einerseits der Beschlussfassungsverfahren, andererseits der Institutionen.

Wichtigste Maßnahme zur Stärkung der Entscheidungsfähigkeit war die massive Ausweitung der qualifizierten Mehrheit auf 46 zusätzliche Rechtsgrundlagen,[13] die – wie zuvor beim Mitentscheidungsverfahren – teilweise direkt in qualifizierter Mehrheitsentscheidung neu eingeführt, teilweise aus der Einstimmigkeit in die qualifizierte Mehrheit überführt worden sind. Allerdings verbleiben bedeutende Bereiche, bei denen ein nennenswerter Übergang zur Mehrheitsentscheidung aus politischen Gründen nicht möglich war, insbesondere die Gemeinsame Außen- und Sicherheitspolitik und vor allem die Europäische Sicherheits- und Verteidigungspolitik. Hier hat man als Ausweg auf die unten näher beschriebenen Flexibilitätsinstrumente zurückgegriffen, damit ein Teilnehmerstaat, der eine Maßnahme nicht mitträgt, zwar nicht daran teilnehmen muss, die anderen aber auch nicht hindert, sie für sich durchzuführen.

Sicherung der Handlungsfähigkeit durch effizientere Institutionen: Unter dieses Motto fallen der ernannte Präsident des Europäischen Rats, die Verkleinerung der Kommission ab 2014 und der Außenminister der Union. Letzterer wird unten ausführlich besprochen.

Ab In-Kraft-Treten der Verfassung wird ein auf zweieinhalb Jahre von den Mitgliedern des Europäischen Rats gewählter Präsident dessen Arbeiten leiten. Er erhält maßgeblichen Einfluss auf die Tagesordnung der Europäischen Räte und damit der Arbeiten der Europäischen Union insgesamt. Dies geht zu Lasten des Landes, das den Vorsitz im Rat führt. Nach der Verfassung ist hier eine Teampräsidentschaft für anderthalb Jahre vorgesehen, die sich aus drei Mitgliedstaaten zusammensetzt. Die Teammitglieder teilen die Arbeit untereinander auf, wobei als

---

[13] Siehe Denkschrift zum Verfassungsvertrag, Tabelle 1, Bundesrats-Drucksache 983/04, 235 ff.

Regelverteilung vorgesehen ist, dass jedes Teammitglied den Vorsitz in allen Ratsformationen – mit Ausnahme des Außenrats unter dem Vorsitz des Außenministers der Union – für sechs Monate führt und anschließend den Vorsitz in allen diesen Formationen an das nächste Teammitglied übergibt. Die Teammitglieder können untereinander aber auch eine andere Aufgabenverteilung vereinbaren. Mit dem ernannten Präsidenten des Europäischen Rats wird die bisher bestehende Befehlskette innerhalb des Präsidentschaftslandes durchbrochen: Die Tagesordnung des Europäischen Rats bestimmt nicht mehr in erster Linie der Staats- oder Regierungschef des Vorsitzlandes, sondern der gewählte ER-Präsident. Damit hofft man auf mehr Kontinuität bei der Prioritätensetzung der Union, da bisher jedes Vorsitzland bestrebt war, auf „seinem" Europäischen Rat möglichst öffentlichkeitswirksame Resultate präsentieren zu können, oftmals unter Vernachlässigung der längerfristigen Kontinuität der Arbeit der Union. Das neue System verbindet die zweieinhalbjährige Perspektive des ER-Präsidenten mit der effizienten internen Koordinierung zwischen den verschiedenen Ratsformationen, die weiterhin durch die bestehenden Mechanismen innerhalb der Regierung des Vorsitzlandes gewährleistet wird.

Einer der wenigen Punkte, in dem die Regierungskonferenz das Konventsergebnis inhaltlich spürbar abgeändert hat, ist die Zusammensetzung der Europäischen Kommission. Der Konvent hatte ein System aus Kommissaren mit und ohne Stimmrecht vorgeschlagen, das von zahlreichen Mitgliedstaaten als „Zweiklassen-Kommission" strikt abgelehnt wurde. Der in der Regierungskonferenz gefundene Kompromiss sieht bis 2014 einen Kommissar pro Mitgliedstaat und danach eine Verringerung auf Zweidrittel der Zahl der Mitgliedstaaten vor, so dass in jeder Kommission ein Drittel der Mitgliedstaaten nicht vertreten ist. Dabei gilt das System gleichberechtigter Rotation. Die hinter dieser Verkleinerung stehende Effizienzüberlegung lautet, dass ein Kollegialorgan eine bestimmte Größe nicht überschreiten darf, um entscheidungsfähig zu bleiben. Außerdem soll so der bei einer eins zu eins Zuordnung von Kommissaren zu Mitgliedstaaten besonders hohen Gefahr einer übermäßigen Identifikation des Kommissars mit einem Herkunftsstaat vorgebeugt werden: Ein Kommissar ist schließlich – trotz gewisser Probleme in der Praxis – nicht der Vertreter seines Heimatstaats, sondern der Vertreter des europäischen Gesamtinteresses.

IV. Bessere Verständlichkeit für den Bürger

Neben dem angeblichen Demokratiedefizit ist mangelnde Verständlichkeit ein ständiger Topos der Kritik an der Europäischen Union. Schon in der Erklärung zur Zukunft der Union von Nizza, mit der der Verfassungsprozess eingeleitet worden war, gehörten die genauere Abgrenzung der Zuständigkeiten zwischen der Europäischen Union und den Mitgliedstaaten sowie die Vereinfachung der Verträge, um diese klarer und verständlicher zu machen, zu den zentralen Arbeitsaufträgen.

Einen deutlichen Schritt in Richtung einer klareren Kompetenzordnung der Union[14] bedeutet die Einteilung der ihr übertragenen Zuständigkeiten in fünf Kompetenzkategorien (Art. I-12 ff. EV): ausschließliche, geteilte, koordinierende, außenpolitische und ergänzende Zuständigkeit. Auffangkategorie ist dabei die geteilte Zuständigkeit: In sie fällt jede der Union übertragene Kompetenz, die nicht ausdrücklich einer anderen Kategorie zugeordnet ist (Art. I-14 Abs. 1 EV). Dementsprechend ist die Liste der geteilten Zuständigkeiten in Art. I-14 Abs. 2 EV auch nur beispielhaft. Bemerkenswert ist außerdem, dass den Mitgliedstaaten bei der geteilten Zuständigkeit zwar grundsätzlich ein Bereich verbleibt, den sie eigenmächtig regeln können, allerdings nur in dem Ausmaß, wie die Union ihre Zuständigkeit (noch) nicht ausgeübt hat (Art. I-12 Abs. 2 EV). Aus dieser Bestimmung – sowie im Gegenschluss aus Art. I-14 Abs. 3 und 4 EV, in denen für bestimmte Bereiche ausgeschlossen wird, dass die Ausübung der Unionszuständigkeiten dazu führt, dass die Mitgliedstaaten die ihrige nicht mehr ausüben können – lässt sich schlussfolgern, dass die Union zumindest Einzelbereiche dieser Zuständigkeiten so detailliert regeln kann, dass kein Raum mehr für die Zuständigkeit der Mitgliedstaaten bleibt. Allerdings würde eine solche Entscheidung maßgeblich vom Rat getroffen, also zumindest mit einer qualifizierten Mehrheit der Regierungen der Mitgliedstaaten.

Besonders hervorzuheben sind die koordinierende Zuständigkeit in der Wirtschafts- und Arbeitsmarktpolitik und die Zuständigkeit für die GASP. Beides sind Sonderfälle, die man nicht unter die geteilte Zuständigkeit einordnen wollte: Die wirtschaftspolitische Koordinierung bleibt, stärker als dies bei der geteilten Zuständigkeit der Fall ist, in der Verantwortung der Mitgliedstaaten. Die Union ergreift lediglich Maßnahmen, um die Koordinierung der Wirtschaftspolitik der Mitgliedstaaten durch diese selbst zu erleichtern. Ähnliches gilt für die GASP, wo die Union zwar eine eigene außenpolitische Zuständigkeit ausübt, diese aber neben die außenpolitische Zuständigkeit der Mitgliedstaaten und nicht an deren Stelle tritt. Das wird zum Beispiel deutlich bei der Tätigkeit des Auswärtigen Dienstes der Union, der mit den Auswärtigen Diensten der Mitgliedstaaten zusammenarbeitet (Art. III-296 Abs. 3 Satz 2 EV) und diese nicht ersetzt.

Die Europäische Verfassung hat die unübersichtliche Vielzahl der Rechtsinstrumente des alten EGV auf sechs reduziert und diese zudem mit einem sprechenden Namen versehen (Art. I-33 EV): Europäische Gesetze statt Verordnungen,

---

[14] Siehe hierzu auch den gesonderten Vortrag in dieser Reihe: *Rudolf Streinz*, Kompetenzabgrenzung zwischen Europäischer Union und ihren Mitgliedstaaten, in diesem Band.

Europäische Rahmengesetze statt Richtlinien, Europäische Verordnungen, Europäische Beschlüsse sowie als nicht verbindliche Rechtsakte Empfehlungen und Stellungnahmen. Damit wird für den Bürger besser als bisher deutlich, was der unterschiedliche Rechtscharakter dieser Instrumente ist. Das gilt besonders für die abstrakt-generelle Norm mit unmittelbarer Verbindlichkeit, die – wie im innerstaatlichen Recht – als Gesetz bezeichnet wird. Bedauerlich ist, dass bei der Europäischen Verordnung – einer abstrakt-generellen Norm ohne (formellen) Gesetzescharakter,[15] etwa entsprechend der Rechtsverordnung im deutschen Recht – nicht zwischen der unmittelbar anwendbaren und der Rahmen-Form, die einer Umsetzung bedarf, unterschieden wird. Hier wäre es wünschenswert gewesen, zwischen der „Verordnung" und der „Rahmenverordnung" zu unterscheiden, was man jedoch nicht getan hat – wohl um die Zahl der neuen Rechtsinstrumente möglichst gering zu halten.

Eine spürbare Vereinfachung des Unionsrechts verspricht man sich von der erstmaligen Einführung der Normenhierarchie, nachdem alle bisherigen Regierungskonferenzen, die sich daran versucht hatten, gescheitert waren. Ein weiterer ständiger Topos der Kritik am Unionsrecht ist seine angeblich übergroße Detailfreude: Der Spott über die Normierung der Traktorsitze ist eines der bekanntesten Beispiele. Selbstverständlich müssen derartige technische Normen geregelt werden, und die Mitgliedstaaten haben dies schon lange vor der Europäischen Union getan, aber eben in reinen Ausführungsvorschriften, wie z.B. Industrienormen, und nicht in Gesetzesform. Ähnlich kann man nach der Einführung der Normenhierarchie auch im Unionsrecht vorgehen: Nur noch die politischen Grundfragen sollen vom Gesetzgeber in einem förmlichen Unionsgesetz oder Unionsrahmengesetz geregelt werden; die Ausführungsbestimmungen werden dann von der Exekutive, also in der Regel der Kommission, in einem darauf gestützten Ausführungsrechtsakt, einer so genannten „Delegierten Verordnung" (Art. I-36 EV) geregelt, wobei natürlich nicht die Verordnung als solche delegiert wird, sondern die Befugnis zu ihrem Erlass. Der Gesetzgeber behält allerdings die politische Kontrolle, indem er diese Delegation der Rechtsetzungsbefugnis jederzeit widerrufen oder auch vorschreiben kann, dass ihm alle delegierten Verordnungen eines bestimmten Be-

[15] Die für den deutschen Juristen etwas verwirrende Terminologie des Art. I-33 EV, die die Verordnung als Rechtsakt „ohne Gesetzescharakter" bezeichnet, erklärt sich durch den Sprachgebrauch des Französischen, in dem der Urtext der Verfassung ausgearbeitet worden ist: Dort bezieht sich das Adjektiv „législatif" ausschließlich auf das formelle Gesetz, im Unterschied zu „réglementaire", wenn das bloß materielle Gesetz gemeint ist. Genau genommen müsste man also beim Europäischen Gesetz von einer Norm mit formellem Gesetzescharakter, bei der Europäischen Verordnung von einer Norm mit (lediglich) materiellem Gesetzescharakter sprechen.

reichs vorab zur Prüfung vorgelegt werden und sie nur in Kraft treten können, falls der Gesetzgeber keine Einwände erhebt (Art. I-36 Abs. 2 EV).

Schließlich wurden, ähnlich wie die Rechtsinstrumente, auch die Verfahren dadurch vereinfacht, dass eine Reihe selten verwendeter Verfahren, wie z.B. das Verfahren der Zusammenarbeit, abgeschafft und die betreffenden Rechtsgrundlagen so weit möglich in das ordentliche Gesetzgebungsverfahren überführt wurden.

V. Mehr Sicherheit trotz offener Grenzen: Vollendung des Raums der Freiheit, der Sicherheit und des Rechts

Über das Ergebnis der Regierungskonferenz und die weiteren Perspektiven der Union bei der Vollendung des Raums der Freiheit, der Sicherheit und des Rechts hat Sie die Bundesjustizministerin, Frau *Zypries,* letzte Woche bereits ausführlich unterrichtet.[16] Ich werde mich daher hierzu besonders kurz fassen und auf die Innenpolitik konzentrieren.

Der Grundgedanke, der der Gewährleistung der inneren Sicherheit der Union seit dem Schengen-Abkommen zugrunde liegt ist, dass diese Sicherheit besser durch Zusammenarbeit zwischen den Behörden der verschiedenen Mitgliedstaaten gewährleistet werden kann als durch herkömmliche Kontrollen an den nationalen Grenzen. Also: mehr Sicherheit trotz offener Grenzen. Der Ansatzpunkt der Verfassung ist daher der Ausbau der Instrumente, mit denen diese Zusammenarbeit verbessert werden kann. Dazu gehört in erster Linie die Intensivierung der polizeilichen Zusammenarbeit (Art. III-275 EV) und die Stärkung von Europol (Art. III-276 EV), deren Aufgaben und Befugnisse jetzt durch Europäisches Gesetz, also mit qualifizierter Mehrheit, festgelegt werden.

In die gleiche Richtung zielt die Rechtsgrundlage zur Errichtung einer Europäischen Staatsanwaltschaft (Art. III-274 EV), die zunächst für Straftaten zum Nachteil der finanziellen Interessen der Union zuständig sein soll. Der Europäische Rat kann aber, durch einen einstimmigen Beschluss mit Zustimmung des Europäischen Parlaments und nach Anhörung der Kommission, ihre Zuständigkeit auf die große grenzüberschreitende Kriminalität ausdehnen. Wichtig ist, dass mit dieser Befugnisnorm die entsprechende Zuständigkeit auf die Union übertragen worden ist. Das heißt: Falls die erforderliche Einstimmigkeit nicht zu Stande kommt, kann diese Unionszuständigkeit als Grundlage für eine Verstärkte Zusammenarbeit zwischen denjenigen Mitgliedstaaten dienen, die vorangehen wollen.

---

[16] *Brigitte Zypries,* Europa als Raum der Freiheit, der Sicherheit und des Rechts, in diesem Band.

Die Verfassung enthält auch in Art. III-265 Abs. 2 Buchst. d) EV eine Rechtsgrundlage für die schrittweise Einführung eines integrierten Grenzschutzsystems zur Kontrolle der Außengrenzen der Union. Während darunter zunächst eine engere Zusammenarbeit der zuständigen nationalen Behörden zu verstehen ist, so ist nicht auszuschließen, dass auf dieser Rechtsgrundlage längerfristig eine Europäische Grenzschutzbehörde errichtet werden könnte, gegebenenfalls auch im Rahmen der Verstärkten Zusammenarbeit.

Die Verfassung verändert schließlich mit dem Übergang in die qualifizierte Mehrheit die mit dem Vertrag von Maastricht begonnene schrittweise Einbeziehung des Bereichs Asyl und Migration in die Unionszuständigkeit. Dabei wurde jedoch, nicht zuletzt auf Drängen der Bundesregierung, klargestellt, dass das Recht der Mitgliedstaaten, das Ausmaß der Zuwanderung von Drittstaatsangehörige aus Drittländern zum Zweck der Arbeitsaufnahme festzulegen, nicht beeinträchtigt wird (Art. III-267 Abs. 5 EV).

VI. Gemeinsame Außen- und Sicherheitspolitik/ Europäische Sicherheits- und Verteidigungspolitik

Auch zu GASP[17] und ESVP[18] hatten sie bereits gesonderte Vorträge in dieser Reihe. Dennoch werde ich nochmals kurz auf den Außenminister der Union und den Europäischen Auswärtigen Dienst eingehen, da diese zu den wegweisenden Ergebnissen der Verfassung gehören, die die weitere Entwicklung der Europäischen Union in den nächsten Jahren und Jahrzehnten maßgeblich prägen werden.

Der Außenminister der Union wird zur zentralen Figur der Gemeinsamen Außen- und Sicherheitspolitik. Er vereint drei bisher getrennte Funktionen auf sich: die des Hohen Vertreters für die GASP, des Außenkommissars und des Außenministers des Vorsitzlandes. Er entscheidet zwar nicht über die Außenpolitik der Union – dies bleibt die Domäne des Rats in seiner Formation Außenbeziehungen –, aber er bereitet diese Entscheidungen maßgeblich vor und führt sie durch. Er ist also zuständig für die operative Außenpolitik der Union. Darüber hinaus vertritt er die Union nach außen, so weit nicht die Zuständigkeit der übrigen Kommissare betroffen ist – dann vertreten diese die Union – und so weit es sich nicht um Treffen auf der Ebene der Staats- und Regierungschefs handelt, welche vom Präsidenten des Europäischen Rats wahrgenommen werden. Das heißt vor

---

[17] *Stefan Kadelbach,* Die Gemeinsame Außenpolitik nach dem Verfassungsentwurf, in diesem Band.

[18] *Torsten Stein,* Sicherheits- und Verteidigungspolitik nach der geplanten EU-Verfassung, in diesem Band.

allem eines: Die Außenvertretung der Europäischen Union wird in Zukunft immer durch einen dedizierten Repräsentanten der Union erfolgen, also jemanden, der daneben kein nationales Amt ausübt. Die Außenminister der Mitgliedstaaten werden zwar weiterhin Außenpolitik betreiben, aber nach außen vertreten sie künftig ausschließlich ihr Land und nicht die Union. Die Situation, dass der Außenminister des Vorsitzes sowohl sein eigenes Land als auch die Union vertritt und daher nicht eindeutig ist, in welcher Eigenschaft er gerade handelt, wird also der Vergangenheit angehören.

Bei seiner Tätigkeit stützt sich der Außenminister der Union auf den Europäischen Auswärtigen Dienst.[19] In der Verfassung selbst (Art. III-296 Abs. 3 EV) sind nur wenige Grundsätze geregelt, insbesondere dass der Dienst aus EU-Bediensteten aus dem Ratssekretariat und der Kommission einerseits sowie aus entsandtem Personal aus den nationalen diplomatischen Diensten andererseits besteht. Außerdem soll er eine Zentrale in Brüssel sowie die Auslandsvertretungen der Union umfassen, die aus den bisherigen Vertretungen der Kommission in Drittländern hervorgehen werden.

Die Einzelheiten werden in der Übergangszeit zwischen der Unterzeichnung der Verfassung und ihrem In-Kraft-Treten ausgearbeitet werden, so dass der betreffende Europäische Beschluss möglichst bald nach In-Kraft-Treten der Verfassung, spätestens jedoch binnen eines Jahres ab diesem Zeitpunkt, gefasst werden kann. Dieser Beschluss ergeht auf Vorschlag des Außenministers der Union, mit Zustimmung der Kommission und nach Anhörung des Europäischen Parlaments. Durch diese Zusammensetzung wird deutlich, dass die nationalen Dienste und der Europäische Auswärtige Dienst weder isoliert nebeneinander stehen – was nur zu Reibungsverlusten führen würde – noch miteinander verschmelzen sollen – was unrealistisch ist, solange die Mitgliedstaaten noch eine eigenständige Außenpolitik betreiben –, sondern dass sie langsam als Netzwerk zusammenwachsen sollen. Ziel ist eine „Europäische Diplomatie“, in der die nationalen Auswärtigen Dienste in enger Zusammenarbeit und idealerweise unter der Koordination des europäischen Dienstes zusammenarbeiten. Deshalb ist eine sich stets erneuernde enge personelle Verzahnung wichtig.

Das zentrale neue Element der Verfassung für die Europäische Sicherheits- und Verteidigungspolitik ist die Ständige Strukturierte Zusammenarbeit (Art. I-41 Abs. 6 EV in Verbindung mit dem Protokoll Nr. 23). Ihr Grundgedanke ist, dass diejenigen Mitgliedstaaten, die im Bereich der militärischen Fähigkeiten weiter

---

[19] Der terminologische Unterschied „Europäischer Auswärtiger Dienst“ im Deutschen, „Service d'action extérieure“ im Französischen, „European external action service“ im Englischen ist bewusst, da insbesondere Großbritannien, zumindest im Englischen, den Begriff „foreign service“ vermeiden wollte.

gehen wollen, dies in einer spezifischen Form der Verstärkten Zusammenarbeit untereinander tun können. Diese Ständige Strukturierte Zusammenarbeit ist inklusiv ausgestaltet, das heißt sie steht allen Mitgliedstaaten offen, die sich daran beteiligen möchten und bereit sind, ihren Beitrag zu leisten. Andererseits wird niemand gezwungen, daran teilzunehmen. Dies ist eine notwendige Rücksichtnahme auf die allianzfreien Mitgliedstaaten.

VII. Offenheit für zukünftige Entwicklungen durch Stärkung der Flexibilitätsinstrumente

Angesichts der Tatsache, dass die Verfassung für längere Zeit einen stabilen Rahmen für die Weiterentwicklung der Europäischen Union bieten soll und neue Regierungskonferenzen vermieden werden sollen, wurde von Anfang an, gerade seitens der deutschen Delegation, großer Wert auf Flexibilitätsinstrumente und erleichterte Vertragsänderungsverfahren gelegt. Ihr Ziel ist es, innerhalb des Verfassungsrahmens den Spielraum zu schaffen, der für die weitere Integration erforderlich ist.

Hier sind insbesondere sechs Instrumente zu nennen: zunächst die beiden Flexibilitätsinstrumente im engeren Sinn, also die Verstärkte Zusammenarbeit und die Ständige Strukturierte Zusammenarbeit, die es einer Gruppe von Mitgliedstaaten ermöglichen, auf einem bestimmten Gebiet, für das der Union eine Zuständigkeit zugewiesen ist, mit der Integration schneller voranzugehen, also eine Art Pioniergruppe zu bilden. Aus dem Konzept der Pioniergruppe innerhalb der Verfassung folgt zweierlei: erstens, dass die Mitglieder dieser Verstärkten Zusammenarbeit im Wege der Organleihe auf die Organe der Union zurückgreifen und so über diesen institutionellen Rahmen die Kohärenz mit dem übrigen Handeln der Union sicherstellen, und zweitens, dass diese Gruppe grundsätzlich allen Mitgliedstaaten offen steht, die sich daran beteiligen wollen und gegebenenfalls festgelegte objektive Kriterien erfüllen. Dies ist die unionsverträgliche Form, eine Pioniergruppe zu organisieren. Die Voraussetzungen für die Verstärkte Zusammenarbeit wurden deutlich erleichtert, insbesondere wurde die Mindestteilnehmerzahl auf ein Drittel der Mitgliedstaaten herabgesetzt (Art. I-44 EV).

Einen vergleichbaren Effekt erreicht man im Bereich der GASP mit der konstruktiven Enthaltung (Art. III-300 Abs. 1 UAbs. 2 EV). Sie findet Anwendung bei kleineren Projekten, bei denen sich der Aufwand einer förmlichen Verstärkten Zusammenarbeit nicht lohnt, z.B. eine einzelne Mission. Hiernach können Mitgliedstaaten bei ihrer Enthaltung eine förmliche Erklärung abgeben. Sie sind dann nicht verpflichtet, sich zu beteiligen, hindern aber die anderen nicht, die Maßnahme durchzuführen.

Die allgemeine Flexibilitätsklausel, der bisherige Art. 308 EGV, jetzt Art. I-18 EV, ist erhalten geblieben: Sie bietet eine Rechtsgrundlage für das Handeln der Union in allen Fällen, in denen dies notwendig ist, um im Rahmen der Unionspolitiken eines der Ziele der Verfassung zu erreichen und keine andere Rechtsgrundlage vorgesehen ist. Als Schutz gegen Missbrauch ist weiterhin Einstimmigkeit im Rat und neu die Zustimmung des Europäischen Parlaments erforderlich. Außerdem haben die nationalen Parlamente die Möglichkeit, die Anwendung dieser Vorschrift im Rahmen des neuen Subsidiaritätskontrollmechanismus besonders sorgfältig zu überwachen. Zahlreiche Anwendungsfälle in der Vergangenheit, nicht zuletzt im Rahmen der Terrorismusbekämpfung und bei der Flutopferhilfe, haben gezeigt, dass diese Vorschrift für die Fortentwicklung des Unionsrechts unverzichtbar ist.

Neu eingeführt ist ein erleichtertes Vertragsänderungsverfahren für den Übergang von der Einstimmigkeit in die qualifizierte Mehrheit beziehungsweise von einem besonderen Gesetzgebungsverfahren – in der Regel bedeutet das eingeschränkte Rechte des Europäischen Parlaments – in das Regelgesetzgebungsverfahren, also die Mitentscheidung (Art. IV-444 EV). Diese so genannte „Passerelle“ ermöglicht den Übergang durch einen einstimmigen Beschluss des Europäischen Rats. Die Absicht, einen solchen Beschluss zu fassen, wird den nationalen Parlamenten mitgeteilt. Falls nicht ein nationales Parlament innerhalb von sechs Monaten widerspricht, kann der Europäische Rat mit Zustimmung der Mehrheit der Mitglieder des Europäischen Parlaments den Beschluss fassen. Dieses Verfahren beruht auf dem Gedanken, dass eine solche Änderung des Entscheidungsverfahrens keine neue Hoheitsrechtsübertragung beinhaltet, sondern lediglich die Einzelheiten der Ausübung einer bereits übertragenen Zuständigkeit abändert. Daher ist eine erneute Ratifikation, auch unter dem Gesichtspunkt der begrenzten Einzelermächtigung, nicht erforderlich. Im Interesse der demokratischen Kontrolle durch die nationalen Parlamente wurde diesen allerdings trotzdem ein Widerspruchsrecht eingeräumt.

Von dieser „Passerelle“ zu unterscheiden ist das erleichterte Vertragsänderungsverfahren in Bezug auf die Sachpolitiken der Union (Art. IV-445 EV). Hiernach kann jede Bestimmung von Teil III, Titel III – also die internen Sachpolitiken der Union – durch einstimmigen Beschluss des Europäischen Rats nach Anhörung des Europäischen Parlaments geändert werden, sofern dadurch die Zuständigkeiten der Union nicht erweitert werden. Da diese Einschätzung aber heikel ist, wurde als Sicherheitsnetz die Ratifikation durch die Mitgliedstaaten entsprechend ihren verfassungsrechtlichen Vorschriften vorgeschrieben. Dieses erleichterte Änderungsverfahren beruht auf der Überlegung, dass das ordentliche Vertragsänderungsverfahren (Art. IV-443 EV), selbst wenn auf den Konvent verzichtet wird, für punktuelle Änderungen zu schwerfällig ist. Angesichts des Ratifikationserfordernisses in 25 Mitgliedstaaten ist allerdings zu befürchten, dass das Verfahren mindestens ebenso lange dauert, zumal die Erfahrung zeigt, dass das interne Verfahren bei kleineren ratifizierungsbedürftigen Beschlüssen oft nicht mit demselben Nachdruck betrieben wird, wie eine Vertragsrevision mit hoher politischer Sichtbarkeit.[20]

Schließlich enthält die Verfassung noch eine interessante Perspektive für die institutionelle Weiterentwicklung der Union: diejenige des Doppelhuts auf Chefebene, also die Personalunion zwischen den Ämtern des Präsidenten der Europäischen Kommission und des Europäischen Rats. Art. I-22 Abs. 3 EV verbietet nur, dass der Präsident des Europäischen Rats ein anderes nationales Amt ausübt und schließt damit die Ausübung eines anderen Amtes auf europäischer Ebene nicht aus. Dies eröffnet jedenfalls von dieser Seite her dem Europäischen Rat die Möglichkeit, dieselbe Person für beide Ämter zu benennen, falls dies einmal politisch gewünscht sein sollte.

C. Wie geht es weiter? – Ausblick auf das Ratifikationsverfahren

Die Verfassung tritt laut ihrem Art. IV-477 am 1. November 2006 in Kraft, sofern bis dahin alle Ratifikationsurkunden hinterlegt sind, ansonsten zu Beginn des zweiten Monats nach Hinterlegung der letzten Urkunde.

Angesichts der politischen Debatte in einigen Mitgliedstaaten und der erklärten Absicht einiger, ein Referendum durchzuführen – in Deutschland sieht das Grundgesetz dies nicht vor –, ist die Ratifizierung sicher eine nicht unerhebliche Hürde für das In-Kraft-Treten der Verfassung. Dennoch wäre es falsch, von vornherein davon auszugehen, dass ein Referendum negativ ausgeht. Die betroffenen Regierungen werden alles daran setzen, ihre Bevölkerung von den Vorzügen der Verfassung zu überzeugen.

Im Übrigen wäre dies aber auch keine Katastrophe, denn auch dafür gibt es Beispiele in der Geschichte der Union: das erste Referendum Dänemarks zum Maastricht-Vertrag 1992 und das erste Referendum Irlands zum Nizza-Vertrag im Jahr 2001. In beiden Fällen führte die Wiederholung ein Jahr später zu einem positiven Ergebnis. Dabei waren die Ursache und daher auch die Reaktion der

---

[20] Warnendes Beispiel ist die lange Dauer des Ratifikationsverfahrens des letzten Eigenmittelbeschlusses.

Union in beiden Fällen unterschiedlich: In Dänemark gab es ganz konkrete Besorgnisse, z.B. in Bezug auf den Euro, die durch eine Präzisierung des Vertrags ausgeräumt werden konnten; in Irland lag dagegen die Ursache schlicht in der zu geringen Wahlbeteiligung, was durch eine intensivere Öffentlichkeitsarbeit der irischen Regierung behoben werden konnte.

Sollten dann noch Probleme fortbestehen, so gibt es keine vorgefertigte Lösung. Die beiden genannten Beispiele zeigen vor allem eines: Die notwendigen Maßnahmen hängen in hohem Maße davon ab, welcher Mitgliedstaat aus welchen Gründen Probleme mit der Ratifikation hat. Sowohl der Konvent als auch die Regierungskonferenz haben es daher abgelehnt, für diesen Fall spezifische Regeln vorzusehen und lediglich in der gemeinsamen Erklärung Nr. 30 darauf hingewiesen, dass der Europäische Rat sich mit der Frage befassen wird, wenn binnen zwei Jahren nach Unterzeichnung, also bis Ende Oktober 2006, mindestens vier Fünftel der Mitgliedstaaten ratifiziert haben und in einigen Mitgliedstaaten Probleme aufgetreten sind.

Letztlich bin ich aber zuversichtlich, dass die Verfassung – wenn auch nach intensiven politischen Auseinandersetzungen in einigen Mitgliedstaaten – am Ende in Kraft treten wird.

Autorenverzeichnis

Prof. Dr. *Thomas Giegerich,* LL.M. (Virginia), Bremer Institut für Transnationales Verfassungsrecht, Fachbereich Rechtswissenschaft der Universität Bremen

Dr. *Pascal Hector,* Stv. Leiter des Sekretariats für die EU-Regierungskonferenz im Auswärtigen Amt

Prof. Dr. Dr. *Rainer Hofmann,* Universität Frankfurt/Main, ehem. Direktor des Walther-Schücking-Instituts für Internationales Recht, Universität Kiel

Prof. Dr. *Stefan Kadelbach,* LL.M. (Virginia), Universität Frankfurt/Main

Prof. Dr. *Jörn Axel Kämmerer,* Bucerius Law School, Hochschule für Rechtswissenschaft, Hamburg

Prof. Dr. *Torsten Stein,* Direktor des Europa-Instituts der Universität des Saarlandes

Prof. Dr. *Rudolf Streinz,* Universität München

Prof. Dr. *Andreas Zimmermann,* LL.M. (Harvard), Direktor des Walther-Schücking-Instituts für Internationales Recht, Universität Kiel

Brigitte Zypries, Bundesministerin der Justiz

VERÖFFENTLICHUNGEN DES WALTHER-SCHÜCKING-INSTITUTS FÜR INTERNATIONALES RECHT AN DER UNIVERSITÄT KIEL

Herausgegeben von Jost Delbrück, Rainer Hofmann, Andreas Zimmermann

126 Nils Geißler: **Der völkerrechtliche Schutz der Internally Displaced Persons.** Eine Analyse des normativen und institutionellen Schutzes der Internally Displaced Persons im Rahmen innerer Unruhen und nicht-internationaler Konflikte. 349 S. 1999 ⟨3-428-09738-6⟩ € 68,– / sFr 117,–

127 Alexander Böhmer: **Die Europäische Union im Lichte der Reichsverfassung von 1871.** Vom dualistischen zum transnationalen Föderalismus. 231 S. 1999 ⟨3-428-09791-2⟩ € 52,– / sFr 90,–

128 Jonna Ziemer: **Das gemeinsame Interesse an einer Regelung der Hochseefischerei.** Dargestellt am Beispiel des Fish Stocks Agreement. 305 S. 2000 ⟨3-428-09741-6⟩ € 62,– / sFr 107,–

129 Kerrin Schillhorn: **Kulturelle Rechte indigener Völker und Umweltvölkerrecht – Verhältnis und Vereinbarkeit.** 249 S. 2000 ⟨3-428-10059-X⟩ € 52,– / sFr 90,–

130 Doris König: **Die Übertragung von Hoheitsrechten im Rahmen des europäischen Integrationsprozesses – Anwendungsbereich und Schranken des Art. 23 des Grundgesetzes.** 750 S. 2000 ⟨3-428-10113-8⟩ € 89,– / sFr 154,–

131 Sonja Riedinger: **Die Rolle nichtstaatlicher Organisationen bei der Entwicklung und Durchsetzung internationalen Umweltrechts.** 357 S. 2001 ⟨3-428-10295-9⟩ € 62,– / sFr 107,–

132 Birgit Kessler: **Die Durchsetzung der Genfer Abkommen von 1949 in nicht-internationalen bewaffneten Konflikten auf der Grundlage ihres gemeinsamen Art. 1.** 281 S. 2001 ⟨3-428-10458-7⟩ € 56,– / sFr 97,–

133 Frank Bodendiek: **Walther Schückings Konzeption der internationalen Ordnung.** Dogmatische Strukturen und ideengeschichtliche Bedeutung. 382 S. 2001 ⟨3-428-10307-6⟩ € 64,– / sFr 110,–

134 Ulla Hingst: **Auswirkungen der Globalisierung auf das Recht der völkerrechtlichen Verträge.** 349 S. 2001 ⟨3-428-10589-3⟩ € 58,– / sFr 100,–

135 Christian Feist: **Kündigung, Rücktritt und Suspendierung vom multilateralen Verträgen.** 244 S. 2001 ⟨3-428-10236-3⟩ € 52,– / sFr 90,–

136 Christian Tietje: **Internationalisiertes Verwaltungshandeln.** 763 S. 2001 ⟨3-428-10597-4⟩ € 74,– / sFr 128,–

137 Anne Peters: **Elemente einer Theorie der Verfassung Europas.** 889 S. 2001 ⟨3-428-10602-4⟩ Geb. € 82,– / sFr 141,–

138 Christoph Julius Hermes: **TRIPS im Gemeinschaftsrecht.** Zu den innergemeinschaftlichen Wirkungen von WTO-Übereinkünften. 374 S. 2002 ⟨3-428-10600-8⟩ € 64,– / sFr 110,–

139 Jost Delbrück (Ed.): **International Law of Cooperation and State Sovereignty.** Proceedings of an International Symposium of the Kiel Walther-Schücking-Institute of International Law. 219 S. 2002 ⟨3-428-10836-1⟩ € 52,– / sFr 90,–